| 法律史译丛 | 王银宏 主编 |

契約の時代
日本社會與契約法

〔日〕内田贵 著
宋 健 译

契约的时代
日本社会与契约法

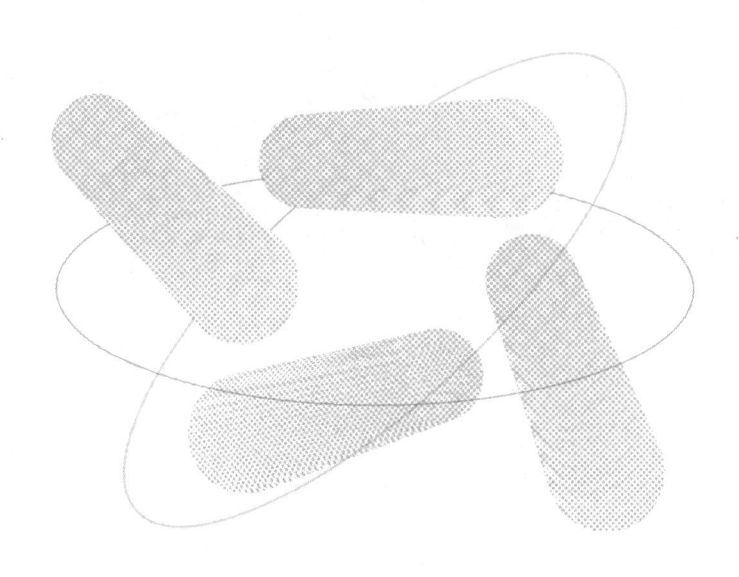

商务印书馆
The Commercial Press

内田 貴
契約の時代：日本社会と契約法
据岩波书店 2000年版译出

KEIYAKU NO JIDAI: NIHON SHAKAI TO KEIYAKUHO
BY TAKASHI UCHIDA
© 2000 BY TAKASHI UCHIDA
ORIGINALLY PUBLISHED IN 2000 BY IWANAMI SHOTEN,
PUBLISHERS, TOKYO.
THIS SIMPLIFIED CHINESE EDITION PUBLISHED 2023
BY THE COMMERCIAL PRESS, BEIJING
BY ARRANGEMENT WITH IWANAMI SHOTEN, PUBLISHERS, TOKYO

中译本序

1. 拙作《契约的时代——日本社会与契约法》中文版出版在即,作为作者我感到非常欢喜。借此机会也想向中国的读者介绍本书的创作背景,还有本书出版二十余年后的日本现状。

本书出版于2000年。副标题是"日本社会与契约法"。这是我在本书出版十年前,也就是1990年《契约的再生》出版后持续研究的主题。于我而言,连同在本书之后又过十年出版的《制度化契约论——民营化与契约》(羽鸟书店2010年出版)一书,这三本书共同组成了我的契约法研究三部曲,其中本书作为第二部著作,在整体中占据核心地位。

虽然本书的目标是要超越传统契约法理论并展开新的契约法研究方向,但它的核心还是副标题"日本社会与契约法"所体现的问题意识。那么,为什么我会从事有关这类主题的契约法研究呢?理由在于我最初在美国的留学经历(1983—1985年)。

2. 当时欧美非常关注日本增长的经济。而日本与大量进口日本产品的美国之间发生了激烈的贸易摩擦。可以说与现在的中美关系相似。

但与中国不同,日本没有巨大的国内市场。尽管如此,日本企业还是凭借高效的经营能力席卷了全世界的市场。欧美各国高度关注日本得以实现这种经济增长的秘诀,对于日本的劳资惯例、日本式经营以及日本式交易也非常关心。

但是,对于在交易中发挥规范作用的日本契约法,实际上却没有什么人关注。原因是民法典的条文仍然还是一百年前从西方继受时的样子,而且对于运用民法典的实务,现实中也没有什么能够吸引西方各国关注的资料。留学时,能从美国契约法中学习到的内容堆积如山,但我自己却没有什么能够传递给美国的资料,对此我始终抱有遗憾。

但是,难道真的就没有什么能传递的资料吗?毕竟现实中根本无法想象,对日本来说,能够像文化背景截然不同的西方诸国那样运用从西方继受来的法典。那么,如果说在过去一个世纪以来日本成功地运用了从西方继受来的法典,在这种运用过程中就一定存在属于日本的特色,而且这在比较法学上应当也能形成有价值的资料。

然而,在日本的民法学领域,却没有能够提炼出这种日本特色并将之理论化,然后足以传递给西方各国的研究资料。

此外,其实美国也是继受了英国法的国家。我留学时所在美国康奈尔大学法学院的萨摩斯教授虽然是专长 UCC 和法哲学的学者,但他对美国法学的理论化特色成果也为人周知(Robert Summers, *Instrumentalism and American Legal Theory*, 1982)。我感到在日本也必须要有这样的研究。

这就是我选择"日本社会与契约法"作为研究主题的动机之一。

3. 凡是继受西方法典的非西方国家,恐怕无论是哪个国家,在继受的西式法典与该国的本土法文化之间都存在着乖离与龃龉。如果在本土法之外同时存在足以称为习惯法的规范意识,那么在制定法与习惯法之间就会产生所谓法的二元性。这种二元性会给法律实务带来怎样的影响，也是比较法学上很有价值的问题。

但在第二次世界大战后日本的契约法领域，这种承认并试图将本土契约意识理论化的研究，在一定的时期内属于禁忌。对战败国日本来说，必须要实现近代化（也就是西方化），如此一来非西式的交易习惯和契约意识在进化的过程中只能被视为"落后的产物"。

然而对负责解决日本现实纠纷的裁判者来说，为使纠纷能够以获得当事人认同的方式得以解决，他们不可避免地会考虑日本固有的法意识和契约意识。如此一来，我想在判例中或许会留有这些意识存在的痕迹。

进一步讲，我想或许可以从判例中提炼出这些意识，并把它们以能够被西方法学理解的形式予以理论化，就用这种方式来提出我的主张。

为此我所要完成的课题是：第一，从日本判例等司法实务中找出非西式的部分；第二，准备好能够把它们进行理论化的工具。

我在美国留学时首先着手的是第二个课题的准备工作。

当时美国国内的契约法领域正有一场非常引人关注的论战。其中凡是可能被当作契约法理论的观点都在参与论战。而我的研究正是从仔细分析这场论战开始，我在着手探索其中是否存在于日本司法实务理论化的过程中能够派上用场的理论。此时研究的成果就是《契约的再生》。

在研究过程中，我从伊安·麦克尼尔的关系契约理论中获得了很大的启发，但由于麦克尼尔的理论本身具有很强的社会学性格，如果不加以改造，也无法在日本契约规范的理论化过程中派上用场。于是，我从麦克尼尔关系契约理论得以诞生的哲学基础出发，把它进行转换后再建构成了我自己的理论，然后以此为基础，将这种理论适用于日本法展开分析。这就是本书《契约的时代》的核心主题。

4.《契约的再生》出版于1990年,在此不久之前,日本还处于所谓泡沫经济的投资热潮之中。此时日本的不动产市场呈现出异常的价格上涨趋势,以至于人们估算全日本不动产的总价可以把美国的所有土地都买下来。但正当《契约的再生》出版之际,泡沫经济开始崩溃。此后,日本经济长期经历低迷时代。为了克服这一难题,普遍认为有必要对日本社会进行结构性改革,为此,各式各样覆盖日本社会的公权力管制开始放松,引入市场机制的工作也在推进。

与此同时,社会主义国家也纷纷开始引入市场经济,可以说全世界迎来了属于市场机制的时代。而支撑市场机制的法制度则是近代西方的契约法。如此一来,随着市场机制发挥作用的地域不断扩大,适于运用近代西方契约法的领域也随之扩张。这就是本书所称"契约的时代"的现象。

但是,即使是在这种契约的时代,关系契约的契约概念也不会丧失存在的意义。说到底,虽然程度有所区别,在任何国家都可以发现关系契约这一现象的存在,因此关系契约概念因其能够把握现实契约现象,从而可以成为能被普遍适用的理论框架。实际上,欧洲也非常关注这一概念。而且关系契约适于运用的领域有大有小,从中或许可以发现各类法文化的差异。而这也是本书的重要主题。

此处我想介绍一下我本人契约法三部曲中的第三部,《制度化契约论》。

"契约的时代"有一项重要的特征是公权力管制的放松。其中,过去以来一直由公权力主体来提供的公共服务开始转换成由私权契约关系来提供,这种现象也在不断扩大。但是,此处所看到的契约实际上不同于传统的近代西方契约，而且也不是关系契约。为了能用理论来解释这种契约，有必要去发现新的契约概念。而为了探索这种概念的存在，就有了 2010 年出版的《制度化契约论》。这样一来，在提出为"契约的时代"设定标志化特征的另一种契约概念之后，连同此前的成果，我认为此时才有可能从整体上把握现代契约现象。

5. 2020 年中国制定的新民法典其为人瞩目之处在于，它在继受西方法律的同时也凸显了中国的独特性。但是，只要民法典仍然具有继受西方法律的一面，恐怕就不能说它已经完全反映了中国的契约意识。而在民法典的运用过程中，应当可以看到未被民法典所体现的，属于中国契约意识和中国契约规范的样貌。至于如何提炼出这种契约意识与契约规范，也是很有价值的研究。

此外，中国民法典在制定过程中也借鉴了很多国外的智慧，国际统一私法协会（UNIDROIT）的《国际商事合同通则》（UNIDROIT Principles of International Commercial Contracts）就是其中之一（关于《通则》可参见本书第 7 章）。笔者作为国际统一私法协会的成员参与了《通则》的起草工作。在此想向中国的读者传递经历起草工作后的感触。

《通则》的目标是成为全世界商事契约的统一法，不过它的基础是《欧洲契约法通则》（Principles of European Contract Law），而起草者在起草后者时原本想把它当作日后欧洲统一契约法的核心部分。虽然欧洲各国都有独自发展完成的契约法，但它们都共同起源于古代的罗马法，所以能够通过探索研究那些在各国共通的原则，最终完成《欧洲契约法通则》的起草工作。而从亚洲的角度看来，起草过程中交互进行的讨论也是非常引人入胜的。

历史上亚洲并没有共有古代罗马法的经历，因此与欧洲各国相比情况当然大不相同。但即使是东亚,在继受西方法律的各个国家独自发展契约法的过程当中,也有可能从那些可被发现的非西方要素里提炼出共通的东亚特质。参加起草委员会的讨论时,我想到了这一点。

比如说,本书用关系契约理论所要提炼出的日本契约法特色,到底在多大程度上是为日本所独有的呢?还是说有可能把它们称之为东亚特色呢?这是应当与中国、韩国等国进行比较、阐明的,很有价值的研究主题。

如此一来,通过积累这样的研究成果,方才有可能在西方与亚洲之间展开契约法上真正的交流。

期待本书在与中国读者见面之后,能够为这种真正的交流创造讨论的契机。

2023 年 5 月

内田贵

献给星野英一先生

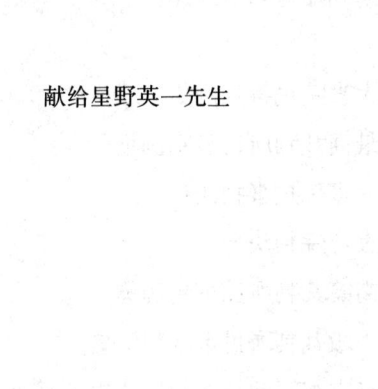

凡 例

本书所使用的期刊缩写如下所述：

民集	大審院民事判例集
	最高裁判所民事判例集
民录	大審院民事判決錄
判决全集	大審院判決全集
高民集	高等裁判所民事判例集
下民集	下級裁判所民事裁判例集
东高民报	東京高等裁判所判決時報（民事）
金商	金融商事判例
金法	金融法務事情
判时	判例時報
判タ	判例タイムズ
新闻	法律新聞
评论	法律評論
劳判	労働判例

目 录

序章　现代日本社会与契约法 ………………………………… 1

现代契约法的新发展

第 1 章　现代日本契约法和原则性条款 ……………………… 37
第 2 章　作为流程的契约 ……………………………………… 85

现代契约法的基础理论

第 3 章　现代契约法的思想基础 ……………………………… 127
第 4 章　契约的约束力
　　　　——强制履行和损害赔偿 …………………………… 161
第 5 章　侵权责任法与"关系"
　　　　——现代侵权责任法中的道德化与去道德化 ……… 188

现代社会潮流与契约法

第 6 章　放松管制与契约法 …………………………………… 203
第 7 章　全球化与契约法的统一 ……………………………… 235

第 8 章　信息化时代的契约
　　——以继续性交易的实态调查为基础 …………………… 258

终章　契约法的未来 …………………………………………… 280
引用文献 ………………………………………………………… 298
索引 ……………………………………………………………… 324

译后记　契约永生,但契约法呢? …………………………… 333

序章　现代日本社会与契约法

一、契约的时代

1. 序

契约是在我们的社会活动中发挥基础作用的法律制度。特别是在当前弱化国家作用、重视市场机制这类政策占据上风的时代，此前被认为与契约并不相容的活动开始更多地交由市场，也就是由契约来决定。如今与契约相关的已经不仅只有商事交易。比如说，在《介护保险法》*于2004年4月1日施行之前，看护服务是由以"措施"为名的行政行为所提供，施行后则是经由被保险人与指定服务业者之间的契约而提供。诸如看护老人等福利服务也是通过契约提供。① 此外，类似有限公司这样的企业组织，过去以来一直被理解为与"个人"不同的"团体"，相关法律也将它们定性为从属于"组织法"的概念。但近年来，以将企业解释为契约关系（契约集束，nexus of contract）的经济学理论为背景，把公司法定义为股东—管理者—债权人等主体之间订立的"拟制

---

*　日文原文为"介護保険法"，"介護"可译为看护，为尽可能保持法律名称与原文一致，此处沿用"介护"的表述。本书星号注均为中译者注。正文边码为原书正文页码；脚注带括号边码为原书尾注页码。

①　1998年开始施行的新修订《儿童福利法》也将幼儿园的入托由行政措施转变为监护人契约。这也是同一潮流中有代表性的例证之一。

契约"（hypothetical contract）的观点非常盛行。② 也就是说，当下兴起了一股认为团体制度也是由单个主体之间的契约所构成的思潮。

如此一来便可以认为，契约这一制度正在运营着各种各样的社会制度。契约的时代完全来临了。

其实现在作为法律概念为我们所理解的"契约"在历史上出现的时间相对较晚。一般认为这种"契约"逐渐形成于17世纪之后的欧洲，至19世纪发展成熟。它被称为"近代契约法"或是"古典契约法"。而且它还代表着一种思想，或者说社会理论的一部分，而不只是一个孤立的法律概念。换言之，用什么样的理论去理解社会决定了我们将如何理解契约。

那么，契约概念对应的问题在当下已经全部解决了吗？此外，如果说社会整体已经被这种概念全方位覆盖，这种现状又意味着什么？

本书讨论的主题是，如何理解现代日本契约法。也就是说，以现代日本契约法为基准，考察如何理解作为法律制度的契约。然后，借此对传统契约概念进行批判，目标是提出一种能够适应日本现实的新契约概念。如果说契约是在社会中能够发挥基础作用的制度，那么通过提出新的契约概念并将之正当化，或许就可以从中提炼出一种能够更加深入理解日本社会的新视角。

2. 日本民法与契约法

规制契约的法律包括作为基本法的民法典的规定、专门规制商人间契约的商法典分则，以及后文所提及的众多特别法。但决定契约法

---

② 但是这里的"契约"与法学上的"契约"也并非完全一致。关于采用这种路径的研究成果的概述，可以参见藤田1998。此外，还有青木1989，第27页以后；伊藤=林田1996，第153页以后；柳川2000。三輪=神田=柳川1998则是基于这种观点对公司法进行了研究。

基础内容的法律是民法典。

日本《民法典》*于1898年施行。结构与《德国民法典》相似，因此在过去一段时间内被认为以《德国民法典》为基础而制定。但事实上它在很多方面沿用法国法内容，总体来说德国法的要素与法国法的要素大致各占一半（星野英一1965）。原因如下：明治政府为实现日本法律制度的近代化，在1873年以"外国专家"的身份聘用了巴黎大学的博瓦索纳德（Gustave Boissonade），并委任博氏起草民法典。博氏竭力起草完成的草案在日后被称为"博瓦索纳德草案"。这一草案的内容与结构当然以法国法为样本。而在提交议会的《民法典草案》里，除家族相关内容外的其余部分几乎照抄博氏草案。此后该草案在1890年公布。虽然该法典预定在1893年开始施行，但在内容公布前后兴起了一股反对运动，反对者认为这样的民法违反日本"淳风美俗"，导致法典施行被推迟。这场争论日后被称为法典论战。甚至有人将它与19世纪初发生于德国的自然法学派（代表人物蒂堡）——主张要以法国《拿破仑法典》为样板制定《民法典》——与作为反对方的历史法学派（代表人物萨维尼）之间的论战相提并论（穗積陳重1980，343）。但实际上，混入各种政治利害关系的论争已经不可能还是纯粹的学术产物。③ 这场论战的结果是，这部《民法典》最终没能得到施行，如今它被称为"旧民法"。

此后，三位日籍委员（梅谦次郎、富井政章、穂积陈重）组成了新的起草委员会，他们都是有欧洲留学经验的青年法学家。三人仍以旧民法为基础，在参照当时以草案形式所公布《德国民法典》的基础上，引入

---

* 因原文在使用"民法典"时均指日本民法典，因此下文凡使用《民法典》时未注明国别的，一概指《日本民法典》。未加书名号的"民法典"则指作为一般概念，无特定指向的民法典。

③ 关于博瓦索纳德与法典论战，可以参见大久保1977。

了起草委员穗积陈重留学时所学习的英国法内容。此外还有其他各国民法的部分内容,如此新《民法典》的起草得以完成。这部《民法典》被其中一位起草人称为"比较法的果实"(Hozumi 1912,22),当然影响最大的还是法国法与德国法。

在比较法上,通过这种方式引入到日本的民法典以及包含其中的契约法都为我们提供了很有价值的素材。具体来讲,西方近代契约法体系本身也只是在一百年前才完成定型,随即便被移植到异文化的土壤。至少从经济活动的成果来看,移植本身可谓成功。但在与催生近代契约法的西方社会并不相同的亚洲社会,西方近代契约法如何被接受,又发生了怎样的变化,这一课题也很有研究价值。

更值得注意的是,在契约法领域之内,《民法典》关于契约法的规定一百年来几乎未作改动,一直沿用至今。但一百年来日本社会却发生了巨大转变。而作为契约法主要规制对象的经济交易,在一百年来也经历了无法想象的变化。因此,一个世纪前制定的契约法借助新的立法与判例在"现代"到底经历了怎样的发展历程?这一问题也十分引人入胜。

下文将尝试对契约法的"现代性"发展的样貌,以及因对象为"日本社会"而产生的特殊性分别进行考察。

二、契约法的"现代性发展"④

首先不妨来回顾一下契约法在现代经历了怎样的新发展。下文将从立法与司法裁判两个方面分别展开论述。

---

④ 关于契约法的现代性发展,或是考察现代日本契约实态的经典论文,可以参见星野1966。

1. 向特别法的重点转变

关于立法,首先可以说现实中的契约并非只受民法和商法规制。与契约相关的法律体系框架虽由民法与商法基于契约自由原则所建立,但除此之外还有数量极多的特别法从各个方面规制契约。就现实而言,相比民商法这些特别法更为重要。

以介入契约自由的依据为视角,可将这些基于特别法作出的规定分为三种类型。第一种是从公共利益观点出发规制契约成立及其内容的立法。从被给付财产的性质出发,这类契约不可避免地会被介入。例如《医师法》第19条第1款规定:"除非具有正当事由,从事医疗的医师不得拒绝诊察治疗的请求。"为保护患者生命健康,患者对医生提出的医疗契约要约适用强制缔约。就算医生不喜欢对方,也不能拒绝。虽然在一般情况下,缔约与否当事人自由,但医生没有拒绝要约的自由。同类规制也可见于电气、天然气、铁路等具有垄断属性的公益行业。⑤

第二种立法规制以保护弱者为目的直接介入契约成立及其内容。虽然谁是"弱者"本身就是一个问题,⑥但长期以来普遍认为:那些缺少选择余地并因此更有可能订立不平等契约,或是那些不具备充分信息或专门知识并因此难以作出合理选择的人属于弱者。在以前一类为对象,也就是保护"经济弱者"的立法里,可以举出《劳动法》(包括《劳动基准法》等)、《分包法》*、《借地借家法》**以及与身份保证相关的法律

---

⑤ 《电气事业法》第18条第1款,《天然气事业法》第16条第1款,《铁道营业法》第6条,《道路运输法》第13条,《海上运输法》第12条,《港湾运输事业法》第15条之二等。

⑥ 参见第6章。

* 下請代金支払遅延等防止法,指"防止分包款项迟延支付相关的法律"。

** "借地""借家"为日语表述,分别表示租赁土地与租赁房屋。对此若一律译为租地租房或是出租土地、出租房屋,在指涉法律概念时存在突兀之处。因此译文在指示法律术语时保持日文表述,如"借地借家法""借地权"或"借家权",而在指示现实社会关系时改用中文表述,如出租、租赁、租房等表述。

等例子。而以后一类为对象的事例,主要是介入消费者契约内容的立法。例如在《分期付款销售法》中存在限制解除权以及损害赔偿上限的规定(该法第5条、第6条);在有关上门推销的法律中禁止无限发展下线;关于旅游行业的旅游业法;关于土地建筑交易的宅地建筑物交易法;以规制消费金融为主要目的的规制借贷行业的相关法律;规制类似丰田商事事件*这种恶性交易且与特定商品的托管交易契约相关的法律;针对高尔夫会员权契约,旨在保障高尔夫球场等会员契约内容充分妥当的法律;等等。此外,也有不少通过强制规定商品安全性来规制契约标的物,从而间接地规制契约内容的事例。

除此之外,在以《分期付款销售法》和《上门推销法》为主的几部法律中也存在冷静期制度(Cooling off)**。就单方赋予解除权而言,冷静期制度也可被归入此类规制类型。比如说,经上门推销所购买的语言教材,如果买家经过冷静后决定反悔,买家可在收到符合法律规定的书面文件后八天之内解除契约(《上门销售法》第6条)。⑦

---

* 1980年代初,丰田商事以销售贵金属并代为托管为名实施了有组织的大规模诈骗犯罪,受害人主要为老年人,全日本有数万受害者,被诈骗总金额达2000亿日元。具体犯罪手法为向客户销售贵金属,但并不交付实物,而是将贵金属证券化后与客户完成"交付",并声称替客户代为保管售出的贵金属。需要说明的是,此丰田商事与日本丰田公司无关。

** 本书原文中部分西方术语使用片假名音译,为方便读者,中译文以括号标注西文原文。

⑦ 目前承认冷静期的法律有:《分期付款销售法》第4条之三(对营业场所之外的分期付款销售契约规定8日冷静期)、《上门销售法》第6条(《上门销售法》一般规定8日的冷静期)、第17条(所谓直销商法规制的对象,冷静期为20日)。此外还有:《宅地建筑交易业法》第37条之二(在事务所之外的场所订立买卖契约后有8日冷静期)、《特定商品等预托类交易契约相关法律》第8条(冷静期为14日)、《关于规制有价证券等投资顾问业的法律》第17条(冷静期为10日)、《关于高尔夫球场等会员契约适当化的法律》第12条(冷静期为8日)、《不动产特定共同事业法》第26条(冷静期为8日)。此外,还有根据条例规定的对象,如《海外商品市场期货交易委托法》第8条规定,在海外期货契约订立后14日内不得在事务所之外的场所接受顾客的买卖指示,这种规制也可被视为冷静期规定。关于冷静期的理论探讨以及相关文献,可以参见河上1997。

第三种立法规则为保障契约当事人能够作出合理判断,以交付书面文件以及明示契约内容为核心,对另一方当事人课以信息披露义务。虽然在第二种类型的规制中也有很多关于书面交付义务以及信息披露义务的内容,但与其不同的是,这种规制回避直接介入契约内容。与单纯对书面形式的强制要求或禁止不当劝诱相比,此类限于向当事人披露客观信息的规制路径在立法中愈发多见。特别是近期与金融交易相关的各种法律中,经常可以发现属于第三种类型的规制内容。⑧ 例如于1998年12月施行,象征日本金融制度改革开端的《金融系统改革法》就要求银行等金融机构承担详细信息披露义务(说明义务)。⑨

更有代表性的事例可以试举于2000年5月通过的《金融商品销售法》(2001年4月施行)。作为金融服务基础性立法的一环,这部法律的立法初衷在于保护金融服务的使用者。此外该法也被广泛适用于包括预付款在内的各种金融商品交易之中。该法首先规定"各种金融商品销售业者"有对以亏损本金风险为核心的各种重要事项的说明义务(《金融商品销售法》第3条),同时规定违反说明义务所导致的损害赔偿责任(该法第4条),并以该条为前提推定本金亏损数额为损失数额(该法第5条)。据此,该法表现出回避介入契约内容,规制仅以信息披露为限但又便于当事人嗣后司法救济的鲜明立场。

第一种与第二种类型的立法是在市场机制不能有效发挥效用的前提下才选择介入契约的规制类型。与此相对,第三种规制类型则避免

---

⑧ 除本文列举的对象之外,还可以参见《金融期货交易法》(第69—74条),《海外商品市场期货交易委托法》(第4—7条、第10条)。

⑨ 参见根据《金融系统改革相关法律准备法》(平成10年法律第107号)所修正的《银行法》第12条之二、《银行法实施规则》第13条之三至第13条之七等。

与契约自由原则发生原理性冲突,着眼于保证当事人能够自行合理地选择是否作出表示,从而创造一个让市场机制能够有效发挥效用的环境。⑩ 以这种性质进行甄别,诸如《禁止垄断法》等支撑市场机能的立法也可归入此类。

而在日本《民法典》制定之后,国家的角色从放任自由主义转向福利国家,第一种与第二种类型的立法开始频繁出现。但在1980年代之后,涌现出一股将第三种立法类型作为重点的潮流。典型代表就是2000年4月通过的《消费者契约法》(2001年4月开始施行)。在该法的起草过程中,也曾有过各种以制定一部综合性消费者保护法为目标的提案,但审议过程中几经反复,最终还是形成了一部具有本书所归纳第三种规制类型特性的法律。该法赋予消费者因不当信息披露产生误解时可享有的撤销权(该法第4条),但规定消费者契约中仅明显不当的免责条款、责任限制条款或是预先约定数额过大的损害赔偿数额的条款归于无效(该法第8条、第9条)。

另外,从2003年3月1日开始施行创设定期借家权的法律(《关于提供良好住宅的特别法》),以及近期关于劳动契约的发展动态中,⑪也可以发现由属于第三种类型的立法,对原先属于第二种类型的契约进行规制的动向。现代契约法中出现了一股"放松管制"的思想潮流。

总而言之,大致上可以说自民法制定以来契约法的实质内容被转移至特别法中,由《民法典》规定的内容比重相对下降。民法历来属于尊重当事人自由的领域,但该领域正变得被数量惊人的法律所管制。

---

⑩ 对此森田修1998a使用了"被支援的自律"的表述。
⑪ 就此将于第6章进行论述。

此前在德国被热烈争论,在日本也引起关注的"法律化"现象⑫在当下的日本似乎正在成为令人感到些许阴森的现实。

综上,在关注支持法律介入契约的思想之际,前文提及百年来所出现的巨大潮流变化备受瞩目。正是基于这一重要现象的存在,讨论契约法现代性发展才成为可能。

2. 判例对契约法理的发展

接下来目光转向司法裁判。所谓司法裁判,是指将契约法适用于现实交易的流程(process)。但自《民法典》制定至今,司法裁判的作用不仅是将成文法中的契约法机械地适用于现实。相反,从中还可发现值得关注的"契约法的现代性发展"现象,也就是出现了不存在于民法条文但通过判例接二连三被承认的契约义务。在此选择三种情形作为例证(具体展开详见本书第 1 章)。

第一种情形是,一般来说契约订立之前是否签署契约是当事人的自由,原则上正在交涉契约的当事人随时可以不再继续交涉。但时至今日,契约交涉一旦进展到一定阶段,此时如果一方当事人不当地放弃交涉,被认为是要承担损害赔偿责任的。有不少案例支持这一规则。就最高裁判所*作出的判例来看,已经有牙医放弃交涉购买区分所有权公寓契约的案例。该案中,一位牙医想要购买一间区分所有权公寓然后把它改造成诊所。出于牙医所表现的这种态度,卖方相信牙医一定会购买这间公寓。而为给诊所提供必要的电压,卖方自费改造了公寓的电气容量,但最后牙医放弃购买改造后的公寓。虽然缔约与

---

⑫ 关于日本对"法律化"观点的概述,参见佐藤 1998,第 34 页。

* 即最高法院,也是日本宪法所规定的的最高司法机关。后文沿用日文表述。

否本来是当事人的自由,但最高裁判所以"违反契约磋商阶段中基于信义原则*产生的注意义务"为由,判令牙医方承担损害赔偿责任(最判昭和59年9月18日判时1137号51页)。

第二种情形是,在特定交易中一方当事人被课以为另一方当事人提供各种附随信息的义务。例如订立买卖契约时,卖方自然必须向买方准确描述标的物,但除此之外,过去卖方原则上不需要为买方判断是否购买而提供具有参考价值的附随信息。不过事实上,在特定交易中,卖方确实必须向买方提供这种附随信息。典型代表之一就是不动产买卖。买卖住宅时,卖方当然有向买方告知住宅的面积以及所附设施的义务。此外,如果卖方将外景当作公寓的卖点,有判例认定卖方有义务在自己的知晓范围内如实告知买方周边在建建筑是否可能妨害眺望(札幌地判昭和63年6月28日判时1294号110页)。从日常感觉出发,这也是理所当然之事。毕竟购买像不动产这么高昂的商品时,我们当然会期待专业卖方对各种附随事项进行充分告知。但是,从民商法的原则来看,当然并不会规定这样的义务。

虽然同样的告知义务被扩充进了各种契约类型,但受泡沫经济崩溃影响,出现了众多与一般消费者从事以投资为目的的交易相关的案例。[13]

第三种情形是,对于在一定期间内持续履行的契约来说,存在续约的问题。对此,在判例中出现了立法未作规定的义务。有关续约的立法例可见《借地借家法》,该法规定若无"正当事由"不得拒绝续约的请求(该法第6条、第28条)。原则上,除非法律中有类似的规定,续约与否均应

---

* 原文为"信義則",可译为信义原则或诚实信用原则。但为与"信義誠実の原則"进行区分,此处及下文均译为"信义原则",而将"信義誠実の原則"译为符合中国民法表述习惯的"诚信原则"。

[13] 详见本书第1章的讨论。与变额保险和各种金融交易(投资信托、期权交易以及证券交易)相关的案例居多。

由当事人自行决定。但对于特定契约,例如代理商契约或是特许经营契约等,即便存在"期限届满前三个月通知不再续约的,契约在期限届满时终止"的书面约定,也有判例认为若无不得已的理由仍然不得拒绝续约(札幌高决昭和62年9月30日判时1258号76页等)。不过,也有认可当事人有权按约定拒绝续约的案例。尽管下级裁判所存在意见分歧,但为数众多的判例都对拒绝续约增添了新的要件。

3. 总结

如前所述,就现代契约可以归结出三个特点:第一,现代契约的基础不限于民商法的基本规则,还包括数量庞大的特别法与判例规则。而这种用法律之网覆盖所有契约的潮流,正是"法律化"现象的表现之一。第二,在这些特别法与判例规则中,包含修正契约自由原则,并对契约当事人课以某种新义务的内容有所增加,对此应当称之为"契约义务扩大"现象。第三,近年来,立法中出现了一股将规制手段限于发挥市场机制作用,同时抑制介入契约自由原则的潮流。这就是"放松管制的思想"。

现代契约就是这样存身于"法律化"现象以及"契约义务扩大"的巨浪之中,但在另一方面也伴随着"放松管制思想"的反向潮流,可谓处于一种旋涡状态之中。

三、"日本社会"的契约

企业间契约的实态——日本人的契约观　经历了现代性发展的这类契约法在适用于"日本社会"时是否存在特殊性呢?在此本书着眼于契约的"实践"以及"实态",并尝试指出以下三个方面:

第一，提到"日本社会中的契约"，首先想到的问题就是日本的交易惯例以及日本人的契约观。普遍认为在日本的国内交易当中，当事人并不必然签署书面契约。即使有书面契约，对于契约条款当事人也不会过多交涉，大多数情况下都会直接使用单方提供的标准化契约文本（也就是格式条款）。虽然这种文本的内容当然会对制作格式条款的企业方更有利，但重要的是，发生纠纷之后当事人并不经常援用当时交换过的契约书。也有企业家表示，大企业之间的契约书在签订之后通常会被宝贵地放在保险箱里，从不拿出来用。

某种意义上，这种情况在消费交易中也同样存在，虽然格式条款普遍由企业方制定，但在面对有信用的大企业时，企业方也并不必然拿契约条款挡在前面与消费者讲法律。当然确实也有很多企业利用契约条款在交易中榨取消费者的利益，也有人指出必须规制这种现象，但对于重视信用的大企业来说，至少时至今日仍然倾向于回避援用契约条款。在欧洲各国，关于规制格式条款的讨论十分热烈，也有相关规制法律出台。⑭ 但在日本，具有普遍适用空间的规制法律尚不存在。原因虽有很多，可能性之一或许就是，对格式条款的规制目前在日本并不是亟待解决的严重问题。

法院对契约的解释　第二，法院同样倾向于用相对自由的立场解释契约，而这种现象也可能与前文论及的"实态"存在密切关联。在以往围绕租地或租房契约产生的纠纷中，经常会有将契约书中存在的约定当作"例文"予以无视，也就是作出"例文解释"的事情。⑮ 此外，在并

---

⑭　虽然文献年份略早，参见廣瀨1983。
⑮　关于案例中的例文解释实践的分析，请参见沖野1996。
　　所谓例文解释，即将合同中的条款解释为例行存在的文本，不属于当事人合意的内容，对当事人也不产生约束力。参见《日本大百科全书》对"例文解释"的定义。——译者

非如此极端的情况下,也有观点认为日本的审判活动的特点是相当自由地对契约作出解释。总体来说,可以认为法官也并不严格遵照契约文本的字面含义。

新类型契约的登场(典型契约的边界) 上述特征可谓日本契约的特殊表现,而下文所要探讨的并非仅限日本存在的内容:契约实态的现代特征之一体现为,民法原本规定典型契约之外的新类型契约纷纷出现。例如融资租赁契约、特许经营契约、许可使用契约、募集型计划旅游契约*、代理商契约等。对于这些不属于典型契约的契约,通常将之称为无名契约或混合契约。历来研究的重点在于探讨它们与哪一类典型契约相近,又与哪一类典型契约存在重合,然后从现有规定出发进行类推处理。但是,在新登场的契约类型中,存在具有独特性的,即便用尽所有既存典型契约规定也无法作出类推解释的对象。因此,本书认为有必要从新的视角出发对其中正在发展的法理进行理论研究。

四、契约已死?

前文对契约法的现代性发展以及日本社会中的契约特征进行了论述。对此应当作何理解呢?下文将要梳理并进行讨论的是:如果将民商法所确定的契约法一般原则投向这些现象,在理论上将会产生什么问题?

---

* 即旅行社事前确定目的地、日程安排、交通方式与住宿旅馆等信息,并通过广告向不特定公众募集参加者然后由旅行社组织实施的计划旅行。

1. 古典契约形象

一般认为，近代民法的大原则包括"契约自由原则"和"私法自治原则"。通俗来说，私法自治原则就是具备一定能力（民法上称为行为能力）的人凭本人意思作出决定；与之相对的是，他人（特别是国家）不应对此进行干预。换言之，唯有基于本人意思作出的选择才能使人承担义务，这也被称为"意思自治原则"（北村一郎 1983；星野英一 1984）。

如果在契约这一制度层面进行表述的话，所谓"契约自由原则"就是是否订立契约，或是订立什么内容的契约都应当尊重当事人的自由。

从这两项原则出发，人们理解的契约会是怎样的形象呢？首先，彼此并不认识的陌生个体偶然相遇，如果此时对方正好拿着自己想要的东西，那么就会开始与对方交涉："请卖给我。"然后双方逐一敲定契约条件的细节。在交涉走向尾声时，一方当事人说"那就请以这样的条件卖给我"——提出"要约"；对方对此表示同意——作出"承诺"。经过如此要约和承诺才使契约成立。契约成立时全部的契约条件均已确定。这就是基于近代民法所设想的契约形象。

契约成立后，如果进展到履行阶段发生问题，那么就根据契约在成立之初所确定的条件解决纠纷。原则上法院并不被允许改变当事人通过合意而自由达成的契约条件。当然，也有诸如不得违反公序良俗的例外制约，但原则上普遍认为介入是不应当的。

然而，虽说契约条件在成立之初就已确定，但当事人也很难通过交涉将所有契约条件全部写入契约书中。特别是在同类契约中经常共通使用的条款，如果每次都要重写一遍显然过于烦琐。因此民法和商法中存在属于任意规定的特定条款，以填补当事人未作出意思表示时所产生的空白，同时也可以降低交涉成本。但它毕竟只是任意规定，当事人可以随时达成与这些规定不同的合意。

上文描述了基于契约自由原则和私法自治原则所设想的契约形象。如此一来,若从本章第二节与第三节内容所对应契约的现代性发展或从日本社会的契约样态出发,就可以发现"古典"契约形象正在面临由前者所发起的深刻挑战。下文将对此展开论述。

2. 契约形象的变样——契约已死?

(1)"私法自治"的危机

首先回应以下问题:数量众多的特别法不断对契约内容加以规制的现象对于契约一般理论而言到底意味什么?

如前所述,不少对契约所作的具体规制均要求在契约订立之时便向相对方告知特定信息。以分期付款举例,就存在关于要求披露年利率百分比等内容的义务(《分期付款销售法》第3条)。此类规制要求告知相对方关于便于与其他同类商品进行比较的信息,目的在于使当事人能够作出合理选择并消除信息不对称的弊端。对于这种旨在更好地发挥市场机制作用的规制类型,与其说它与私法自治原则相冲突,不如说它的存在反而使私法自治原则得到实质保障。因此这种规制本身不会对传统契约形象或契约法原则形成威胁。

但如今在前文论及的那种广泛覆盖契约法领域的潮流之中,出现了一种朝向古典契约形象回归的现象。考察这种事态的意义,也是契约法学上的重要课题之一。

相对地,对于在上门销售中出现的冷静期规定,或是通过判例承认的新契约义务(相对作为中心的给付义务处于附随地位,因此也被称为附随义务),用传统的契约理论进行解释就非常困难。

以冷静期为例,一个根本性的疑问是:当事人基于自己的意思订立契约,为何只有一方当事人能够在一定期限内从契约中脱身？此前冷静期只适用于以上门销售为典型场景的,那种在经营者店铺之外的场所订立契约的事例。也就是说,在经营者店铺之外的场所订立契约(特别是经营者突然到消费者家里拜访时所订立的契约),对于消费者而言可能过于突然,因此普遍认为消费者作出的判断很可能存在瑕疵(缺陷)。为了给头脑一个冷却的机会,才引入了冷静期规定。当然,考虑到应该也有经过深思熟虑才决定订立契约的消费者,因此就算将冷静期限定为在经营场所之外订立的契约,也很难正当化这种一刀切式的赋予一定期限内任意解约权的制度。何况当前冷静期规定已经不限于店铺之外所订立的契约。如此一来,与其认为合意形成过程中存在某种问题,还不如从其他方面考虑正当化的依据。

此外,通过判例而被承认的各种契约义务也并非当事人在订立契约之时形成合意的契约条件,那么这种当事人可能根本就预想不到的义务何以产生约束力呢？特别是不当放弃契约交涉所产生的义务,人们一定会质疑:契约在成立之前怎么能产生等同于成立后的义务？(侵权责任也是如此)产生契约义务的根源,说到底应当是意思自治原则,即当事人的"意思"。而判例确立的义务与意思自治原则之间又是怎样的关系？

如此一来,对于用"契约义务扩大"来描述的现象,在多数场合下很难用一般原则作进一步解释。所以通常而言会把这些现象界定为相对于一般原则的例外。对于冷静期也把它定性为仅限于特别情形的极端例外措施,以此回避与原则的冲突。此外,也有观点将判例所确立的义务解释为附随于原义务(即给付义务)的法定特殊义务。对此,有不少能够将这些新契约义务收纳在传统理论框架之内的装置,例如"契约中的缔约过失"法理。但是,要涵摄的内容过于多样,此种举措虽然便利,但会导致法理基础变得过于脆弱。⑯

如果进一步再作考虑,对于这些借助特别法所发展的新规制,连同被判例所承认的新义务,如果全部作为"例外"处理,时至今日它们的数量实在过于庞大。会不会已经到了不能分清谁是原则,谁是例外的处境? 这就是第一个问题的缘起。

(2) 与侵权法理论的融合

当我们审视因不当放弃契约交涉而产生责任的理论,以及其他契约义务扩大化的现象之际,可以发现,如何确定契约与侵权的边界成了一个困难的问题。具体而言,同样的结论既可以在某个判决中基于契约义务作出,也可以在其他判决中基于侵权责任作出。换言之,除了契约义务扩大这一表述之外,也可从另一视角出发把它理解为侵权行为对契约和交易领域的入侵。但是,以存在于契约交涉过程中的注意义务为例,它的履行标准也会根据具体状况以及相对方的应对发生变化。而为什么一般侵权责任法通常不会预设的注意义务此时会出现在这些场合? 对这一根本性问题可以说还没有给出充分的解释。

那么,究竟应该怎样区分契约责任与侵权责任? 时至今日,二者之间的界线变得越来越不可见,但二者经过融合所形成的领域却越来越大。原本契约是当事人经合意形成的人际关系,基于合意才产生应当承担的义务。在不存在合意的情形中,因故意或过失损害他人权益而承担责任的,是侵权行为。据此,二者之间存在明确的原理性区别。但如今,用哪一种理论都能作出解释的情形广泛存在于交易领域。这就是第二个问题的缘起。

---

⑯ 圆谷教授将"契约中的缔约过失"法理称为"包袱布"(日文原文为"風呂敷",指万金油式的多用道具——译者),尽管论点的最终走向不同,但在问题意识上他和本书有共通之处。円谷1983,第203页,其他参考包括円谷1991,第19页以下。

（3）契约法的二元性（日本社会的活法与继受法）

由民商法确立的古典契约，经由要约与承诺而成立，因履行完毕或解除等终止原因而消灭。像这样，传统契约从开始到终结都非常清晰，对此美国学者用"sharp in, sharp out"（瞬进瞬出）予以表现。在某一时点契约突然开始；出现终止原因后，又在某一时点倏然结束。这就是古典契约形象。

但在现实契约实务中，开始和结束不可能总是如此清晰确定。如企业间交易中当事人为制造商的，首先邀请对方参观工厂，详细介绍业务内容；参观之后，还要到饭店等地方招待对方。重复几轮这种过程，彼此间才能逐渐产生信赖关系，最终进展到让对方说"就决定和您做这笔生意了"的阶段，在这种销售主管因实现目标而感到满意的时点上，双方其实还没有交换契约书。如此一来，某种与契约相关的人际关系在交换契约书之前就已经存在于当事人之间。关于契约的开始是这样。契约终止也是如此，存在经过长时间沟通往来之后契约关系才慢慢消解的情况。契约关系并不必然全因一纸解除通知而在特定时点猝然消失。

这样一来，现实中的契约实务就偏离了契约法的原则性框架。但这也并不意味从事契约实务的人将无视契约法，在完全没有秩序的环境里开展工作。从事实务的人头脑中应该是有"这么做可以，那么干不行"或者"这时候应该这样"之类的规范，也就是活在现实实务中的规范。可以认为这反映了"很少签订书面契约，即使签了也不援引"这一日本的习惯，以及这种存在于现实日本交易社会实务中的"契约法"（作为一种规范，可被称之为"法"）与法典所规定实定法的契约法之间存在偏离。我们所看到的似乎就是这样。

日本的实定契约法是从西方继受来的法律。理解这一点，就能看到日本固有的契约法与继受法之间的二元性。所谓继受法,也还是外来物。与之相对,日本也有原本就存在的固有契约法。然后,在面对这种二者互相偏离的二元结构时,由于法院必然要援引继受法,当事人就需要尽可能地回避诉讼裁判,从而借助固有的契约法解决纠纷。这就是日本的交易实务。对于在现实实务中被使用的法,法社会学者埃利希(Eugen Ehrlich)将之称为"活法"。那么如此一来,实定契约法就成为"死法"了吗?这就是第三个问题的缘起。

(4)新契约类型的特色

随着新契约类型的不断诞生,加之当前民法规定的典型契约比重相对下降,不禁让人对典型契约的典型性产生质疑。当然,《民法典》也规定了并不典型的契约类型。终身定期金契约在日本就几乎没人使用。但《民法典》的起草者认为,虽然当时这种契约在日本还不存在,但等到未来日本实现近代化并成为法国等那样的国家时,这种契约就是不可或缺的了。但直至今天这种需求并没有出现过。与此相对,其他契约类型一直以来却还维持着某种程度上的典型性。但在今天看来,这种典型性也令人生疑。

以特许经营契约、代理商契约、使用许可契约为代表的新契约类型明显不属于既存的契约类型。而在其他买卖关系当中,也有订立基础契约后仍然重复单次现货(spot)买卖的交易类型,同样可以说是民法没能设想的契约形态。这些契约类型大都非常重视契约关系的继续性,能被恰当适用的规范(不管是被写进契约的内容,还是没被写进契约但被当事人视为理所当然的内容)都具有难以用既存契约法进行解释的属性。与之相对,就民法确定的传统典型契约而言,即便是在一定期间内产生继续性的契约关系,原则上应当瞬进瞬出,终止原因一旦出现就倏然结束(充其量作为例外承认解除不发生溯及既往的效果)。

契约纠纷往往以法律上债务不履行的形态出现，债务不履行是民法中解除与损害赔偿的要件。也就是说，只要存在债务不履行，经催告履行后就可以解除契约。在此基础上如有必要也可获得损害赔偿。这是产生纠纷时的传统处理方法。但对于现实中的交易，特别是对重视继续性的新契约类型来说，这种处理方法经常难以应对。不能说一旦发生债务不履行，就能解除契约。在多数契约类型中，当事人还是希望尽可能地维持契约关系，以此为前提再对当事人间的利害关系进行调整。

例如代理商契约，特别是在独家代理商契约中签约代理商有独家销售制造商产品的权利。对于这种契约，如果授权方说出"契约已经到期，从今天开始结束交易"这种话，那么代理商为了开拓销路而投入的诸多投资恐怕会化作乌有。如果契约能如此简单地结束，就会产生很麻烦的问题。而若根据传统法理，即使是轻微的债务不履行也可解除契约，但这样相对方的经营和生活会因轻易解除或拒绝续约而陷入危机。为此，需要一种能够尽可能维持契约关系但又能解决纠纷的智慧。

对于要求继续性的契约，当事人在合作之初应当存有共同追求的目标。不管是特许经营契约还是代理商契约的当事人都是如此。为了达成目标，有必要使当事人之间的关系更上一层楼，发展得更为紧密。用法言法语来说，就是随着契约的推进逐渐产生各种义务，而且既存义务也不断被修正并出现多样的变化。要是用古典契约法的规定，无论如何也不可能推导出随着契约的推进会产生新的义务，而且既存义务也会发生变化的结论。如此一来，古典契约法的模型本身会不会正在丧失正当性？民法的典型契约在新登场的契约类型面前是不是已经失去意义？这就是第四个问题的缘起。

（5）契约已死？

面对这些问题的提出，有观点认为，时至今日，契约，特别是传统契约概念正在衰退。的确,对上述四个问题稍作梳理,也会给人留下这种印象:契约的现代性发展以及日本契约实务的特征对契约一般理论形成冲击,与契约相关的法律本身如今也陷入混沌时代。《契约的死亡》(Gilmore 1974)一书在美国出版后引起巨大反响。创作这本书的重要背景既包含美国自身特殊的一面,也包括与前文所论及第一、第二问题相对应的更为普遍的现象。换言之,美国也正在探讨相同的问题。

说到底,《民法典》将之作为模型而设想的典型契约形象,也就是素不相识的人相遇,交涉,就所有的条件达成合意;然后契约一旦出现某种终止原因就归于消灭。在这种典型契约形象的背景之下,可以说现代契约正濒临灭亡的危机。但是,"契约"真的已经死亡了吗?

五、契约观的转变以及契约的重生

1. 古典契约形象和契约思想

现代契约法陷入混沌状况的原因在于古典契约形象已经不能契合现实。但这是否就意味着作为法律制度的契约本身开始衰退甚至已经死亡?在考虑这个问题之前,首先还是有必要进一步反思何为古典契约形象。

需要指出的是,前文在论述日本交易习惯特征时所提及的现象,也就是不签书面契约,签了也不援用,以及产生纠纷时避免涉诉这些回避契约法的倾向,其实在任何国家或多或少都存在。即便是所谓契约社会的美国社会,也有人发现这种现象的存在。

也就是说,这种讨论契约法二元性的现象,不只存在于日本这种从外国继受契约法的继受法国家。只要是强调互相之间的信义,重视信赖关系的交易类型,哪一个国家的当事人也不会随意搬出契约书。虽然存在将前文指出的契约法的二元性视作日本的特殊现象,从"欧美对日本"这一日本异质论的立场出发,以比较文化论视角进行分析的做法,但那并不正确。对于这些强调互相之间信赖关系、随意挥舞契约书反将产生不良影响的交易,应当研究它们在不同国家被适用的范围有何不同。它们到底是广泛存在,还是只存在于特定类型的行业?这种视角将会更有效率,也更有可能开花结果。

这就意味着,那种素不相识的当事人相遇然后交涉,就所有的契约条件订立契约,此后仅有当初经过合意决定的契约条件才产生约束力的古典契约模型,连同以它为前提而起草的契约法在日本之外的国家也并不必然符合交易现实。

那么,所谓现实契约到底是什么?虽然实态种类极多,在此只以较为一般化的形态而论。

就拿超市购物来说,支付价款与交付物品几乎同时发生的特点使它具备了某种特别属性,对此民法学称之为"现物买卖"。由于关系简单,应当可以适用典型买卖契约的模型(通常而言在收银台完成付款时的瞬间买卖契约成立)。但若从我们的日常意识出发进行反思,在我们进超市买东西之前,可能会看到超市或商品的生产厂商正在举办促销活动,此时我们当然会对它正在出售的商品产生一定期待。当然,创设这种期待的是促销活动或是商场、厂家的社会形象,而不是合意。但如果这种期待和信赖落空,消费者当然会感到不平,并认为对方应当为此承担某种责任。

那不是在阅读契约书或通读民法之后才会感到不平,消费者只是感到"对方没有做到应该做的"或是"没有这么卖东西的"。至于对于商品的品质与安全性,以及店员待客和店面的安全性,消费者期待到什么程度是合理的,这一判断已经超越了当事人之间的单纯合意,只能综合所有情形后作出考量。

同理,企业间的交易更是如此。对企业间交易来说,当事企业所在行业的种种习惯和常识就是交易的基础。如果作出反常举动,恐怕在多数情况下根本就谈不成买卖。在日本,有些时候这种情形还会被指责为"非关税壁垒",但其实同类问题在任何国家都存在,尽管程度有所不同。

如此一来,可以说在契约背后存在各式各样规定契约内容的社会性条件。换言之,当事人其实不能完全自由地决定契约内容,那种认为契约条件完全由当事人意思自治决定的观念,本身就是极其非现实的东西。但为何这种非现实的契约形象会成为近代契约法的模型,而这种非现实的原则又是如何促成了近代契约法的呢?

或许可以这样解释:虽然现在看来基于契约自由原则或者私法自治原则产生的契约形象是非现实的,但在过去某一国家的社会中,它们确实有过现实范例,并且作为典型契约存在。但这种形成于过往时代的法律体系在今天看来已经是非现实的产物。不过,这种假设就让古典契约形象不仅是非现实的,还会被看作非现实的设想。

西方古典契约法和契约形象确立于 19 世纪。以当时主导近代产业革命的英国为例,在 19 世纪的欧洲社会,有观点认为维多利亚时代的英国社会由从社会关系中分离出来的原子化个体所组成,这种观点并不符合事实。在新兴中产阶级抬头的维多利亚时代社会,存在着以"绅士"理论为代表的特有伦理;[17]而且家族、共同体、教会等传统社会

---

[17] 参见村冈 1995,特别是在维多利亚时代被称为"最著名的传道者",代表作在日本被译为《西国立志编》并成为"明治三书"之一且销量无数的塞缪尔·斯迈尔斯(Samuel Smiles)的思想非常有趣。参见村冈前书第 2 部第 3 章。此外,笹仓 1994 对维多利亚文化与美国、德国以及日本的比较研究也值得关注。

制度也在有力地支撑着经济体制(神野1998,33)。那种认为能在这种社会中抛开伦理观和信义观念去签订契约的想法,无论如何也说不上是现实的。

因此,古典契约形象能够成为契约法模型的原因并不在于这种契约足够典型。毋宁说,原因恰好在于它在哪一种社会里都不够典型。那么,凭什么它能成为模型呢?我认为根源在于支持这种模型的思想。也就是对个人意思尊崇至极的意思主义的契约思想。更宏观一些,就是个人主义的自由主义(liberism)思想。因此,与其说当下契约法所陷入的混沌局面意味着契约法律制度的死亡,倒不如说支持契约形象的契约思想本身出现了破绽。

不论过去还是现在,现实契约的背后都有各种社会关系存在,而正是它们确保着契约的实效性与有效性。这不仅是契约的问题,资本主义本身也是在各种社会伦理和信义观念,以及社会性"连带"中才得以出现、发展。资本主义的诞生需要具备一定社会条件,特别是要有所有人共有的必要伦理观念,仅凭人为筹措的市场不足以催生资本主义。对此旧社会主义圈早已给出例证。而极度尊重个人意思的意思主义,或者说个人主义的自由主义思想排除了所有这些社会条件,创造出这种被简化为纯粹意思的契约形象。

何以至此?我认为是注重尊重自由自律,由个人自决的时代本身催生了这种思想。对那个时代而言,古典契约模型即是合适的模型。但就算回归彼时,仅凭主体间纯粹意思所形成的契约,在现实社会中到底算不算是典型契约也令人生疑。何况此后的现实也不可避免地越来越偏离那种作为理念而存在的契约形象和契约法。

所以可以认为,诞生于现代社会的种种契约法现象其实是探索新契约形象及其支撑思想的行动。

2. 新契约观

（1）关系契约

那么有没有能化消解古典契约模型破绽，让契约法死而复生的新契约形象呢？是否存在契合现实契约实践和意识并且能够解释新现象的契约观念呢？

美国学者伊安·麦克尼尔（Ian Macneil）所提出的"关系契约"这一观念值得关注。简而言之，与以意思为核心的古典契约形象相对，社会关系本身产生契约约束力，同时还催生了各种契约义务，这种契约形象被麦克尼尔称为"关系的契约"的模型。现实的契约看上去以各种兼具古典契约和关系契约两者要素的排列组合方式，存在于这两极之间。然后他还论证说，出于两极的契约模型有不同的契约原理，但某类契约在很大程度上由关系契约原理所支配。

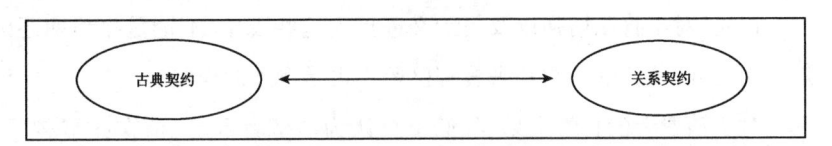

```
┌─────────────────────────────────────────┐
│    ╭─────────╮              ╭─────────╮ │
│    │ 古典契约 │ ◄──────────► │ 关系契约 │ │
│    ╰─────────╯              ╰─────────╯ │
└─────────────────────────────────────────┘
```

在日本，说到典型的关系契约的例子，就会让人联想到企业之间传统的继续性交易。其中确实有意思的要素存在（缔约与否看当事人的意思），但在确定契约权利义务时发挥决定性作用的是交易背后社会关系导致的约束，而非古典契约形象所描绘的内容。

古典契约假定所有契约条件在契约成立时均已确定。对此，麦克尼尔称之为"现在化"，也就是使未来的事项全部置换到现在。与此相反，关系契约不是现在化的契约。契约条件是随着契约关系的进展逐渐确定下来或被修正的。这从日本的交易特征出发就很容易理解。在日本经常会将"如果将来因本协议权利义务产生纠纷，当事人应当基于诚意协商解决"这种条款写入契约,这并非无意义的规定,恰恰应当理解为关系契约的范例。在关系契约中,为了维持契约性连带(信赖关系),当事人需要承担契约所在的社会关系要求的种种义务,例如告知信息以及注意避免给对方造成损害的义务。

如此一来,麦克尼尔的关系契约概念与我们的契约意识和契约观念极为契合。但他的理论具有很强的社会学理论性格,是一种"用社会学审视现实中的契约并用得出的模型展开分析"的理论。仅此不足以成为支撑契约法解释论的规范理论。但是,我认为对它的理论进行加工后,完全有可能将其构筑成足以作为实定法理论使用的规范理论。⑱

那么,对于前文所提出的指向现代日本社会契约法的四个问题,从关系契约的观点出发能够给出怎样的回应呢?

(2)管制的增强以及契约义务扩大

首先,对于管制增强以及契约义务扩大这些现象,不论是冷静期还是附随义务,从新的契约观来看都已经不再是例外的现象。

对于消费者的日常交易,我们不会认为消费者看到"请在此签名"的字样并签名捺印之时,在此瞬间契约就产生了百分之百的约束力。那种认为只要彼此还没有采取实际行动,自己就可以全身而退的想法

---

⑱ 对属于社会学模型的关系契约来说,它的实证性以及从中导出契约法规范的必然性等方面都存在各种问题。此外,虽然在探讨关系契约作为契约法规范是否具有正当性时,必须通过"法渊源论路径"来承认内在于关系的规范本身具有法源性。但由于事实层面的"活法"无法排除经济实力差别这一障碍,在日本用这种路径论证正当化恐怕非常困难。

因此,我认为与其采取"解释学路径",不如反转论证结构,也就是不再主张关系契约本身能够导出新的规范,而是转向论证基于新规范的解释构筑的产物才是关系契约。这样一来,我所主张的关系契约(法)就与麦克尼尔所指关系契约在重要部分有共通性,但并不一定完全一致。此外,在世界各国虽然都有高度相似的新契约法规范出现,但只要它的内容与社会背景(司法的角色、个人主义的强弱)还存在不同,那么它们所构成的关系契约也将存在区别。这一比较本身就很有研究价值。而且如果假定文化多样性将产生不同的关系契约法,与麦克尼尔的理论也有所不同。参见内田1990。

其实再正常不过。将这种意识反映到制度中就成为冷静期规定。当然,法律规定八日期间也反映出政策倾向给予消费者更为充分的机会用来考虑是否进行交易。然而,从关系契约原理就可以推论出冷静期制度本身存在的意义。如此一来,原则和例外将发生逆转。迄今为止的解释论将冷静期视为例外制度,因此除非法律明文规定,否则一概不予承认。但若以新的契约观为视角,那么即使没有明文规定,也存在可以类推适用冷静期规定的空间。

另外,附随义务也将不再只是单纯的"附随",而是被看作从关系中产生的原则性义务。如此一来,不再只有给付义务才可能产生附随义务,可探讨的范围扩大至任何契约类型都有可能产生其他类型的义务。此外,诸如不动产租赁关系所形成的理论也可被类推适用到性质不同的契约类型中。不动产租赁关系中存在即使承租方有轻微的债务不履行,但只要不至于破坏租赁双方的信赖关系,出租方也不能因此解除租约的,被称为"信赖关系破坏理论"的规则。从关系契约的观点出发,该规则将不再只是不动产租赁关系所特有的例外,作为关系契约理论可被类推适用于与不动产租赁没有关联的其他契约(现实中存在这样的判例)。也就是说,基础价值越大,关系契约所能被类推适用的空间也越广。

剩下的问题就是,在关系契约观念中用怎样的解释论对新发展的法理与规制给出定位。本书第 1 章将对此作出探讨。

(3) 与侵权行为的融合

第二,我们之所以会发现契约义务扩大化以及与侵权责任法融合这些现象,是因为我们只在当事人的意思中寻找契约责任的根源。与此相对,如果开放视野,直面"契约唯有依靠它们背后的社会关系才能存续,因此契约义务产生于社会关系"这一现实,就会发现社会关系规范中诞生的义务当然是超出当事人合意所形成的权利义务的。而这正是契约关系所特有的规范,绝非与侵权行为融合后的产物。在此意义上可以说契约没有衰退,更没有死亡。对此本书将在第 5 章进行讨论。

(4) 新契约类型的登场

此外,对于探讨第四个问题时所列举的新类型契约,有必要借助新的法理来理解特定新类型契约关系中的继续性性格。对此,通过关系契约观点便很容易进行解释。

对于提出第三个问题时所举例的契约法二元性问题,将在第 1 章进行详述。

以上便是新契约观念出现之际形成的冲击。最后,简单提及一下今后的问题。

3. 今后的问题

正如前文所述,有了新的契约观念才能对契约法拥有新的展望。至于说能否从中直接发现新的发展方向,并不是那么简单的问题。

古典契约观念之所以能够出现,与其说是因为存在所谓的典型契约,倒不如说是因为存在支持这种古典契约观念的思想(前文已述)。具体而言,塑造古典契约样态的并非社会学模型,而是以特定思想为基础所构建的法理论。古典契约观念之所以丧失说服力,也是因为支撑它的思想丧失了说服力。如此一来,若要揭示出新的契约样态,就不能局限于"关系契约概念能够说明的样态"——仅此并不充分。我们还需要说明"依靠关系契约建立的契约观,能比古典契约思想导向更好的结果"。为导向更好的结果,有必要论证什么是"好",这就需要一种能够支撑新契约观念的思想(哲学)。

个人主义的自由主义是非常有魅力的思想。正因为有此魅力,它所构建的契约法理才能存续至今。因此能够支撑新契约观念的思想，也必须具有同等魅力，并因此让所有人也能够从它所演绎出的结论中感受到这种魅力。要有这样的说服力，新的契约形象才能让现代契约法获得重生。

那么支撑关系契约的思想到底是什么？存在一种不同于私法自治原则且能契合现实契约实务的思想吗？探索这样的思想当是今后的课题。而目前确定的是，关系契约思想重视存在于契约关系背后的社会关系，并赋予藏身于社会关系中的规范以法律意义，据此挖掘社会和共同体规范中的价值。

在日本，由于战前与战时的痛苦经验，主张从共同体中发掘价值的观点在很长时间内被视为禁忌。特别是在法学家的群体中存在很强的这种倾向。例如家族法领域有"家团论"的理论。这种理论不把家族视为零散的个人集合，而将它视为由夫、妻和孩子这一团体所组成的共同体。尽管这一理论作为真理无需质疑，但在战后的日本却很难为人接受。理由在于时常有人质疑用共同体观念探讨家族就是要复活战前的"家"制度。

但是"现实"这一事实不会因质疑而改变。新契约观的登场就要宣告打破这一禁忌，告诉人们直视现实的时刻已经到来。在此基础上，我们要探求的"思想"既要承认共同体的内在价值，也有顾及个人主义的自由主义的有利方面并且实现对个人人格和权利的尊重的一面。此外，关系契约的内容虽然仍然暧昧模糊，但有必要努力将通过判例等形式发展确立的各种契约规则，作为解释论纳入日本的关系契约法中。对这些课题所提出的挑战，虽然本书第 1 章与第 3 章进行了不充分的尝试，但仍有很多留待未来解决的问题。

综上，还有很多留给未来的课题。但是反过来说，正是在这些困难又充满知性挑战和研究价值的主题中,才能找到契约法潜在的发展方向。

本章内容源自1992年我尚在东京大学大学院法学政治学研究科任职时,为选学"进修课程"的学生开设的专题讲座"现代的日本法"的讲义。[19] 收入本书之前,从文体入手,我对内容进行了大幅修改。进修课程的学生有在职学生以及外国人等多种身份的人士,讲座结束后有热烈的问答环节。问答环节的一部分也收入在下文中。

讨 论

问:很多时候企业之间都不会签署书面契约,产生纠纷之后要怎么处理呢?是不是会用暗箱操作的方式来解决,不让纠纷浮出水面?

答:国内企业之间的交易,不管有没有签署书面契约,通过裁判解决纠纷的情况非常罕见。但对此能不能借用暗箱操作这种表述是个问题。的确,在甲方乙方的关系中,借由力量强迫一方也是客观存在的事实。但相对地,发生纠纷时经常会有一方当事人"喊冤",这回是这一方当事人"喊冤",下回就是另一方当事人"喊冤"。如此一来,从长远来看就形成了风险分担关系,在当事人之间也就出现了一种规范意识。因此,即使进入裁判程序,法官也要假定存在一种使当事人都能接受的争议解决可能,并从中探索被共有的规范。

问:基于意思形成的古典契约理论能够如此长久地存续至今,应当不仅仅只是靠有魅力的思想。在纠纷解决方面,也有通过诸如意思推

---

[19] 《日本法的潮流》(有斐閣,1993)收录了讲义的原稿。文后的讨论也收录在内,但字词略有调整。

定等各种法技术以保持相当程度有效性的理论。而关系虽然说起来可以理解,但落实到诉讼争议解决时难免过于暧昧,无法从中找到明确的基准。我们或许能够在鲜活的社会关系中确定什么是惯例,但在真实的纠纷中,仅凭判断哪一条惯例被打破也不能解决的问题恐怕也是存在的。在此意义上,关系契约理论作为解释论能在多大程度上替代古典契约理论呢?

答:关系契约理论并不具备完全替代古典契约理论的性质。只是说相对于当下唯一的核心理论,关系契约理论或许是另外一种可能。但正如您所说,在预测纠纷解决结果以及维持裁判稳定性方面确实存在问题。不过,这种担心未必有其必要。

为什么呢?因为当前法官都在探求一种在当事人通过顺利对话便可解决纠纷时能起支配作用的规范。只要能够找到这样的规范,就能将它作为裁判标准适用。也就是说,如果存在一种当事人冷静思考后就能理解的规范,那么当这种规范能够发挥作用时就要把它纳入考量范围。

此外,虽然在适用这种规范时法官可能会有较大的裁量空间,但我想强调的是,现实中契约法领域内这种规范正在增加。就世界各地的动向来看,新近施行的新《荷兰民法典》在契约部分加入了非常多的原则性条款,给予法官广泛的裁量空间。而荷兰也不是全世界唯一如此立法的国家。这种强调通过原则性条款和不确定概念给予法官裁量空间的倾向,在《德国民法典》、美国《统一商法典》以及《联合国国际货物销售合同公约》*中也同样存在,必要性可见一斑。由此可以认为,确实有很多交易非如此不足以应对。

---

* the United Nations Convention on Contracts for the International Sale of Goods,下文简称为CISG。

而且稍作夸大地讲，我想在此指出的是，说到底裁判规范不能暧昧这一想法本身，实际上也是自由主义哲学里为贯彻法律的支配而必须存在的一种思想产物。

问：关系契约法确实很有魅力，但到目前为止的解释论中也有根据社会通识作出判断的方法。这两者之间有什么区别呢？

答：在裁判中一旦出现与关系契约相关的想法，那么在传统契约法中被作为抓手的就是类似信义原则的原则性条款。虽然社会通识也经常被援引，但这一观念本身并非法源。不过，不管是社会通识，还是信义原则抑或权利滥用原则，都不能否认它们是抽象度很高的存在。而与其说关系契约规范是要件与效果明确的"规则"（rule），不如说它是"标准"（standard）。尽管是暧昧的规范，但若与社会通识和信义原则相比，可以说关系契约规范的抽象度等级还要低上许多。我认为，当前契约法学的使命之一，就是要用以关系契约为核心的契约模型的原理来建构这些规范。

问：听您今天的讲座，古典契约与关系契约二者各有不同的契约形象。突然想到，在古典契约背后起支撑作用的是西方哲学思想，也就是尊重个人和自由意义上的西方思想；那么能够为新的关系契约提供正当化依据的，可能是东方的佛教或儒教。不知道这种想法正确与否？

答：说到关系契约与日本的交易习惯相契，人们确实可能会有这种直觉印象。事实上或许也说中了关系契约的一个方面。但在西方思想中，两者也都存在。虽然历来只强调其中之一，但对于另一方面，例如黑格尔的思想就可算是共同体的思想。在西方也同样存在这种传统。当然，从日本以及亚洲的立场提出新视角非常重要。今后想必也会有我们能够作出贡献的地方。然而，在西方思想中，本也存在充分的对抗过度的自由主义的思想传统空间。我认为关系契约理论具有超越东西方格局的普遍属性。

问：依据关系型契约理论，例如在判断格式条款效力时，如果背离基于当事人之间关系所形成的期待，是否也会导致条款无效？

答：法官在依据传统法理判断格式条款效力时，首先会认为如果存在真实意思，那么就有效；如果意思表示有瑕疵，那么就可撤销；如果没有真实意思，那么就不发生效力。虽然也可以利用信义原则以及公序良俗等原则性条款介入契约内容，但介入后的认定结论也是某项条款无效或是契约整体无效。但若依据关系契约理论，就能够超越有效无效，然后比照关系性规范扩大修正契约内容的裁量空间。也就是说，多了一种中间路线的可选解决方案。现实中承认这种方案的法律也已出现。例如《身份保证法》中身份保证人应当承担的责任限额，在契约内容有效无效之外，法律规定法官可以直接对保证额度作出裁判（该法第5条）。可以说这就是关系契约法的一例。

问：雇佣关系当然是关系契约，也就是当事人既想保持一定的灵活性（flexibility），同时也想让契约能够持续履行。但在履行过程中有时会想变更合同内容。通常情况下如果双方达成一致意见，那么就可以变更；但如果意见不一，就会产生麻烦。目前对于雇佣关系中劳动规章的变更与否，法官完全是在判断合理性的有无。也就是说，事实上逐渐承认法官有修正契约内容的权力，以此实现对契约的控制。对这种实务做法，契约法学者有没有给出基础理论的研究成果，或者说有没有意识到这个问题并展开研究呢？

答：当然已经意识到了，也有各种各样的尝试。关于契约内容的再次交涉，日本也有论文发表。但能不能说已经有了显著的成果还多少是个问题。或许原因还是过于忠实古典契约原理了吧。未来在这个领域大概会出现有趣的研究。

现代契约法的新发展

第 1 章　现代日本契约法和原则性条款

一、序论

1. 问题的所在

如前章所述,现代契约法中出现了多种值得关注的现象。其中之一就是通过判例所陆续创设的新契约义务,也就是"契约义务扩大"现象。具体而言,法院通过运用信义原则等原则性条款,得出了古典契约理论所不能导出的新契约义务。

对于以信义原则为代表的原则性条款,大陆法系国家中的德国与瑞士早就开始发挥它们的巨大作用。特别是德国,众所周知以第一次世界大战之后的通货膨胀为契机,德国法院一直在积极运用原则性条款,以至于法院甚至用原则性条款来对抗议会。此后这种现象又极大地刺激了与原则性条款有关的学说的长足发展(参见广渡清吾 1986)。因此,经常有人引介信义原则性条款在扩大契约债权债务时的重要作用(参见潮见佳男 1991)。此外,《瑞士民法典》第 1 条便赋予法官较大的创造法律的裁量权,该法第 2 条第 1 款还规定行使权利和履行义务应当适用诚信原则;同条第 2 款规定禁止滥用权利。还有第 3 条、第 4 条也是关联的原则性条款,该法看起来完全就是原则性条款的宝库(渡辺博之 1985)。

与之相对的是,围绕信义原则,在法国从来就没有像德瑞两国这样热烈的讨论。特别是没有像德国一样利用信义原则发展情势变更原则。① 但在法国同样也能观察到例如承认信义原则在契约交涉过程中能够发挥作用,② 以及虽然没有采用信义原则,但通过扩张既有理论或创造新理论的路径来扩大契约义务的现象。③

除此之外,在最近的新《荷兰民法典》中也出现了专为契约设计而且适用范围广泛的原则性条款,这在世界潮流中也极为瞩目。例如以下规定:

第6章

第233条:对格式条款内容的审查,应当综合考虑契约的性质、该条款之外的其他内容、契约条件成立的经过、当事人彼此知晓的利害所在以及其他与诉争争议相关的情形。一方当事人将因该条款遭受不相称损失的,可以认定该条款无效。

第248条第1款:除因当事人合意之外,契约亦由与其性质相应的法律、习惯以及合理性和衡平要求而产生法律效力。

第2款:契约效力对当事人产生约束力。但若在诉争争议中当事人基于合理性以及衡平基准难以接受约束的,则不在此限。

---

① 所谓不能预见理论的适用限于行政契约,在民事契约中已经被判例否定。关于该理论可见五十嵐1969;山口1986,65页;中田1994,第37页以下;Horn 1985a,17。

② 但在法律构成中普遍表现为侵权行为。关于放弃交涉所产生的责任,Cass. 20. 20, mars, 1972, Bull. Civ. IV, no. 93 可谓是里程碑式的成果。概括分析可以参见池田(1997)。关于契约交涉过程产生责任的基础性著作可以参见 Hondius 1991, ch. 8 (J. Schmidt=Szalewski)。此外,还可参见 O'Connor 1990; 96et s.。

③ 後藤1990,後藤1992 介绍了法国值得关注的动向。此外,还可参见森田宏樹1991。此后的研究有馬場1998,後藤1999。此外,也可参见 O'Connor 1990, 94—98。

此外,《荷兰民法典》还包含有正面承认以情势变更为事由可以变更契约的规定。④

再将目光转向普通法国家,可以发现在美国也出现了用古典谈判(bargain)理论无法解释的契约义务扩大现象。对此吉尔莫称之为"契约之死",他还从普遍意义出发对这种"责任爆发"的现象进行了论述(Gilmore 1974,参见内田 1990)。此外,《统一商法典》的第一编第 203 条也规定了信义原则,同时还采用了多种类似"交易习惯""合理商业基准"的不确定概念,使得更有弹性的法律适用成为可能。⑤

英国既不存在作为一般性原理的信义原则,也不承认契约交涉过程中的信义原则,与前文所述的世界性潮流相比,确实给人以消极的印象。但是,也有成果综合探讨了英国法中各个领域的法理研究成果,并于此提出在英国也存在定型化的信义原则。⑥ 在银行交易等领域内,也出现了引人注目的义务扩大现象。⑦

除此之外,尽管在英国出现反向动态,但 CISG 最后仍在公约解释部分引入了"信义原则"的规定:

> 第 7 条第 1 款:解释本公约时,应当考虑公约的国际性、促进统一适用的必要性,并虑及在国际贸易中应当遵守信义(good faith)。

---

④ 见第 6 章第 258 条。此外,新《荷兰民法典》的条文(英法译文)参见 *Nieuw Nederlands Burgerlijk Wetboek, Het Vermogensrecht*, Kluwer 1990。新《荷兰民法典》契约相关规定(债权总则、契约分论)的中心部分于 1992 年 1 月 1 日开始施行,第 6 章对应债权总则。关于新《荷兰民法典》的研究成果,潮见 2000 的第 1 部第 2 章非常珍贵。

⑤ 参见 Farnsworth 1963,行沢 1991,吉田直 1991,第 179 页以下。

⑥ O'Connor 1990 这篇专题论文对此进行了论证。

⑦ 参见 Esso Petroleum v. Mardon 1976, QB 801,内田 1990。此外也可参见 O'Connor 1990,33。

此外,公约还大量使用增扩裁量余地的不确定概念。这也是能置于同一潮流中而被理解的现象。⑧

综上,可以说在全世界范围内都存在传统契约理论所不能涵盖的契约义务扩大现象,尽管因法系不同导致这种现象存在不同的展现方式,而且在不同国家它的表现程度也不尽相同。但该现象在日本有更为显著的表现。

这种契约法上的新发展不仅只对实务,对理论研究也提出了非常重要的问题。因此对于这些现象,各国都在用各种理论尝试在现有契约理论框架内进行解释。例如对于责任的性质究竟属于契约责任还是侵权责任,以及"附随义务""保护义务"和"协助义务"等新概念由何构成等等。但是,在契约义务扩大现象中,有着无论怎样通过修正现有契约理论也无法应对的难题。换言之,正在发展的契约义务扩大现象包含着撼动全体现有契约理论的可能性。

本章将在回顾上述世界性潮流的同时,尝试对日本契约法的新发展作出理论解释。在此过程中,需要对现有契约理论进行根本性重构。

2. 关于契约法的解释论

*本节的目的在于解释我在本章所试举的"契约法的解释论"的意义。但具体展开的讨论与专属于法解释学的方法相关,因此对这种方法论不感兴趣的读者可以跳过本节的讨论,而且这么做也不会影响理解后文。

---

⑧ 曾野和明教授把它视为商人法(lex mercatoria)的形成动向,这对本书来说极有借鉴意义。参见曾野1989,特别是第519页以下。关于商人法,该论文注5中的多喜教授与山手教授的论文也值得关注。

虽然特别法也对契约法的新发展有所贡献,但主要推动者还是判例。在判例中虽然也有最高裁判所的终审判决,但更多的还是下级裁判所判决。我所要做的,是建构可以整体解释这些判例和一些特别法所显示的新规范的法原理,并提出一种可以使这种规范正当化的理论。我所说的契约法的解释论的意义就在于此。

这种解释理论需要面对以下问题:第一,解释论的对象为什么是下级裁判所判决?第二,根据上述观点所提出的理论会不会就只是对现实的追认而已?第三,如何理解所谓建构一种经过整合后的法原理?第四,正当化又是怎样一回事?对于这些疑问,我想在此首先作出回应。

传统意义的解释论将法源作为解释对象,目的在于阐明应当作为"法"而发生效力的规范的内容。因此,主张某种解释论应当作为裁判依据的正当性,源自它是对法源的解释。

如此一来,关于"判例是不是法源"的争论时常发生,但至今也没能就此形成共识。⑨ 例如广中俊雄教授在区分法律与法源的前提下,认为判例是适用成文法、习惯、常理这些法源的结果,因此即使判例形成法律,也不代表判例本身成为法源。与之相对的是,也有观点认为如果基于对法律条文的解释所作出的判断在日后经由案例确立了新的规范,而且该规范在此后也成为裁判基准,那么就此意义而言,将判例认定为法源并无障碍(认可这种法源范围主张的学说也有很多)。⑩ 但毫无疑

---

⑨ 参见中野1996,第10页以下;广中1989,第41页以下以及广中1991。

⑩ 但即使撤销违反判例的原审判决,在日本应该也不会被从违反判例法的意义上进行处理的。参见团藤1996,第169页。违反判例至多被认为是"错误适用或解释法律"的判决而被撤销。在这种技术层面的意义上,当然可以说判例并非法渊源。

问的是,无论基于哪一种立场,判例所确立的规范在裁判规范意义上都发挥着"法律"的功能,因此阐明这种规范内容的工作也可算作传统意义上的解释论。

而更为重要的是,这里提到的"判例"就像被制度所保障的规范一样,具有作为先例的约束力。如同最高裁判所的终审判决,非经判例变更程序不得被颠覆,且违反该判例的下级裁判所判决将被撤销(高等裁判所的终审判决在同样意义上也可被视为法源,参见《民事诉讼规则》第 203 条规定)。其中显而易见的是,认可判例具有法源性的原因在于判例在事实上具有约束力;而非像《宪法》第 76 条第 3 款*这种创造裁判规范性的次级规则(H. L. A. 哈特)。如此一来,随着最高裁判所的判决一次次地遵从判例,判例被颠覆的可能性也越来越小。通过判例而确立的、作为规范的"法"的效力也越来越强。⑪也就是说,若依判例属

---

* 《日本国宪法》第 76 条第 3 款规定,所有法官应当服从良心独立地行使职权,只受本宪法和法律约束。后文的"次级规则"源自哈特创造的术语 second rule,又译"衍生规则"。哈特认为,法律是一种规则体系,它在形式和功能上与象棋或板球这样的游戏规则具有结构上的类似性。规则有不同的种类,它们在功能上互补。某些规则——原初规则,直接支配行为。但一个完全由原初规则构成的法律制度会带来不确定性、低效性及停滞性,因此就产生了作为"衍生规则"的承认规则、裁判规则和变更规则。它们分别是关于对原初规则的确认、适用及变更的具体规则。(参见尼古拉·莱西:《哈特的医生:噩梦与美梦》,谌洪果译,法律出版社 2006 年版,第 275 页。)哈特在《法律的概念》一书中详细阐述了裁判规则,哈特认为,裁判规则授权给某些人,就在特定的场合中初级规则是否被违反作出权威性的决定。最基本形式的裁判就蕴涵在这种决定机制中,哈特把授予权力作出权威性决定的次级规则称为"裁判规则"(rules of adjudication)。(详见哈特:《法律的概念》,许家馨、李冠宜译,法律出版社 2011 年版,第 87 页。)此处内田贵认为上述日本宪法条款就属于次级规则中的裁判规则。

⑪ 例如,中野 1986 第 12 页以下,中野虽然否认判例具有法源性,但他也使用了"强效判例"与"弱效判例"这种词语来表现判例的约束力。据此承认了"强效判例"能够产生不成文法的结论。

此外,笔者在本书中并未就判例的法源性表明自己的立场。原因在于随着本书论述的展开,没有必要就此问题旗帜鲜明地作出回应。而且以本书的分析内容为前提,接下来需要回应的只有法源这一用语的定义问题。另外,关于事实上约束力这一问题,可以参见樋口阳一 1986。

于法源的立场,也可以从量变的角度来理解法源性。不管怎样,即便认为判例确立的规范解释能被称为解释论,这种解释论通常也不研究下级裁判所判决。

但是,下级裁判所判决同样也是"法律学"*的研究对象。实际上,包括最高裁判所判决在内,各种判例都是研究对象(例如判例评释)。此外,为了厘清判例的"倾向",有时也会全面地分析与某一类纠纷相关的公开判决(当然此时也会搜集最高裁判所的判决)。如此方能查明诉争争议的特性,或诉争争议的类型不同如何导致裁判尺度的不统一。至于这种研究与"解释论"之间有何不同,虽然未经严谨研究,但恐怕多数意见都会认为它并不能与解释论相提并论。

那么,本书将下级裁判所的判决也纳入解释论的考察范围。不过,这也并不意味着我认同这些判决与最高裁判所的生效判决具有等同的法规范性。

下级裁判所判决如果生效,对该事件而言也是启动国家权力的凭据。在此意义上,作为实现"法的支配"所要求的"国家权力应当依法行使"的程序,它们发挥着作用。因此,法官如此判决所依据的裁判标准就不折不扣地可被称为法源。那通常是法律和最高裁判所的生效判决。

但是,下级裁判所有时会根据既无法律规定,最高裁判所也并未就此作出判决的规则作出判决。最典型的就是适用原则性条款解决纠纷的情形。

当然,原则性条款本身作为法律条文也属于法源,而且"常理"本来

---

* 日语中同时存在"法学"与"法律学"两种表述。根据冷罗生主编的《日汉法律词典》,两者含义完全一样。也有观点认为与"法学"相对,"法律学"更强调狭义的研究法律解释和应用的方向。

也被很多人认为属于法源。不过无论如何，凡是未明示具体要件和效果的条文，是无法与规定具体要件和效果的条文在相同意义上展开"解释论"的。因此，即使原则性条款也可作为产生新规范的依据，但这一论断本身所具有的"正当性"能否达到如同对规定具体要件和效果的法条进行文义阐明的"解释论"的程度，确实存在争议。正因如此，才会产生很多关于原则性条款适用标准的争论。

在现有法律和生效判决都难以解决问题时，也有适用原则性条款以在诉争纠纷中实现个案正义，并作出不具有先例性的判决的情况。但同样也可以反过来通过解释这些个案的判决来建构指导这些判决的一般性规范。虽然某种意义上这些判决只是对原则性条款的解释，但若转换视角，也可以说它们就是新形成的裁判规范。为了与作为法而具有约束力的裁判规范作出区别，可以把它称为"决定准则"；于是从下级裁判所判决中提炼决定准则的工作，也可算作传统意义的解释论。

从最高裁判所判决中提炼出的决定准则，不管被称作法源还是基于法律解释而导出的法，都可以主张它具有约束在后作出裁判的法官的规范性。但若换作下级裁判所判决的决定准则，它们对其他下级裁判所并不具备如同先例约束力一样的制度性保证效果。更何况它们约束不了最高裁判所。因此，即使对被许多下级裁判所判决当作判决所依据的决定准则完成"记述"，也很难认为它有等同于解释论所能赋予的规范性。而且，并非所有的下级裁判所判决都会遵从这一决定准则。在下级裁判所判决出现分歧的时候，从不同的下级裁判所判决中只选择一部分并从中建构决定准则，也会让人怀疑作为解释论所应具备的正当性，何以从不完全的选择中产生。

下文将对这种正当性的有无作出回应。无论如何，对基于此种"选择"而建构的决定规则，至少不能把它贬低为单纯的追认现状（回应第二个疑问)。

对于如上文所述而建构的决定准则,在作为先例具有制度性保证的约束力这一点上,显然不能与能够指导裁判且明确法为何物的解释论相比。的确,即使再多的下级裁判所在事实上都采用同样的判断标准,或者说积累成预判裁判结果的资料,也无法证成这种标准已经成为裁判规范。可以说,研究判例倾向的相关研究对此已经形成共识。

不过,这里要考虑到存在"维持国家权力启动的稳定性,即是实现正义"这一原则性命题。虽然说这一命题并非绝对命题,也受到法律修正或判例变更情形的内在限制,但为贯彻"等同之事应同等对之"的正义原理,很难从正面否定该命题。以此命题为前提,即使是下级裁判所,只要是能够成为启动国家权力依据的判断标准,而且随着遵从这一标准的判例数量的增多,那也就不得不承认它在事实上所发挥的约束力。在这层意义上,通过解释提炼出的决定准则和下级裁判所判决的整合性越高,事实上的拘束力就越强。此外,如果这种决定准则能够与法律规定或最高裁判所生效判决在原理上相融合,[12]那么即使它的约束力仍不及最高裁判所的生效判决,也可以说在事实上能对上级法院产生影响(上诉理由援引过去下级裁判所判决的部分原因,就是这种意义上约束力)。当然,如果最高裁判所作出从正面否定这种决定准则的判例(一般来说,就解释论而言在制度层面存在这种可能性),那么它作为裁判标准的效力就会丧失。但是,越是与现有法源整合度高的规范,作出否定判断所要求的论证难度也就越高。

---

[12] 关于原理整合性,德沃金有所涉及。参见内田1988b。当然,德沃金所谓的原理整合性以及"与下级裁判所判决规则的整合性"具有不同意义。后者是事实上的约束力的根据,而前者是基于实定法体系的法规范的存续根据。

综上所述,可以说在某种意义上也能认定,以下级裁判所判决为对象建构的决定准则具备作为解释论的正当性。

但是,作为解释论的正当性并非只有这种事实上的约束力。若能提出足以论证这样的决定准则具有正确性(反过来也可以论证忽视这种决定准则是错误的)的规范理论,那么就可以增强它们作为解释论的正当性。本书所论及的"正当化"就是指需要提出这种规范理论(回应第四个疑问)。

那么,还剩下第三个问题,也就是所谓整合性法原理的构成到底是什么。如前所述,要求整合性本身有其意义,但问题是为何在分析下级裁判所判决时可以从中建构出"法原理"?此处的法原理与要件和效果明确的"规则"相比,属于抽象度更高的法规范。实际上,这一疑问与契约法所具备的现代性发展的特征也息息相关。因此,本章整体上都是对这一问题作出的回应。

3. 本章的结构

概括来讲,本章的结构如下所述。首先,第3节针对出现在全世界范围内的契约法新发展这一现象,以理解这种现象的性质为目的,提出可供分析的理论框架,在此基础上探讨为何会产生这种现象。其中,从关系契约这一概念出发,可以认为该现象就是将关系中的内在性规范提升为实定法的过程。然后第4节以第3节设定的分析框架为基础,分析与日本的信义原则相关的案例,将新形成的规范作为6项法原理予以提炼,以此阐明从原则性条款的运用中浮现出的契约法新发展。同时,提出一种能够适应这种潮流的新契约概念。

如果说新近出现的契约法与近代契约法相比可被称为后现代(postmodern)契约法的话,那么本章的目标就是尝试提出一种后现代的契约法理论。

但在提出这些论证所需的理论框架之前，第2节希望对日本的契约意识进行探讨。因为本章所主张的理论框架对于传统"日本契约意识"论而言，也可以提出非常有趣的研究问题。在此意义上，对本章整体来说，将"日本契约意识"论作为分析起点也算是极好的引论（Introduction）。

二、关于日本契约意识的问题

1. 序

一直以来，日本人的"契约意识"都被认为不同于西方。最古典的文献是川岛武宜博士的《日本人的法意识》（川岛1967，特别是第4章），其中所提出的视角虽然在日后略显僵化，但直至今日仍然被人继承着。[13] 这种"契约意识"认为，从西方法律继受而来的实定契约法与日本固有的契约意识或者说契约规范之间存有龃龉，对日本契约法来说，作为实定法的契约法和"活法"之间存在契约法二元性的现象。[14]

---

[13] 例如沢木1978，田中＝上野1980等。其他可参见六本1986，第211页。

[14] 沢木1978也指出了"契约观念的双重性"，但星野英一教授在星野英一1982，第280页以及星野英一1983第264页中提出了"两部契约法"的存在，并主张日本人更偏好"柔软性"以及"诚信原则和信赖关系"。而且他还同时指出"日本契约观念早已渗透到有关契约的国家法律之中"，见星野英一1982，第304页。关于判例中的"融合关系"也有所论及，见星野英一1983，第264页。

本书试图在更为基础，而非"日本式"或"非欧洲"特殊性的框架内理解这一问题，并尝试将此问题呈现于日本契约法的解释论层面。

顺便一提，星野英一1982以及在提出该论文的座谈会1980（[NBL 200号]，6）对应的发言中，也肯定了日本契约观念中存在某种普遍性的主张。对于将日本契约意识视为近代前存在的战后法学流派而言，这种观念属于较为新近的产物。有人仅仅依据此便提出批判。为回应这种批判，有必要对此处假定日本契约观念所属的"活法"到底为何种规范，以及缘何应当承认它的存在进行论述。本书并不沿用埃利奥特的"活法"观念，而从略微不同的理论框架出发，尝试对其进行正当化的肯定评价。

此外，关于从战前开始到战后不久这一时期内对"活法"的理解认识，六本1972进行了值得关注的尝试。

实务专家们也普遍认为企业实务中的契约规范与实定契约法之间存在偏差，而且出现偏差的原因就存在于这种"契约意识"之中（代表成果是柏木1992）。

但是，这种视角也存在问题：那就是如果过分强调日本的特殊性，势必会导致研究视野与当前各国契约法中普遍出现的新潮流渐行渐远，最终妨碍新潮流的理论化进程。⑮

因此，本书通过批判过去的"日本契约意识"论，指出以此为基础的"日本"的"契约法二元性"视角在用法解释学理解现代契约法的道路上已经成为障碍，并为第3节关于再建构一种比"契约法二元性"更具普遍意义的分析框架作出铺垫。

2. 日本人的契约意识

首先，一开始就应当指出的是，所谓日本人的契约意识当中有很多并非日本特有的内容。⑯

为阐明这一点，不妨先从川岛博士所著关于"日本契约意识"论的最古典著作开始，列举所谓日本契约观念的特点。

特点之一在于，契约成立要件的明确性不同于"近代法"所要求的程度。也就是说，"仅凭合意并不足以约束当事人。有订金或是文书才能产生约束"。

---

⑮ 星野英一1982，第306页对日本契约观念与习俗和欧洲契约观念继续进行了对比，伊斯兰和希腊的契约观念也被当作研究对象。他指出在某种意义上存在某种普遍性。对这种认识，他认为"从理论见地出发，也就是为重造契约理论本身来说是有价值的"。本书也是这种尝试的一部分。此外，六本1972，第221页指出理解支撑日本法观念的"与社会秩序实然状态有关的，各种固有且一以贯之的原理"极为重要。或许本书也可谓在契约法领域内进行了这种尝试。

⑯ 同样的观点在六本1972，第211页以下也有介绍。

"但是,纯粹的合意也并不是完全不产生约束。比方说同村村民,或是亲戚之间的契约通常会产生一些约束。"

"但是,即使是在这些主体之间,也并不会产生民法意义上关于契约效力所规定的那种完整约束力。"

简而言之,"有产生约束力的'合意',也有不产生约束力的'合意';或者说,有等于'契约'的状态,也有不等于"契约"的状态"(川島1967,93;强调符号在此省略)。

特点之二,契约的内容也不明确或是不确定。川岛博士举例如下:家庭佣人或家内劳动者与雇主之间的关系、农地解放前佃农与地主之间的关系、工头与业主的关系以及身份保证契约。

这一特点又与以下事实相关,即经常不签订书面契约,以及即使有书面契约内容也极其简单。然后,这也导致了所谓"诚意协商条款"(未来当事人因本契约所产生权利义务出现纠纷时,各方应秉持诚意协商解决)和"圆满解决条款"(通过协商圆满解决[纷争])的常见。川岛博士指出:"我至今没有在任何西方各国的契约文本里发现这样的条款。"

川岛博士指出,这种内容上不明确、不确实的背景所反映出的意思是:

> 在我们国家的契约活动中,当事人不仅不会在书面契约中详细约定权利义务,甚至就连书面契约中约定的权利和义务也未必是明确的内容,最多只是应付了事。人们普遍认为一旦发生纠纷,到时候再具体问题具体协商就好。所以说,关于债务履行期限也不会严苛把握,"晚上一两天也没什么"的想法非常正常。对于迟延一天两天就要追究责任的债权人,反而会被人当成刻板或是不近人情的人。这样一来,即使诚意协商条款没有被写入书面契约,我敢说所有的契约都被认为是当然包含这一条款的。(川島1967,116)

但是,麦考利(Stewart Macaulay)在他广为人知的研究成果里指出,这种所谓"日本特有"的"契约回避"现象在美国也同样存在。[17] 特别是在重视持续性的交易中,相对于书面契约的文本,当事人之间的信赖关系更被重视。[18] 此外,太田知行教授曾对日美两国的代理商契约以及树林买卖契约的实例进行实证比较研究,结果发现在美国存在不使用冗长书面契约的交易,反而在日本也有使用详尽书面契约的情况。他还指出,使用怎样的书面契约取决于交易的形态以及法律规制的样式,文化背景不能被用来解释一切(太田1989)。

的确,与日本相比,美国所使用的书面契约通常更为冗长详尽。在移民社会里,美国人经常不能确保交易对方与自己拥有相同的价值观,因此在某种意义上当然具有更强烈的使用书面形式确定契约条件的动机。但这并不等于说,因为与美国不一样,所以相比"欧美"而言日本就是异类。[19]

如果按照这种逻辑解释美国为何需要详尽的书面契约,那么同样接触相异文化的国际贸易应当也是如此。但实际上,在国际贸易中,与西方企业要求遵守契约相对应的是,日本企业经常寻求柔性地修改契约条件,有时这也会被当成是日本契约观念的体现。发生在1974年至

---

[17] Macaulay 1963a. 该论文和他的 Macaulay 1963b 早在川岛 1967 以前便已发表,在日本并非不曾为人所知,星野英一 1966 已经进行了引用。此后,在太田 1989 以及中田 1994 第 414 页以下也对麦考利的论文进行了评述。内田 1991,第 61 页以下也有论及。

此外,Macneil 1974 也指出在美国实务中纯粹承诺本身只具有弱效约束力。此外,Atiyah 1981 也从哲学角度论证了在道德意义上纯粹承诺只具有弱效约束力。参见内田 1990,第 130 页以下。

[18] Cf. Guittard 1974, 828. 此外,根据敦内的调查结论,相同现象在荷兰也存在。对此他评述称"认为契约必须遵守(pacta sunt servanda)原则在法律事务中并非十分妥当的结论不算冒进。实际情况可谓正好相反。也就是说,根据情势变化变更契约这一习惯已被人们充分接受。" van Dunné 1987, 413, 425.

[19] 另外,作为美国特有的情形,考虑到与陪审制的关系,用书面形式确定契约条件本身有其优势。Cf. White=Summers 1988, 96 et s.

1977年间的日澳砂糖交涉事件就经常被拿来举例。[20] 不过,虽然或许可以把它作为日本企业在文化相异的国际贸易中继续沿用国内交易方式的事例,但其实也有人主张在国际贸易中日本企业寻求事后修改契约的行动并非特例(参见本章注21)。此外,还有人指出近年来国际贸易中也出现了非常讲究运用法律手段的日本企业。[21]

相对地,CISG多处使用信义原则以及不确定概念也可表明在国际贸易中同样存在共有的交易伦理。[22]

简而言之,在与美国进行比较之后,如果不同时与欧洲各国乃至亚洲国家的传统国内交易进行对比,那么就不能断定所谓的日本特色是日本独有的事物。不能仅凭通过与美国这一特殊社会进行比较后发现不一样的,就径行断言这些特色不属于"欧美"。[23]

3. "日本交易习惯"

由于最近人们不再热烈关注日本式经营,"日本交易习惯"这一概念的热度也随之下滑。但在过去,特别是1980年代后半叶以美日结构

---

[20] 当时在新闻里经常出现这一事件,关于影响可以参见石田佳治1979,田中=上野1980,第167页以下(关于商定书面契约过程中的"功亏一篑"现象),北山1989从契约条件的再协商这一角度出发进行了分析。

[21] 太田1989,第206页注4。此外,有实务专家发言表示如前日澳砂糖交涉事件这种因"情势变更"寻求变更契约条件的事例,在任何国家都是"不胜枚举","并非日本特有的案例"。座談会1980,NBL 201号,32(柏木)。

[22] 参见注8。

[23] 关于通过与日本进行比较所发现的美国社会的特殊性,参见Haley 1991, 14, 114 ets。此外,在座谈会1980([NBL 200号],9)的柏木发言中也有同样意见。另外,不得不说现有研究存在多以个人体验而非实证研究为基础的问题。川岛博士的研究已经具有很强的这种倾向,因此需要更为实证性的研究成果。对此,太田1989属于宝贵的例外。此外,关于第8章所涉及的实态调查,也是或多或少为了修正这种实证研究不足的现状。

性贸易障碍协议为契机,相关争论一度甚为喧嚣。㉔ 这与日本契约意识也有密切关系。例如川岛博士在讨论日本契约意识时,曾以书籍的流通习惯、商场的进货习惯以及建筑承揽契约中的习惯(特别是一方当事人是国家或地方公共团体时)等作为举例对象(川岛1967,95—108)。

但是,所谓的日本交易习惯中也包含了多种层次的事物,对此也有必要区分日本固有的事物以及并非如此的事物。㉕ 尤其是,有经济学者指出,在契约法范畴内重要的"关联企业交易"的相关习惯大多是在战后的高速发展期以及第二次世界大战时期形成的。㉖ 如果前述主张并无不妥,那么这些习惯之所以会与契约法产生偏离,主要原因在于追寻日本在继受西方法律之前所固有的契约意识和契约规范这一行为本身就是错误的。相对地,还有观点主张大多日本交易习惯的基础在于经济合理性(三轮1991)。对于交易习惯和日本契约观念之间的关系,还有待更为深入的实证研究(第8章将基于独立的调查提供分析结果)。

4. 关于契约的行为方式

契约成立过程中的日本行动样式常被用来当作展示日本契约观念的范例(例如接待对方的方式,详见柏木1992)。此处还是需要对有关契约的行动方式与"契约规范"作出区分。也就是说,直观印象认为行动方式不同必然意味着与契约相关的规范意识不同,但

㉔ 参见日本经济法学会1994以及日本法社会学会1995。
㉕ Taylor 1993也持相同的视角。
㉖ 伊藤元重1990。关于日本流通领域的形成可以参见三轮=西村1991,关于关联企业交易可以参见第4章(新饭田宏=三岛万里)。此外,更囊括关于日本型经济体系产生于第二次世界大战期间的论述,可以参见冈崎1992a,冈崎1992b,冈崎=奥野1993a所收录的论文(特别是冈崎=奥野1993b和冈崎1993)以及野口1995a。

这种印象并不总是具有充分依据。首先应当尝试将内在于日本行动方式的规范意识予以命题化。然后，从本书旨在从判例中发现这种规范意识的外在表现这一角度来看，如后文所述的那样，在被命题化的规范意识当中其实并不能找到只能用传统日本文化来作出解释的特殊性。

用传统思路去理解契约意识时就会遇见前文论及的种种问题，那么对于日本的"契约法的二元性"到底应当怎么看呢？

三、现代契约法与新的理论框架

1. "契约法二元性"的普遍性

在日本，人们指出契约法的二元性时，与"日本固有的契约法"相对比的是从欧洲继受而来的法典中的契约法。但是，与其说对比是基于日本的法典进行的，倒不如说是基于设想的欧洲近代法典中契约法这一一般化的概念。也就是所谓的理念型契约法，川岛博士把它称为"近代(契约)法"。欧美的契约法学也把它称为"古典契约法"。

川岛博士与战后一段时间内的日本法学界都认为这种意义的近代契约法就是"应然"契约法。因此，从川岛博士的观点出发，对他来说日本契约法二元性就是要以近代契约法为理想模型，将近代之前的日本契约意识(活法)视为近代化时应当克服的对象(参见六本1972)。

与此相对的是，近年来试图将近代西欧契约观予以相对化的思想正在抬头(例如 Gordley 1991)。历史地看，近代契约法是在一定历史条件下产生的特殊规范体系。将与契约相伴的社会关系从法的世界中排除之后,这种体系作为抽象化的规则获得了形式合理性㉗(法律中的形式主义)。欧美通说也认为它与现实中的契约实践存在偏差。

也就是说,对近代契约法来说,契约法二元性问题并非日本的专利。本书准备用更具有普遍性的分析框架来审视"契约法二元性"这一观念。

换句话讲,假设确实存在所谓的日本特殊性,它也存在于与近代契约法相对峙的契约实践中的契约规范(被称为"内在化规范"),而并非存在于二元性的有无问题上。因此,比较法研究必须围绕这种内在化规范的内容以及它与实定契约法(近代契约法)之间的关系而展开。

而且,支撑近代契约法思想的历史性格非常重要。近代契约法之所以能够成为一种理念,正是因为存在足以支撑它的思想,但这种思想本身由于历史性格的原因正在遭受批判。在美国批判自由主义的批判法学就是典型代表(内田1990,第5章)。此外,德国的后现代法理论也正是在近代法失去它作为思想的一体性之后所产生的一股追求新的法思想的潮流(村上1990;村上1992)。

这样一来,支撑近代契约法的广义自由主义虽然射程幅度广泛,但其中还有什么值得在现代继续维持的内容呢?此外,鉴于近代契约法的基础思想已被相对化,它的范式(paradigm)本身以及作为理念的正当性恐怕都值得质疑。在此情况下,关于新契约法范式的构想现已成为应当思考的主题。

㉗ 此处首先应当引用马克斯·韦伯。参见 Weber 1974,第101页以下。美国关于形式主义(formalism)有价值的研究成果,可见 Kennedy 1973, Horwitz 1977(特别是第Ⅷ章)。此外,关于新近形式主义的复活的有价值的研讨会记录,可以参见研讨会(Symposium 1999)。

2. "契约法二元性"视角下的现代契约法

如果用具有普遍性的视角来审视"契约法二元性",那将为现代契约法打开怎样的视野呢?

如同本书序章所指出的那样,当前可以观察到各国契约法领域都出现了一种相当普遍又值得关注的动态,那就是通过原则性条款对原本不存在于近代契约法的规范予以承认。这就是序章所称"契约义务扩大"现象,它与格兰特·吉尔莫指出的美国法中存在的"责任爆发"现象也有关联(Gilmore 1974,94)。

不过,以原则性条款为媒介所促生的新规范并不具备稳定的正当性基础。虽然各国都在探讨如何在现有实定法秩序中为它们寻找定位,但除了用实定法秩序中的内在视角展开研究之外,也有必要用社会理论的视角另辟蹊径。这种新规范并未采用近代法体系所追求的同时具备要件及效果的规则形态,而是转向适用时具备更大裁量空间的标准形态。[28] 因此,在适用新规范进行裁判时,法官不再是适用传统规则时被动的法律适用者,而是要成为监护人,担当起综合考量所有情形并将规范予以具体化的职责。也就是说,新规范的登场意味着诉讼结构将同样发生变化。[29]

基于这样的问题意识,德国的托依布纳(Gunther Teubner)从系统论的观点出发,试图对扩大适用原则性条款找寻定位。[30] 在日本,山本显治教授以德国哈贝马斯的交往行为理论以及霍恩(Norbert Horn)的"再交涉义务"理论为基础,发展了将信义原则归入"促进交涉规范"之

---

[28] 关于规则与标准的对比及其思想内涵,参见 Kennedy 1976。
[29] 对此本书将在第3章展开讨论(第3章第2节第2小节)。
[30] Teubner 1978; Teubner 1980; Teubner 1983. 佐藤 1990 在日本介绍了托依布纳的理论。

类的理论主张。㉛ 这些有意义的尝试,都在以社会理论的视角来理解将重心转向信义原则等原则性条款的现代契约法。㉜

但即便通过广泛适用原则性条款以扩大契约义务的现象已经成为世界性趋势,却未必存在一种能够在各国通用的,足以将前述现象正当化的社会理论或思想。比如说,仔细审视契约义务扩大现象会发现对于缔约前责任这一问题,虽然有很多积极承认的国家,但也有像英国这种消极否认的国家,㉝仍然不能一概而论。之所以会出现这种多样性,与其说是各国经济条件的不同,倒不如说是构成契约理论的思想不同。如此一来,意思主义和个人主义的介入程度以及司法理念将决定能对新现象予以正当化的思想。也就是说,那种认为存在一种共通理论的想法难免会落入普遍主义的陷阱。契约义务扩大是一种世界性现象,那么将此现象正当化的思想也不应困于单线条的进化论模型,应当充分承认多样性的可能。

本章将从"契约法二元性"的视角出发尝试理解契约义务扩大现象,希望开拓另一片视野,也就是如何在社会理论层面论证在日本发展新契约义务的正当化。

那么,以"契约法二元性"这一视角来审视当下契约法的发展,就能发现现代契约法身处困境的根源在于:保留了浓厚近代契约法性格的实定契约法与根植于契约实践的内在性契约规范之间所产生的相遇相克。然后,对于原则性条款(特别是信义原则)的扩大适用,也能把它视

㉛ 参见山本顯治 1989。此外,山本顯治 1996 旨在对再交涉义务进行透彻的探讨,但遗憾的是最终未能完成。另外,还可参见以德国、美国理论为基础探讨再交涉义务的石川博康 2001。

㉜ 这些理论及其评述将在第 3 章进行展开。

㉝ Cf. Hondius 1991, ch. 8 (D. K. Allen)。

为实定法吸收了内在性规范。导入这样的分析框架之后,就能发现各国的多样性其实存在于内在性规范在多大程度上被实定法所吸收这一问题当中。

但是,对于上述分析框架也有如下疑问:

第一,法官如何发现内在性规范。

第二,被吸收的内在性规范是怎样的规范。

第三,如何将内在性规范作为法律予以正当化。

对于这些问题,曾经一度有过存在清晰答案的时代。在日本,就是从1920年代开始直到战争结束的那段期间,也就是盛行"法律社会化"的时代。其间,彼时德国的原则性条款论以及埃里希的法社会学拥有很大的影响力,从社会规范(或称"文化规范")的社会学研究出发,学界期待能够对原则性条款给出具有客观解释力的路径。在鸠山博士具有里程碑意义的论文《债权法中的诚信原则》当中,前述倾向可谓非常明显。㉞ 如果用这种社会规范来理解内在性契约规范,并承认它们所具有的某种法源属性,那么对于法院将基于社会学研究所阐明的这种内在性规范纳入实定法的这一过程,就完全可以主张其中存在作为法律的正当性。

然而,随着战后价值观的转换,日本社会规范多被烙上了前近代时期的刻印,因此"近代化"在短期内成为具有进步价值的法学旗帜。与此同时,社会规范具有法源属性这一观点也丧失了说服力。而这种情况或多或少仍然存续。如此一来,仅仅只是将内在性规范等同于社会

㉞ 鸠山1995,第259—260页。"文化规范"这一概念源自当时在日本颇有影响力的恩斯特·迈尔(Ernst Walter Mayr)。关于迈尔可以参见鸠山(前注)所引用的田中诚二博士的介绍论文,田中誠二1923。虽然可以认为迈尔的"文化规范"不具备社会学概念的性质,但鸠山博士提出"研究文化规范,研究活的法律以及根据社会法学的研究成果适用诚实信用原则,必将对未来法律的发达有所助益",参见鸠山1955,第260页。

规范,恐怕并不能实现完全的正当化。

不过,在前文的三个疑问当中,第一个疑问虽然对关注社会学讨论的本书来说是非常正当的疑问,但它与新契约规范的"发现程序"息息相关,因此暂且应当与作为本书研究对象的,对实定法吸收契约规范的解释论(也就是"正当化程序")区别对待。当然,实际上发现程序也与新契约规范的正当化问题密切相关,第 3 章将作具体展开,此处还是暂且区别,[35]首先从第二个问题开始论述。

3. 被实定法吸收的内在性规范到底是怎样的规范

所谓被实定法吸收的内在性规范到底是什么规范?回应这一问题的关键在于确定新出现契约规范的法律性格。为此,有必要首先以解释论来审视契约义务扩大现象。

近代契约法将诉争交易相关的社会背景("关系")从法的世界中全部放逐,借此实现了形式合理性的体系。但在今天,契约法领域内所出现的现象告诉我们形式且抽象的契约法体系正在逐渐丧失它作为现实纠纷解决基准的解释力。可以发现,一度被排除在外的"关系"重新被纳入契约法,而且这种动态正在成为世界级现象。

那么,所谓的"关系"到底是什么?社会关系本身只不过是事实集合。但是,将这种无秩序的事实原原本本地搬运为法律判断并不等于现代契约法。可以肯定的是,在被搬运的"关系"中存在一定的秩序。对于如何从中找出可以作为契约规范的秩序,美国学者麦克尼尔所提出的"关系契约"契约模型提供了重要的启示。[36]

---

[35] 关于"发现程序(process)"以及"正当化程序"的区别,参见平井 1989,第 20 页以下。
[36] 关于麦克尼尔的关系契约理论,完整内容首现于 Macnei 1974,此后也有众多论文和专著发表。为理解这些文献以及其中的"关系契约"概念,可参见内田 1990。

这种契约模型概念原本是由麦克尼尔在社会学意义上,为了解释与"交换"相关的人类现实行动及其规范而建构的产物,因此具有很强的社会学性格。然而麦克尼尔同时也是法律学者。为突破契约法理论,他并没有局限于狭义的契约法学,而是更多地面向普遍意义的法学展开分析。到如今,对麦克尼尔理论的反响已经出现在公司法、经济法、国际贸易法和国际法等各种领域之内。㊼ 它作为契约法理论的有用性自然无需多言。但是,为把这种社会学色彩浓厚的契约模型转化为解释理论,还要费上一番功夫。

若从解释论的视角审视"关系契约"模型,与其说它存在于现实的社会性事实,不如把它解释为基于解释学所建构的,存在于法律世界的产物。换言之,在实定法规范和判例中出现了用传统契约模型难以解释的具备新性质的规范,而立于这些规范背后依靠解释学所建构形成的契约模型就是关系契约。

因此,在被近代契约法的抽象体系排除在外的真实社会性事实中,存在着获得了既定秩序形态的关系契约规范,而且不能认为它们已经体现在实定法中。如果采用社会学观点,那么势必要承认社会规范本身即包含法源性。但在日本,由于普遍认为力量关系会扭曲交易习惯,所以很难将这种结论正当化。而且,它与现实中的裁判情况也不吻合。

就算新规范的解释力的背后有契约实践作为依据,但在纳入实定法的过程中,显然还有法律性筛选(screening)这一环节。而在筛选过程之后,各国契约法中都产生了具有相当程度共通性的新规范群。那么就可以推测在这些规范背后存在一种不同于近代法契约模型的契约模型,而它只能是关系契约模型。在此意义上,关系契约模型就像是在

㊼ 最近也有以关系契约为专题所组成的特辑。如 Symposium 2000。

被观测到之前就已被预测存在的海王星一样。在新规范群的背后，一定会存在一种与近代契约法不同的契约模型。而在假定这种契约模型存在之后，才能推导出实定法必然要吸收由新规范群所产生的秩序的结论。

基于上述解释，就可以认为各国实定契约法和判例的现状将决定关系契约模型的有用性（这正是它作为"解释论"的可能性所在）。在不同国家里，如果不考虑与交易相关的社会性事实原貌，恐怕很难建构出这样的契约模型。只要近代法的法意识还有强劲的根基，就很难吸收关系契约规范或在解释学上建构这种关系契约模型。然而，本书认为至少在日本，还是有可能在解释学上建构出能够对抗古典契约模型，同时也属于新契约模型的关系契约模型。

不过，对于关系契约这一契约模型的内容，麦克尼尔也并未彻底掌握。对于古典契约模型，他列举了两种主要特征，即"现在化"和"单发性"。所谓现在化，是指对于在将来可能发生种种事态的应对对策，全部在契约订立之时便加以固定；所谓单发性，是指将契约抽离于构成契约背景的社会关系。关系契约则站在这种模型的对立面。但是，由于不同契约种类对应不同社会关系，很难像古典契约模型一样，清晰地描述关系契约的形态。实际上正如麦克尼尔所言，关系契约概念存在的前提是从内部孕育矛盾的人类以及社会，同时关系契约概念要将这种前提反映于法律世界。如此一来，将抽象化模型予以定型化的想法本身就排斥这种概念。但是，通过若干典型事例，还是有可能描绘出关系契约的大致轮廓，也有可能列举出关系契约特有的要素。而且，鉴于近代契约法契约模型要求有一定的契约规范与之对应，关系契约模型也理所应当能够找到相应的契约规范。

基于这种被假定存在的契约模型，新登场的契约规范才有可能被解释为等同于一定秩序的契约规范，而不再只是与原则相对应的例外。在讨论这种规范的射程时，前述结论在实定法学中也有重要意义。

综上，可以说关系契约模型是为认识法现象而预备的新范式（paradigm）。通过将这种范式内化，我们就可以发现与此前性质不同的契约规范已经出现（本书将详细讨论这种不同的性质）。然后从相同意义出发，我们就可以了解到近代契约法的契约模型其实也不过是一种范式而已。

为使上述论证在日本现实中具体展开，下一节将对在日本通过原则性条款"信义原则"被实定契约法所吸收的内在性契约规范，也就是关系契约规范进行探讨。

四、在日本通过信义原则所形成的关系契约规范

1. 历来对信义原则的认识

在日本，对信义原则的扩大适用始于 1920 年代的判例（最早的判例应当是大正 9 年的大审院判决）。㊳ 当时虽然《民法典》中并无"诚实

㊳ 大判大正 9 年 12 月 18 日民录 26 辑 1947 页。该案与买回有关。买回价金为 517 日元，加之契约费用 12 日元 8 钱，买回总价款本应是 529 日元 8 钱。但买方否认存在买回特别约定，由于买方没有告知卖方（买回权人）关于契约费用的金额，卖方仅给付（提存）了 528 日元。原审（大阪控诉院）认为买回金额不足，因此买回不发生效力。对此，大审院撤销原审，并作出如下论述：
"卖方已给付的价金与买回总价款仅有些微差额的，买方不得以价金与买回总价款给付不足为由主张买回不发生效力。若以（中略）此种差额为借口否认买回效力，将与支配债权关系的信义原则相违背，因此应当认定这种差额不影响买回效力。"
大审院即当时的最高法院。——译者

信用原则"的相关规定,但因受德国法上关于原则性条款发展的影响(特别是海德曼的前期思想,Hedemann 1910),学界早有观点认为应当扩大适用诚信原则。㊴ 此后,随着新宪法的制定,在 1947 年民法修正之际信义原则终于被立法承认(《民法典》第 1 条第 2 款)。但在 1960 年代之前判例在适用信义原则时,多数情况下只是认为根据信义原则在履行债务或领受时当事人应当负有一定协助义务,或是将它当作限制解除不动产租赁关系之时可以适用的依据。简单来说,信义原则只发挥缓和严格适用近代契约法所招致弊害的作用(但与身份保证相关的判例早在很久之前就形成了非常值得关注的体系)。㊵ 类似德国那种认可在极端通货膨胀状态下可以增加抵押担保债权数额的增额评价(Aufwertung)判例也并未频繁出现。㊶

㊴　最早可见石坂 1915(《日本民法(第 3 编债权第 1 卷)》),第 374 页以下。东京大学法学部研究室的我妻文库收藏有该书大正 4 年的第 7 版,但初版时间是明治 44 年(1911 年——译者),至于初版是否存在关于信义原则的论述现在已经不可考。根据石坂博士的观点,信义原则是确定"给付标的物及其方法"的基准,性质为"斟酌各种场合中的特定情形,公平地比较衡量双方当事人相对立的利益,并居中予以确定"。书中对于德国的各种学说也有评述。而对于施塔姆勒(Rudolf Stammler)以"社会之理想"作为基准的立场,他评述称"这种社会理想超越了法律的目的。且(中略)正当的个人利益与普遍利益存在冲突,因此难以标榜为所谓社会之理想",且忽略了个人对团体(全体)的这种对立构图。同时,他也主张,扩大类似"一般性恶意抗辩"的适用范围"并不正当",并认为应当限缩适用领域(第 378 页)。

鸠山博士也早在大正 5 年的《日本债权法(总论)》初版中以"债务人应当遵从信义作出履行"为题进行了论述。但仍然认为它"并非独立原则,而是判断是否遵从债务本意的标准之一"(鸠山 1916,第 93 页)。然而,数年后的大判大正 7 年 9 月 25 日民录 24 辑 1811 页案例已经将信义原则提升至基本原则的地位,该案认为民法第 541 条的"一定期间"要件应当基于"债权法基本原则的信义原则"作出认定,"信义原则应当公平地保护债权人的利益与债务人的利益"。鸠山 1919,第 436 页;鸠山 1920,第 225 页以下再次收录。

㊵　关于身份保证的判例以及《身份保证法》,虽然很多学者都发表了值得关注的研究成果,例如林 1949,第 156 页以下等等,但此处应当强调石田文次郎 1940,第 98 页以下的内容,即《身份保证法》第 5 条承认了法官的"形成权",属于"团体主义基调"的"展现片段"。

㊶　在德国,增额评价判决是原则性条款论得以活跃的重要契机。对此可参见广渡 1986。

转到 1930 年至 1940 年间,信义原则支配全部法律秩序这一原理之所以能在日本成为理念,原因在于受到德国学说的影响。若与前段内容进行对比就很耐人寻味。㊷ 不免会给人留下战前学说与日本判例的现实情况并不契合,理念略微超前的印象。㊸

战后,也是受到当时德国新兴潮流的影响,学术界忽然转向,开始警惕信义原则被滥用的危险。其嚆矢便是好美清光教授依据德国法学提出的关于功能性分类框架的论文(好美 1962)。本来,在战后一段时

㊷ 关于日本的信义原则理论,无论如何应当首推牧野英一教授。牧野博士在牧野 1922 中论述了信义原则(此后被牧野 1925 收录),该文对鸠山博士也产生了影响(鸠山 1955,第 255 页提及此事)。此后,牧野博士在牧野 1924《民法的基本问题(全)》中详细论述了自由法论,以此为起点,在《基本问题》系列的第 4 卷中以《关于信义原则的若干考察》为题作出集中论述,参见牧野 1936。在第 5 卷《关于契约本质的若干考察》中更是直接道破"法律始于信义原则,最后也止于信义原则"。

鸠山博士也存在这种倾向。根据鸠山 1924,信义原则占据了支配债权法全体内容的地位。在次年初版的《日本债权法(总论)》改订版(1925)一书中,也有"债权法以诚实信用原则作为基本原则"的新增内容。鸠山博士开始重视信义原则的背景之一,也是"最为重要"的背景即"以个人自由和个人意思为基础的社会观念一旦开始失势,以团体为基础的社会观念随即便会展现力量"(第 255 页),其中可以发现明显的思想转变。我妻博士将此称为鸠山教授的"180 度转向"。我妻 1942a,第 7 页。〔40〕

关于彻底贯彻这种团体主义倾向的作品,可以参见林信雄 1924,林信雄 1926,常磐 1932 以及此后再次收录的常磐 1963。

此外,还可参见我妻 1940 中对林 1926 的书评,以及我妻 1942a。

㊸ 在德国,围绕原则性条款兴起论战的重要原因之一在于因情势变更所导致的增额修正。在日本,也有下级裁判所判决暗示这种可能性的存在(大阪地判昭和 12 年 5 月 21 日新闻 4146 号第 14 页)。大审院以及最高裁的判例则持续表现出极为消极的立场。在大审院时代,虽然大判昭和 9 年 12 月 6 日民集 23 卷第 613 页案例肯定基于情势变更有权解除,但对于事关价格变动的问题,大判大正 9 年 9 月 23 日民录 26 辑 19 卷第 1343 页案例则论述称"契约当事人有义务以信义为重并应遵从当时的约定内容,因此不得以价格剧变为由拒绝履行"。至最高裁时代,最判昭和 29 年 1 月 28 日ジュリスト 54 号 62 页、最判昭和 31 年 4 月 6 日民集 10 卷 4 号 342 页、最判昭和 36 年 6 月 20 日民集 15 卷 6 号 1602 页、最判昭和 57 年 10 月 15 日判时 1060 号 76 页这些判例无一承认增额。直至最近,下级裁判所虽然零星可见承认增额的案例(札幌地判昭和 51 年 7 月 30 日判时 851 号 222 页、神户地伊丹支判昭和 63 年 12 月 26 日判时 1319 号 139 页,以及神户地判昭和 57 年 7 月 9 日金商 669 号 48 页案例认定价金增额合意部分有效,据此肯定了因情势变更有权增额),但也难言已成气候。因此,虽然日本学界经常出现此类学术讨论——因为受到来自德国的较强影响,在日本实践领域却并非如此。

间内,关于判例的综合分析研究也处于低谷。直至《新版注释民法(1)》(安永 1988)以及《民法注解财产法·民法总则》(山本敬三 1989)出版,终于对信义原则有了概括性的分析,但研究方法仍然只是对适用领域进行列举。作者自己也表示"仅凭这种刻板的列举方式,并不能明确解释应当用哪一种标准作出判断,并在何种范围和限度内适用信义原则"(安永 1988,116)。

话虽如此,但其实从 1960 年前后开始,判例中便出现了战前未曾有过的新发展,而且这种发展倾向愈发呈现出扩大趋势。当然,还是很难认为当时的信义原则理论对此现象完成了理论解释。甚至可以说,由于片面强调原则性条款的危险性,导致信义原则在现实中未能获得作为"帝王条款"本应获得的坚实地位。

简而言之,战后的信义原则理论欠缺一种能够针对日本判例实态探讨契约法信义原则功能的理论框架。因此,即使对判例进行功能性分析,也并不能回答为何信义原则在日本经常被适用以及为何出现近年来愈发为人瞩目的潮流,更无法发现日本的独特背景以及新潮流的动因。㊹

上述这种战后信义原则理论存在欠缺的背景是,为准确对信义原则予以定位,有必要同战前理论一样与近代契约法的契约模型保持距离。但那意味着接近与战前团体主义或共同体主义紧密相连的意识形态,因此被战后的日本法学界长期视为禁忌。

即便是在战后也保持了相当影响力的我妻民法学,从它唯独被忽

㊹ 时有观点认为日本法院对适用信义原则采用较为宽容的态度,也有人将这种现象称为"日本的"。但这种印象论以及关于日本交易习惯的研究都忽略了一点,即所谓信义原则的真正扩大适用现象出现在战后某段时期。既然是"日本现象",为何在此之前并不突出? 此外,如果不能清晰回应这种现象为何在某段时期之后出现扩大化,也不能轻易判断它到底是不是"日本"的。

视的"债权的本质"理论也可看出这种禁忌。

我妻博士在他的体系书中对债权的本质作出了如下论述：

> 债权人与债务人之间并非只存在一个现实债权，应当认为存在一种包含现实债权在内的债权关系（Schuldverhältnis）。对此，在因契约而产生的债权中尤为明显。也就是说，对于由契约所产生的债权人与债务人关系，或在双方互为债权人债务人时（例如买卖或其他的双务契约），又或是这种债权内容在将来发展后产生多种具体债权的时候（例如雇佣、租赁、支票活期存款等继续性契约）。而且，两者之间的关系并不限于这些债权债务的总和，还包含与此相伴的多种权能与义务（通知义务、担保责任、抗辩权、解除权、减价请求权与回购请求权等）。在此基础上，以该契约所期望的共同目标为方向，当事人理应互相协助，从中形成一个紧密的，或者说有机的关系。（中间内容省略）从这种对债权的理解出发，一方面可以很容易地将共有同一社会性目的的债权债务有机结合于同一法律地位，同时在另一方面，也可以不再将债权人与债务人之间的关系视为单纯形式上权利义务的对立，而是将之视为一个由信义原则（诚实信用原则）所支配的协同体。㊺

在这种对债权的理解背后，明显有对战前信义原则理论的共感，而这一立场从1940年初版之后未曾改变。

但是，这种理解在战后却完全没有被继受。我妻博士的学生星野英一教授对此曾作出如下评述：

㊺ 我妻1964，第6—7页。

此外，存在一种将债权关系理解成作为共同体（协同体）的有机关系，而非对立关系的学说。该学说认为在交易中最低限度伦理（信义原则）的支配下，当事人应当以不负彼此期待的方式行动（虽然客观上势必存在不如此行事的人，但此处只是进行强调），特别是在继续性契约中，无此契约不足以成立。但是，也没有必要对此学说赋予更多的意义，在不同的情况下，这种学说可能无法适应虚虚实实的交易实态。[46]

很明显，我妻博士提出的债权观念被替换为个人主义的表述，其共同体思想被明确排斥了。

但是，难道说战前的信义原则理论，哪怕是纳粹的契约理论[47]就百分之百是有害或是无价值的理论吗？石田文次郎博士在他未被充分重视的《契约法的基础理论》一书中，序言落款写作"纪元二千六百年十一月十一日祝典之晨"，*而在此之前还有一首歌颂天子的和歌。虽然这在今天看来不禁让人感到异样，但在这本书的理论背景中，确实有着过度自由主义导致社会矛盾激化的正当问题意识（牧野博士的信义原则理论也是如此）。

---

[46] 星野英一 1978，第 8 页。此外，北川善太郎曾批判道："也就是过去'共同体思想'（Gemeinschaftsgedanke）的残渣"，参见北川 1963b，第 351 页。不过，在潮见 1994 第 18 页以下，潮见佳男将债权人与债务人的关系基础解释为"有机统一的概括式结合关系（规范性约束）"，并据此使用"债权关系"的概念。从中可以窥见一种脱离战后传统对债权的理解方式。

[47] 我妻博士曾经详细地论述了纳粹的契约理论，详见我妻 1942b，该文对契约观念中"协同体理念的浸透"进行了解释，并以如下论述收尾："简而言之，所谓认识协同体关系的存在以及理解协同体观念的浸透，止步于指出一种价值判断的指标。而且这种价值判断本身，应当符合国家目的所反映的社会生活现实，并以合理的批判精神作为基础。法应当采取协同体观念，它不是藏身于神秘信仰中的，也不能把它置于回避直视现实之批判精神的隐蔽场所。如此方能认识到纳粹契约理论中的普遍性与合理性。"

* 1872 年，日本政府将公元前 660 元确定为日本建国元年。《契约法的基础理论》一书出版于 1940 年，即建国 2600 年。

前节引入的关系契约模型与共同体思维有亲近性。后者到底是不是应当被排斥的对象呢？又或者说是否值得对此作出探讨呢？对这些问题还是应当在日本契约法的现实中作出回应。下文将围绕信义原则相关的案例展开研讨。

2. 对与契约法信义原则相关案例的分析

如今适用契约法信义原则的公开判决数量急剧攀升。[48] 其中既包括战前便已出现的类型，也包括其他倾向类型的案例。先前已被提出的类型包括债务履行方式（例如给付存在些许不足，或是履行方法存在问题等情形）、债权人受领给付时所负协助义务、同时履行抗辩权、以租赁契约为主的解除事宜、保证契约相关事宜（保证契约的告知与保证人的免责）、由情势变更所引起的契约解除等相关类型。[49] 其中，除了最后两种之外（保证契约与情势变更），都属于对既存权利义务进行微调的信义原则。与此相对，在1960年之后，表现出前所未有新倾向的判例开始登场。这就是"契约义务扩大"的潮流。属于这一组别的判例虽然多样，但可以基于数种共通的法原理进行分类。下文将尝试这种类型化。[50]

第一种是认可不当放弃交涉订立契约时所产生的赔偿责任。[51] 最

---

[48] 划定"与契约法相关的信义原则"范围的标准并不唯一，依广义标准在1999年之前就已经有超过700件的公开判决。

[49] 对此可以参见安永1988第85页以下，山本敬三1989第55页以下，更早期文献可参见林信雄1949第85页以下。

[50] 虽然与安全保障义务新潮流相关的案例已经出现很多，但它与契约责任构成（除时效问题之外）并无必然性。或许应当将前者定性为与"事故法"相关的规则。关于安全保障义务的定性参见第5章。

[51] 池田1997对此进行了概括研究，也介绍了相关案例。此外还可参见河上1998a，横山1990，今西1990。

早出现于1968年的判决虽然使用了侵权行为理论(大阪地判昭和43年4月26日判夕224号250页),此后从1977年开始陆续有判决出现,至2000年时关联判决总数已经超过50件。(52) 然而最高裁判所层级的判决仍然只有一件,还是那起牙医案。该案中卖方相信牙医为开设诊所才要购买公寓,为此也完成了扩大公寓电气容量的工程,但此后牙医拒绝订立契约,最高裁判所在判决中确立了"违反契约准备阶段时信义原则所要求注意义务的应承担赔偿责任"的规则(最判昭和59年9月18日判时1137号51页)。最高裁判所认为应当认可这样一种规则,即在意思表示的合意使"契约成立"之前,契约"关系"便已产生约束力,从而对传统契约原理提出了理论挑战。换言之,法院认定了"当契约交涉推进到一定阶段时,即使未能订立契约,当事人也负有秉持诚意推进契约交涉的义务,必须考虑要避免因单方放弃交涉而给对方造成损失"
75 这一规则已经成为定型化的法原理。

有学者使用契约"熟成度"的概念来表述这种契约订立前的责任。(53) 虽然这是很好的比喻,然而"熟成度"一词往往使人联想到连续的过程,如责任会随着交涉的进展而逐渐加重,但现实中的法律效果并非如此。此外,假设这种表述认为近代契约法中契约成立的时点(要约与承诺达成合意的时点)就是"熟成(或成熟)"的时点,那么也很难说它就是适合对放弃交涉相关判例作出概括的法律概念。

在与放弃交涉相关的判例中呈现有一种关于信赖责任的规则,也

---

(52) 相对较新的案例包括:东京地判平成8年3月18日判时1582号60页,东京地判平成8年12月26日判时1617号99页,神户地裁尼崎支判平成10年6月22日判时1664
〔42〕 号107页。此外,广岛高裁冈山支判平成10年5月21日判时1665号78页案例认为签订不动产买卖契约的地方公共团体有义务基于诚信要求推进使契约生效的决议程序。

(53) 这种表述始见于鎌田1983,关于熟成度研究成果的整理与探讨,参见河上1988a(2完),第24页以下。

第 1 章 现代日本契约法和原则性条款

就是一方当事人若使对方对自己产生信赖并因此支出费用或因此导致法律地位产生变化,在这种信赖被背离时便应当赔偿对方当事人由此遭受的损失。这种规则不仅存在于契约订立之后,当然也存在于契约订立的过程中。也就是说,前述信赖责任被认为产生于存在一定"关系"的当事人之间(在完全的陌生人之间不会产生,由此可以发现与侵权责任不同)。这就意味着并不需要考虑形式上契约成立时点前后的具体情形。上述内容提示我们可以反思,契约责任的起始点确立之后,形式上意思表示形成合意的时点有何意义;或者说再次反思契约责任的依据到底何在。

第二,在订立某类契约时,一方当事人有义务提供正确且充分的信息或建议(也可统称为"说明义务")。医疗契约、融资租赁契约、特许经营契约、不动产买卖契约或金融交易等各种类型的契约中都能发现说明义务的发展。[54] 特别是关于医疗契约[55]与各种金融交易

---

[54] 关于医疗契约、金融交易之外的关联判例包括如下(不限于承认适用):东京高判昭和32年11月29日金法161号20页(不动产交易)、东京高判昭和52年3月31日判时858号69页(不动产交易)、东京地判昭和58年12月27日判时1124号191页(不动产交易)、福冈高判昭和61年7月8日判夕622号176页(计算机租赁,否认违反指导义务)、札幌地判昭和63年6月28日判时1294号110页(不动产交易)、东京地判平成元年11月6日判时1363号92页(特许经营)、大阪地判平成2年11月28日判时1389号105页(连锁店的店长委托契约)、东京地判平成3年4月23日判夕769号195页(特许经营)、京都地判平成3年10月1日判时1413号102页(特许经营)、东京地判平成5年11月29日判时1516号92页(特许经营)、千叶地判平成6年12月12日判夕877号229页(特许经营)、大阪地判平成8年10月15日判夕902号123页(特许经营)、大津地判平成8年10月15日判时1591号94页(建筑承揽)、东京地判平成8年12月19日判时1616号75页(不动产租赁)、东京地判平时9年1月28日判时1619号93页(不动产买卖)、名古屋地判平成10年3月18日判夕976号182页(特许经营)、大阪地判平成11年2月9日判夕1002号198页(不动产买卖)、东京地判平成11年2月25日判时1676号71页(不动产买卖)等。

[55] 医疗契约中的说明义务有几种不同的类型。也就是对于契约订立与契约内容作出要求的说明义务,对于诊疗行为的说明义务,以及使患者能够接受意外结果的 (转下页)

76 契约[56],近年来公布了大量判例。举一例与金融交易相关的判例:在关于认股权证交易的东京高判平成8年11月27日(金法1487号58页)一案中,法院认为“证券公司及其职员在劝诱投资者买卖股票时,应当根据投资者的职业、年龄、对证券交易的知识、经验、财力等因素,向投资者提供与该证券交易收益及风险相关的准确信息并作出解释,使投资人对这些信息能够形成正确理解,据此得以自主决定是否购买该证券。基于信义原则产生的义务,证券公司及其职员应当考虑上述事项”。

不过,对通过这些类型的契约获得发展的说明义务能否形成统一理解,意见并不一致。例如,研究医疗契约说明义务的学者往往从医疗契约的特殊性出发展开讨论;而研究金融交易说明义务的学者往往同样强调金融交易的特殊性。[57] 确实这种方法本身也具备正当理由。因为契约本身的特殊性对于这些存在于各种契约类型中的“说明义务”或“信息披露义务”的具体内容,以及判断它们能否作为义务被承认时具有相当重要的意义。但是,正如寻找特定建筑时用大比例尺地图更为方便,但要观察全部地形特征时就必须用小比例尺地图。在为诉讼这

(接上页)说明义务等。本书涉及的是第一种说明义务。在日本,关于医师说明义务的前沿研究参见唄1965第66页以下,以及此后出现的众多研究,例如西野1989、星野雅紀1991、天野1991、中村1992等。此外,吉田邦彦1994针对历来“医师专业、裁量性的治疗义务”以
〔43〕及“患者自我决定权”这种分析框架,增添了“抑制医疗成本”的政策论视角,提出以“三极结构”为框架的理论主张,对说明义务以及明确说明义务的基础理论也有所启发。关于医疗契约中说明义务相关的案例,该论文也有详述。

[56] 近年来肯定在金融交易中的信义原则上的说明义务的判例数量增长惊人(较新者有东京高判平成8年3月18日判タ923号146页、东京地判平成9年10月31日判时1650号103页、大阪地判平成9年7月31日判时1645号98页等)。虽然对于违反义务的效果,较多案例用侵权行为作为支持损害赔偿的依据,但在理论上不影响将这种关系理解为契约关系。此外,山下1986,第340页以下强调了契约责任所对应结构的优势。松岡1999则主张在期货商品交易中,应当推进以债务不履行为核心结构的解释论。

[57] 潮見1998,第54页提出金融交易说明义务与医师说明义务有本质不同。

种争议解决方式提供当事人行动指引或司法裁判标准时,针对每种单独的契约类型所展开的精密分析当然有用,但要观察契约法世界所发生的巨大变动时,就需要一种着眼于特定共通性的宏观横断视角。说明义务就是符合这种情形的事例。

从这种横断视角出发,可根据支撑思想所处的两极将说明义务分为两类。一类是以自我决定为前提披露所需信息的说明义务(下文将这种义务称为"信息披露义务")。序章已经提到将这种信息披露设定为义务的立法有所增加,它的义务性质与此类说明义务一致。另一类说明义务则被认为属于以信息和专业知识的不平衡为背景,在当事人之间存在一种信义关系(fiduciary relationship)时,一方当事人对相对方所应承担的注意义务(下文将这种义务称为"建议义务")。在此种情况下,为满足当事人的利益不仅需要披露信息,还需要进一步地提供建议。㊳㊴

这两类分处两极的说明义务都处于理想化状态,现实交易中根据当事人之间的关系不同,也有处于两极之间某一特定位置的义务。而且,不管是医疗契约、金融交易还是特许经营或不动产买卖,确立义务的具体要点都取决于当事人之间关系的形态。

㊳ 若在传统法律规范中寻找可与建议义务进行类比的对象,或许可以将身份保证契约中用人方的通知义务(《身份保证法》第 3 条)作为对象。此外,在买卖契约中也有值得关注的判例肯定这种注意义务,即东京高判平成 6 年 9 月 14 日判夕 887 页 218 页(原审·浦和地判平成 5 年 12 月 27 日判时 1506 号 128 页)。该案中顾客本来要为暖炉购买煤油燃料,结果却错误地买成了汽油,判例认为卖方基于信义原则上的附随义务应当对订单进行确认(对因火灾所导致损害的债务不履行责任予以承认)。在此情况下,出售汽油这种危险物的专业人员也因此应当承担高度的注意义务。
㊴ 樋口範雄教授在樋口範雄 1999 中主张有必要建立一种有别于契约原理的"信任法",虽然本书持相同问题意识,但路径是通过导入关系契约这一新契约概念以扩大"契约原理",并借此承认与契约法中信义义务相伴相生的其他关系。此外,关于将医师与患者之间关系解释为信义关系的研究成果,可参见樋口範雄 1998。

比如说，医疗契约也并不是经常包括建议义务。在契约的初期阶段，多数情况下都只有确保自我决定的信息披露义务。但若在当事人之间的契约关系发展之后，患者对医师的信赖度也逐渐增高，此时就有可能期待医师将会履行建议义务。⑩

在以投资为目的的金融交易中，根据当事人关系的不同，一方当事人也有可能被课以建议义务。⑪ 此外，证券交易中的适当性原则也可谓是设定建议义务的原则。⑫

在特许经营契约中，特许人的义务并不限于信息披露义务。例如对于是否提供销售额预期的问题，由于纠纷易发，有的国家立法相对慎重（参见小塚2000,4）。而在日本，如果相对方是经验较少的普通个人，根据情形不同有可能会要求特许人提供基于合理数据作出的销售额预期。这也被评论认为属于因专业知识和信息存在差距而被需要的，一种属于信任关系的建议义务。

---

〔44〕　　⑩　寺沢1998区分了以尊重自我决定权为目的的说明义务，对于为"案涉患者提供水准不负信赖的医疗行为"而应履行的说明义务也进行了值得关注的论述。关于该论文所称"通过填补患者的认识不足与不准确，或是纠正患者错误认识以努力确保患者方面信赖的合理性"这种上升到义务层面的建议义务，完全就是本书所提出的属于信任关系中义务的建议义务。

⑪　例如广岛高裁冈山支判平成8年5月31日判时1594号90页案例，该案中对金融交易既无知识也没经验的退休人员被劝诱从事期权交易，法院认为"期权交易风险高于股票投资，本案中存在不适合从事期权交易的情形"，据此认定违反建议义务。实际上可以认为法院承认了一种应当建议不要进行交易的义务。此外，大阪高判平成9年6月24日判时1620号93页属于基于适当性原则在特定场景中否定劝诱行为本身的案例。关于与本书主张一致的其他文献可以参见山下1986，後藤1996以及本田純一1999第1章。

⑫　参见《证券交易法》第43条（平成10年12月施行的改正规定）。与金融相关问题有关的政府省厅等机构曾召开"共同学习会"，形成了名为"关于新金融发展潮流恳谈会的'论点整理'"的成果。在涉及适当性原则的环节中，有意见认为应当重视规则的必要性。参见http://www.mof.go.jp/singikai/nagare/top.htm。关于对"论点整理"的解说可以参见松野知之《关于新金融发展潮流的恳谈会的'论点整理'概要》（载金法1522号81页）一文。此外，关于论及适当性原则的判例，可见大阪高判平成9年6月24日判时1620号93页以及东京地判平成9年11月11日判夕955号295页等。

综上，可以认为在契约性质看似完全不同的契约类型中，信息披露义务和建议义务基于共通的理论框架均已崭露头角。

第三，以嗣后变更契约条件为目的的交涉义务，也就是基于信义原则被承认的再交涉义务。这种义务对应多种契约类型，首先是在继续性交易中假定存在这种义务。有判决曾论述如下：

（在资金投入较大的继续性交易契约中）即使当事人并没有明确约定可以变更买卖价格，但若一方当事人寻求变更价格，对此另一方当事人如能诚实地进行交涉并且认为确实只能如此，那么就应当尽可能地实现这种目标。（大阪高判昭和54年2月23日金商580号34页）。[63]

此外，关于如何认定继续性契约的解除标准，有判例认为应当考虑当事人是否已经诚实努力地进行了交涉（东京地判昭和49年9月12日判时772号71页，家具装卸销售交易的案例）。除此之外，在适用所谓"情势变更原则"的下级裁判所判决中，也有主张情势发生变化时双方当事人负有再交涉义务，且仅在交涉未能奏效后才可解除契约的案例。[64]

这种基于信义原则的再交涉义务，在古典契约模型中不可能被归入"法律义务"。因此，能否从中证成法律义务的正当性将是新契约法理论的试金石之一。

---

[63] 此外，可以认为东京高判昭和56年1月29日判夕437号112页与东京地判昭和56年1月30日判时1007号67页这些案例也假定了同样义务的存在。

[64] 对此可参见第2章。

第四，不限于严格意义上契约订立之后的情形，为防止进入广义契约关系的相对方遭受损失或损失扩大，一方当事人基于信义原则有可能负有一定的作为义务。发生债务不履行时，债权人所负减轻债务人赔偿责任的减损义务（mitigation）就是典型代表。[65] 而且在此之外，也存在外延更为广泛且更为柔性的注意义务。它在保证契约、广告委托契约、建筑承揽契约和银行交易契约等契约类型中都有出现。

例如有如下与银行交易相关的案例（大阪地判平成2年10月12日判时1376号91页）：

X与Y银行将要签订票据贴现契约。兑付该票据的三和银行在对Y银行进行征询时，由于Y银行怠于向三和银行说明自己正要进行票据贴现融资，导致票据被拒付。X所承接的工程契约也因此被解约从而使X遭受损失。判决认为由于票据贴现融资的意向已经出现，为避免X的票据被拒付，Y银行有等待完成返还拒付票据手续的义务（但考虑到对于损失的发生X也可被归责，法院通过"类推适用"《民法典》第722条第2款关于过失相抵规定，将损害赔偿中实际履行可得利益削减了十分之一）。判决中，法院作出了如下原则性表述：

一般而言，为订立契约而开始的交涉，随着交涉行为的推进发展到交涉方之间已经产生一定信赖关系的阶段时，双方之间的关系状态就不再等同于陌生市民，其中将出现由信义原则所支配的法律关系。达成这种关系之时，基于信义原则双方都有义务在行动时不损害对方人格、信用或财产等权益。

---

[65] 参见第4章。

也就是说,在契约形式上成立之前,就已经产生了以避免损害相对方为内容的作为义务。

此外,关于建筑承揽契约,东京地判昭和 60 年 7 月 16 日(判时 1210 号 66 页)的案例对承揽人与周边居民产生日照权纠纷时未能协助解决争议的问题作出了如下论述:

> 在履行建筑设计施工的承揽合同之际,发生妨害第三人等纠纷时,即使并非本意,承揽人也应当以有利于该第三人的方式行事。因此即便承揽人无法自行解决,也应当协助定作人努力解决争议。根据信义原则承揽人应当将其作为义务予以履行。[66]

以这种方式得到认定的作为义务,因契约关系的种类不同有着多样化的内容。但无论如何都可以被当作共通的契约原理在诉争事实关系中得以具体化的展现。若要将这种契约原理予以命题化,就是"进入一定契约关系的当事人,在可以相对容易地避免相对方遭受损失或损失扩大的情况下,负有促成此目的实现的作为义务"。所谓"一定契约

---

[66] 承认相同结论的判例为数不少,所体现义务的内容也非常多样。关于广告委托契约有大判地判昭和 60 年 3 月 29 日判时 1149 号 147 页判例,关于拖船契约有最判昭和 49 年 9 月 26 日民集 28 卷 6 号 1331 页判例,关于汽车损害保险契约有东京地判平成 6 年 3 月 11 日判时 1509 号 139 页判例,关于公寓出租人的修缮义务有东京地判平成 7 年 3 月 16 日判夕 885 号 203 页。此外,还有案例认为基于信义原则上的义务不得修建阻碍已售出公寓所享眺望与日照的建筑,见仙台地决平成 7 年 8 月 24 日判时 1564 号 105 页以及横滨地判平成 8 年 2 月 16 日判时 1608 号 135 页案例。而在东京地判平成 9 年 9 月 24 日判夕 967 号 168 页案例中,法院认为基于信义原则上的义务,引进计算机系统的企业对作为软件开发方的卖主应当予以协助。这些都是值得关注的案例。另外,在涉及保证契约中债权人的注意义务,也就是担保保全义务(参见《民法典》第 504 条)、监督义务、通知义务(《身份保证法》第 3 条)等内容的案例中,也包括了可归入同样类型的、关于避免保证人承担过重责任之义务的案例。西村信雄博士的理论是研究保证契约中债权人义务的重要文献,此外也可参见内田,1990 第 236 页。

〔45〕

关系"就是以当事人之间的信赖为基础的契约关系,本书主张应当称之为关系契约。

此外,对于前文列举的第二、第三与第四类型的法原理,在劳动契约中曾被称为"注意义务"或是"忠实义务"。如今已经可以将它们与作为"附随义务"所理解的各种用人方和劳动者的义务一并进行整体理解。

着眼于劳动法领域分析契约基础理论的新研究成果不断出现,⑰但迄今为止几乎没有人从契约法基础理论出发研究劳动契约理论。想必民法与劳动法的分离论迄今仍有影响。但是,通过引入本书所提出的契约模型,便有可能再次将劳动契约纳入一般理论,并从中构筑一种统领各个领域的理论。⑱

第五,拒绝续约以及解约,或者解除之际,原则上要尊重契约的存续,若无正当理由不允许终止契约关系。从 1961 年左右开始出现的此类判例值得关注。1970 年代之后更加陆续出现。⑲

具体而言,包括对继续性契约的解约不发生溯及效果,以及扩大适用必须有"不得已事由"才能解除雇佣关系的规定(民法第 628 条)

---

⑰ 近期值得关注的成果有下井 1985、髙島 1986、野田 1989、和田 1990、西谷 1992 等。与本书指向相反,西谷的前注成果明确主张应当回归古典契约模型,但对于放松管制采取了慎重态度。参见第 6 章注 25。此外,大内 1999 主张应将理论化的古典私法自治原则作为核心并重构劳动条件变更规则,论述内容很有启发。

⑱ 第 3 章部分内容对此进行了尝试。

⑲ 川越 1988 整理并分析了截至 1987 年前后的案例。此外,中田 1994 则对包括此后案例在内的继续性交易进行了详细论述。最近的案例可见,东京地判平成 5 年 9 月 27 日判时 1474 号 25 页、东京高判平成 6 年 9 月 14 日判时 1507 号 43 页(资生堂东京销售案),以及大阪高判平成 9 年 3 月 28 日判时 1612 号 62 页(原审为大判地判平成 7 年 11 月 7 日判时 1566 号 85 页雅洛茵斯化妆品案)。

等。受基尔克的影响,这些论述都以战前继续性债权关系理论为背景。⑦ 其中作为设想对象的继续性契约原本只有租赁契约,这种类型的契约曾被认为是出于保护承租人居住权益的考量而略为特殊的一种契约。

但在最近的判例发展中,有判例认为商人之间即使约定有拒绝续约的权利,对此权利也应当限制任意行使。其中札幌高决昭和62年9月30日(判时1258号76页舟本信光审判长的判决,以下简称为"舟本判决")的判例值得关注。该案与拒绝续签播种机独家销售总代理契约有关,判决中有如下论述:

> 在类似诉争独占销售总代理契约的续约请求被拒绝时,即使存在前述约定(约定在期限届满三个月前有权终止契约),也不能就此认为期间届满后契约当然终止。认定当事人的单方通知能否基于期间届满而使合同终止,还要综合考虑契约订立的经过、契约性质以及当事人因终止而将承担的利害得失等因素,最后根据个案特性作出判断。

然后,在对事实情况作出详细认定之后,舟本判决继续论述:

> 即使基础书面契约约定诉争契约的有效期间为一年,同时约定在期间届满三个月前当事人未提出终止的将继续续约一年的,

---

⑦ 对于日本的继续性债权关系理论,中田1994,第17页以下详细论述了前者与继续性供给契约理论的关系。值得一提的是他网罗式地整理了有关继续性债权关系的文献(同书第20页以下的注13)。此外,桥本恭宏2000第1章对此也有系统性探讨。还可参见内田1990,第163页以下。

也不能就此认为在期限届满三个月前当事人单方作出的意思表示必然导致契约终止。若无债务不履行或其他相当事由,且契约存续对当事人关系重大,那么就应当认定仅在不得已而必须终止契约的情形中,单方通知才可以终止契约。但就本案而言,法院难以认定相对方的主张具备必要的合理性,同时也无法认定存在其他事由可以使本案契约终止。

基于上述理由,法院虽然准许了代理商一方的保全申请,但同时也认为"从商事交易的现状出发,法院期待双方能够通过协商并互相让步,在短时期内解决争议",最终将禁止销售期限定为一年。

该判决已经不再属于传统继续性债权关系理论所能涵摄的对象,而应认定它从属于新诞生的、具有不同性质的潮流,也就是以特定契约关系为基础,可被承认的强力"继续性原理"或是 favor contractus 原理。⑦

当然,与此相对的是,也有继续沿用近代契约法进行说理的判决。至少可以说,在下级裁判所判决中,新旧两股潮流呈现出互相角力的现状。⑫

第六,在支付报酬和偿还贷款,或者是支付损害赔偿等与金钱有关

---

⑦ 关于"继续性原理"参见第 2 章;关于"favor contractus"参见第 6 章第 5 节。
　　此处原文作者没有给出 favor contractus 的译文,但在后文作者把它译为"契约関係維持の原則",可以直译为维持契约关系原则。favor contractus 在中文中还可译为"合同的尊重",参见韩世远:《情事变更若干问题研究》,载《中外法学》2014 年第 3 期。——译者

⑫ 可以将舟本判决与判时 1258 号第 82 页以下摘录的原审进行比较。原审判决强调"当事人的意思",并借此导出了相反结论。
　　此外,名古屋地判平成元年 10 月 31 日与同一法院平成 2 年 8 月 31 日(均载于判时 1377 号 90 页以下)同样也是形成对照的判决。
　　另外,不可能用传统法理来解释舟本决定。饭岛教授在评释这一判决时费尽心神想用某种传统框架对此强行加以解释,未果。最终只能表示"不得不说这一判决实为'异类'",见飯島 1988。还可以参见笠井 1988、髙畑 1988 与小林 1989。

第 1 章　现代日本契约法和原则性条款

的情况下，出现了以信义原则为依据减少金额，并依此调整当事人利害关系的中间解决方案。

如果从近代契约法的原则出发，自然应当按照当初合意的内容支持诉讼请求，但法院却从考量信义原则出发并介入契约。承认这种介入的案例类型多样，在劳务供给契约、保证契约、损害赔偿额的事前约定、消费借贷、买卖、保险契约等契约类型中均有体现。[73] 虽然因个案不同其中的具体考量也有所不同，但可以说在这种情形中存在裁判标准作为规则不够明确的共通现象。当然应当介入暴利这种极端情形，但前述介入行为的背景还达不到如此极端的程度，因此容易给人留下"中

---

[73] 例如东京高判昭和 31 年 3 月 28 日高民集 9 卷 160 页（损害赔偿额的事前约定）、福冈高判昭和 55 年 9 月 17 日判时 999 号 72 页（对律师的委托诉讼契约）、神户地判昭和 57 年 7 月 9 日金商 669 号 48 页（买卖）、东京地判平成元年 10 月 25 日判时 1351 号 64 页（消费借贷）、东京地判平成 2 年 10 月 26 日判时 1394 号 94 页（损害赔偿额的预先约定）、东京地判平成 3 年 4 月 17 日判时 1406 号 38 页（消费借贷）、大阪地判平成 3 年 11 月 28 日判夕 794 号 136 页（总括最高额保证的上限数额与同时设立的最高额抵押权的上限数额相同的，应当援引信义原则进行意思解释。不过上诉审中最判平成 6 年 12 月 6 日判时 1519 号 78 页案例没有援引信义原则但得出了相同结论）、东京高判平成 3 年 12 月 4 日判时 1430 号 83 页（律师费）、东京地判平成 4 年 9 月 30 日判夕 823 号 208 页、钏路简判平成 6 年 3 月 16 日判夕 842 号 89 页（信用卡契约的过度授信）、东京地判平成 6 年 9 月 7 日判时 1541 号 104 页（雇佣契约——对劳动者出现债务不履行时产生的损害赔偿请求权，用与用人方责任的求偿限制相同的理论予以限制）、大判地判平成 8 年 1 月 30 日判夕 923 号 142 页（总括最高额保证）、神户地判平成 8 年 4 月 24 日判时 1594 号 133 页（总括最高额保证）、大阪高判平成 9 年 6 月 13 日金商 1011 号 17 页（总括最高额保证，确认全部免责）、东京地判平成 8 年 7 月 22 日判夕 944 号 167 页（律师费）、东京地判平成 9 年 6 月 19 日判时 1624 号 98 页（总括最高额保证）、大阪高判平成 10 年 1 月 13 日金法 1516 号 38 页（总括最高额保证）、长崎地判平成 10 年 3 月 18 日判夕 984 号 245 页（失盗保险）、东京地判平成 10 年 3 月 31 日判夕 977 号 199 页（不当得利）等案例。其中也包括通过类推适用《身份保证法》第 5 条限制保证人的责任的判例。参见内田 1990，第 236 页。

除此之外，对于相对较新的纠纷类型，有案例援用信义原则阻却所谓ダイヤル Q2（类似电信服务商提供的 IP 电话话费——译者）的话费请求，见大阪高判平成 6 年 8 月 10 日判时 1513 号 126 页、神户地判平成 7 年 3 月 28 日判时 1550 号 78 页、广岛高判平成 7 年 5 月 24 日判夕 892 号 241 页。不过在最近的案例中，不少案例虽然驳回了信息费的请求，但支持了通话费的相应请求。例如大阪高判平成 9 年 10 月 29 日判时 1652 号 81 页和札幌高判平成 10 年 9 月 10 日判时 1666 号 67 页。

庸"的暧昧印象。但是不管怎样,这种解决方式的目的在于获取当事人的理解。至少认为"在信义原则上被告并没有全额返还的义务,……应当认为被告所应返还的限度……在六成左右"⑭的法官明显是在说服某些人。若要将背后的规范进行定型化表述,就是"对金钱债务的偿还,应当综合考虑诉争债务发生时的情形,嗣后变化的情形以及当事人对此作出的应对,若支持全部诉讼请求不能获得公平的结果,那么就可以减少相应的金额"。

其实,与传统判例和法律相比,这种看似极为冒进的规则并非性质完全不同的存在。某些情景下可以适用这种原理来对过失相抵的功能进行解释。而且,适用类似规则的法律也同样存在。例如《身份保证法》第 5 条。在身份保证契约中,被雇佣人的亲朋好友通常是出于好意才担任身份保证人,但往往可能为此背负巨额债务,弊端可谓由来已久。为保护身份保证人,日本在 1933 年制定了《身份保证法》。该法第 5 条赋予法官一种裁量权,以对一切情形进行考量并确定身份保证人是否应当承担赔偿责任以及承担何等赔偿责任。如此一来,表面上看似难以予以认同的原理,实际上却可以说在日本的实定法中藏身已久。如果说通过直面这一现实并且有可能从中提炼出一种可被正当化的命题,那么可以说这种尝试就是本书的目的所在。

上述判例⑮以信义原则这种原则性条款为媒介,可以获得根本无法

---

⑭ 东京地判平成元年 10 月 25 日判时 1351 号 64 页。
⑮ 除去前文已经类型化了的 6 种原理之外,近来在涉及转租(sub-lease)的案件中也有援用信义原则的案例。虽说也可算作情势变更原则的类型之一,不过,还是应当考虑,它对应着泡沫经济时期形成的特殊形态租赁契约中的特有问题,能否将它作为法原理并予以普遍化尚且存疑(公开判决很多,最新的案例有东京地判平成 10 年 3 月 23 日判时 1670 号 37 页等)。关于转租详见第 2 章。

从契约法的条文或书面契约的文义所能解读出来的规则。在每个案例中,法院都对诉争契约的相关情形进行了详细认定,以此寻求作出能够妥善解决诉争争议的判决。准确来讲,与其说法官只是适用事前给定的规范作出裁判,倒不如说是出于对诉争争议事实关系的全面把握,寻找被当事人以及诉争交易关系的关联方所共有的规范,以此作出能够反映这种规范的判决。

很难将从中发现的模糊判断标准转化为具备严密要件与效果形式的规则。但可以对前述各种类型进行梳理,并建构成相对于"诚实信用原则"而言抽象度更低的多种契约原理。前文论及的6种类型就是对这些契约原理进行定式化的尝试。

近代契约法规范的理想形态是要件与效果明确,任谁适用都不会改变结论的规则。它也被认为是能为自由经济活动提供必要计算可能性的法律基础(infra)。但前述各种判例所设定的契约原理全都属于要件与效果模糊的类型,与近代契约法的理想规范相去甚远。那么,为什么法官不选择适用形式上明确的民法规则这条容易的道路,而偏要选择不确定又困难的道路呢?

针对这种通过裁判实务吸收内在于交易关系中的"内在性规范"的现象,本书将尝试进行正当化论证。

的确,很难将判例的裁判标准整合到近代契约法的契约模型之中。但反过来说,我们也能感觉到在这些标准的背后存在着一种新的契约模型,它又呼唤着新的契约理论。如同未被发现的海王星一样,人们通过分析天王星的运动预测到海王星的存在。在新契约原理的背后,想必可以预测到存在一种能给予这些原理以向心力,并且成为核心的一种契约模型。

还可以预测,这种模型尊重契约关系的继续性,而且契约内容也将随当事人之间关系以及相关情形的变化作出柔性变动的回应。然后，与当事人义务源于订立契约的意思这一说法相比，这种模型认为当事人之间所形成的"关系"本身才是义务的渊源。这样的契约模型只能是关系契约。

从关系契约的观念出发，被信义原则吸收的内在性契约规范不再是给付义务的附随品，也不再是法官肆意判断的产物，它们完全就是契约范式所要求的契约原理本身。这样一来，在未来的裁判领域，如此被赋予秩序的新契约原理将为法官提供一种比信义原则更为具体的指引。但应当注意的是，与借助认定要件事实才能被适用的传统规则相比，这些原理属于性质完全不同的规范。

采用能够在适用时拥有广泛裁量空间的"标准"形态之后，还必须将这些契约原理在个案的事实关系中予以具体化。这既不是将认定事实涵摄于法律要件的推论，也不是裁判者肆意的价值判断，这种判断高度依赖能够在全面事实认定过程中发挥作用的实践性判断力。然后，完成这种原理具体化工作的，将是负责事实审的法官以及向这些法官主张原理存在的当事人们。⑦⑥

---

⑦⑥ 从前文内容可以明确的是，通过解释得以建构而被实定法所吸收的内在性规范，与埃尔利希所称"行为准则"并不一致。前者是由"意识"所共有的规范，虽然不能直接被外在观察发现，但具有作为法律原理定型化的普遍可行性。

由意识所共有的内在性规范时常被描述为实务人士的直觉(也多被称为类似"抓重点"等表述)。而它只有在特定个案的适用过程中才能被具体化为裁判标准，因此若用"拥有哪一种规范意识"这种一般化的问卷调查方法进行社会学研究的话，应当会遇到很多障碍。对此，法社会学者想必会批判欠缺实证性。但毕竟不能说，无法被实证研究的规范意识都不存在，因此，我所提出理论的说服力将与从事法律实务人士的共感息息相关，而不是只看实证性的有无。

〔48〕 此外，如果假定日本历来具有独特的"契约意识"，多有意见认为"义理"这一概念可与内在性规范形成对应。关于义理规范可以参见石井紫郎 1972，第 13 页以下(石井)；六本 1986，第 221 页以下。川岛 1951 尝试在更一般化的层面解释"义理"，他认为"义理并非诞生于契约中选择意思的效果，而是诞生于通过契约所形成的'协同体'关系，与选（转下页）

五、总结

将围绕信义原则所产生新契约法的动向理解为实定契约法吸收内在性规范,然后尝试用解释学将被吸收的契约规范建构成关系契约模型的核心,如此一来就可以期待一种脱离传统契约法学的新发展。但为论证正当性,需要回应先前列举的第三个问题(参见第 3 节第 2 小节)。也就是说,有必要论证如前文所述的那种吸收内在性规范的裁判实践何以具备法律的正当性。

此外,需要正当化的不仅只是内在性规范的吸纳。虽然说借助原则性条款所形成新规范的抽象度有所下降,但它所表现出的形态仍然是与原则性条款相同的"标准"。换言之,无法严密地就要件与效果作出规定。这与作为近代契约法理想对象的清晰规则性质不同。适用标准作出的判决,或许在表面上欠缺预测可能性。而且,如果认为所谓标准的具体化就是通过详尽查明诉争案件的事实关系,并在此基础上作出的事后评价;那么与古典契约规范相比,新契约规范所对应的诉讼结构也将出现变化。可以设想,适用新契约规范的法官与沿用近代契约法规范的法官相比,作为监护人的属性将会显著增强。为此,对于这种诉讼(裁判)结构的变化,也必须论证它的正当性。

不过,关于裁判规范必须由裁量空间较小,且适用结果预测可能性

(接上页)择意思没有关联"(省略强调符号)。其他与"义理"有关的研究可以关注源1996。本书认为,从被认为是日本特有暧昧规范的"义理规范"中,或许可以通过法解释学建构出一种可被普遍定型化(假定存在普遍性)的契约原理。然后再借助"义理"这种日本文化或传统所不能给出解释的理论,来证成这种规范的正当性。因此,论证对象只限于判例所反映出的有限的契约规范,而并非主张日本这种"义理"观念历来所涵摄的内容具有一般普遍性。

较高的"规则"所构成的观点本身,也只是一种以自由主义国家观念为根基,由所谓"法的支配"为前提而产生的思想产物。在此意义上,现代契约法的新发展相对于"法的支配"这一存在也提出了新的问题。

本书第3章将对如何论证现代契约法潮流在解释论上具有正当性展开探讨,并尝试用社会理论的观点,论证基于新的法原理所作出的裁判同样具备规范意义的正当性。

但在此之前,还需要考察用关系契约视角审视现代契约法时所能发现的另一个方面,那就是将契约视为流程的观点。

第 2 章　作为流程的契约

一、序——"契约流程"

根据传统理论,契约被定义为基于"要约"和"承诺"而成立的法律行为。这一定义着眼于契约成立的时点。作为这种定义的背景是,将契约理解为:在成立时点上契约条件均已确定,之后只需履行而已。

但现实中的契约从契约订立前开始一直到履行完毕之后,都处于一连串的流程之中。[①] 某种意义上,也可将此称为混沌的事实延续。对此社会现象若要加以法律规范的规制,那么必须透过法律的理论框架,将社会现象解释为法律现象。近代契约法所采用的理论是将契约集成于"成立"的时点上展开解释。也就是认为契约基于"要约"和"承诺"的合意而成立,在此时点上权利义务便已确定。判断无效和可撤销原因的有无,也应当以此时为基准时点。然后跨越这个阶段之后,原则上契约便只剩下义务(债务)的履行以及不履行时的处置而已。在这种理论框架之内,对契约的理解被高度抽象化,契约也被建构成普遍性较强的规范体系。但是,这种理论所导致的结果就是连绵而持续的复合性事实被无故截断。

---

① 关于日本商事交易中的流程,柏木 1992 从企业法务的视角出发进行了很有启发的分析。

当然,在《民法典》所规定的契约类型中,也有不止于单次履行便使契约终止,而在某种程度上被预计将会存续一定期间的契约。在法律上,对于这些契约关系也使用了"继续性债权关系"的概念予以概括。而实际上,在《民法典》的规定中也能发现各种与契约成立后权利义务变动相关的规定。例如,租赁契约中租赁人所负担"费用"的相关规定(《民法典》第 608 条,也可以参见关于委任的第 650 条),契约成立后情势变化导致租金减免的相关规定(《民法典》第 609 条、第 611 条)以及契约存续时产生新权利义务时的相关规定。但就整体而言,与这些具有继续性属性的契约类型所相关的规定大都类似雇佣契约所对应的第 628 条,即可以规制契约成立后情势变化与契约解除关系(与承揽相关的第 641 条、第 642 条,与委托相关的第 651 条,与保管相关的第 663 条第 2 款等)。而且,所谓继续性债权关系理论的中心论点自始至终都是解约不发生溯及力,应当设置通知期间以及与关系终止相关的事宜。换言之,夸大一些来讲,可以说近代法中的契约法只是集中关注契约的成立与消灭而已。

但是,现实中的契约像国内或国际商事交易中那样,要历经长期的交涉过程才能最终成立,而且多数情况下很难在契约成立的时点上确定所有事宜。此外,如果着眼于当事人之间事实上的契约关系(包括买卖关系),抛开个别契约终止不提,很多时候它们都会在相当长的一段期间内存续,②其中交错着复杂的权利义务。

除商事交易之外,在劳动契约、医疗契约以及提供持续性服务的特定消费者契约中也可以发现同样的现象。

---

② 中田 1994 对此进行了研究,从法律上给出了对事实契约关系的评价,并对它的终止阶段进行了分析。

而为表述这种继续性契约关系,学者使用了各种各样的术语。但其实并不一定有统一意义,特别是对本书所要在普遍意义上探讨的这种连绵而持续的一连串动态流程,恐怕未必能够从以往研究中找到贴切的术语。因此,对于当事人之间这种与时间同步发展的事实上的契约关系,本书将它的含义用"契约流程"一词予以表述。近代法将这种连绵而持续的一连串的动态契约流程按成立与消灭予以切断,而且过于侧重成立之时。但契约流程的起点远远早于这种意义上的契约成立时点,而且有时候在契约消灭之后也仍然存续。

本章的课题就是用现代契约法审视契约流程这一观点,并探讨能够从中发现怎样的新局面。

二、契约流程的动态

1. 契约流程与契约原理

以动态契约流程这一观点进行观察,可以发现现实中许多契约的各种大小权利义务,都会随着契约流程的发展而同步变动(发生、变更和消灭)。出现变动的重要原因之一,就是构成契约前提的情形发生变化。为能在法律上把握这种变动,就有了情势变更原则和不安抗辩权的规则。但是,过去以来的这些努力并不能充分解释动态契约流程。比方说情势变更原则的效果通常包括契约的解除与变更,但这两者作用于相反方向。前者消解契约,后者则是通过变更契约来使契约存续。至于说为何会产生两种相反的效果,只有从动态契约流程以及作用其中的基本契约原理出发才能理解。那么,所谓的基本契约原理到底是什么。

此处重要的事实是，一连串的契约流程实际上诞生于更为广泛的"社会关系"之中。仅凭当事人孤立的合意绝不可能支配一切。而且，契约流程中提高关系密度的相互依存关系越强，当事人之间的相互关系就越要依赖于社会关系背景中的内在性规范。

随着这些内在性契约规范接连纳入实定法，应被称为"关系契约法"的规范群也在逐渐成形。③ 本章所要探讨的就是这些关系契约规范与契约流程的关联。

支撑契约流程的关系契约规范虽然多种多样，但在契约的动态关系中特别重要的是互相关联的"继续性"与"柔软性"原理。在继续性原理背后存在这样一种设想：就是在触及当事人人际关系的契约流程之中，关系的维持与存续本身也具有价值。而柔软性原理所要求的正是为使关系的维持与存续成为可能而要在契约流程中加入这种必要的柔软性。

在裁判规范的层面上，具体应用这些原理的实例就是对解约与拒绝续约的限制，还有为变更契约条件的再交涉义务。但与此同时，这些原理也影响了立法与当事人的契约实践。特别是针对长期契约，当事人会为了实现"柔软性"的目标而将相应的机制有意地写入契约当中。

本章将在把握契约实践的基础上，对存在于契约流程中的这些契约原理承载于什么样的法理和法技术进行梳理，以此尝试提供一种与过去略微不同的视角。

2. 分析框架

"继续性原理"与"柔软性原理"作为关系契约原理在契约流程中发挥作用，二者之间也有着密切关联。具体来说，契约必须足够柔软，

---

③ 参见内田1990以及本书第1章。

才能在契约之内处理契约流程中所产生的种种情势变化。柔软性原理所带来的这种柔软性可以回避因刚性处理可能导致的契约终止。作为结果也使得继续性原理得以实现。

下文将以这两种契约原理为双轴,对反映这些原理的法制度、法理与实践进行梳理,并设定一种分析框架(图示参见次页)。

首先,通过柔软性原理对契约流程作出的调整可以分为基于当事人合意作出的调整,以及除此之外引起的调整。

对基于合意作出的调整,又可以进一步分为两种情形:一种是针对反映特定变化情况的契约变更机制预先作出特别约定;另一种是根据变动情况在事后形成变更契约的合意。除非双方当事人共同推动交涉,否则后一种情形不可能发生。

在法律上有三种路径有助于促进交涉。第一种是通过法定的契约规范以促进交涉。在契约规范中有直接确定当事人有义务主动进行交涉的规范,也有通过设定某种法律制裁间接地给交涉以动机(incentive)的规范。本章将依据后者进行的交涉称为"法影之下的交涉"(参见 Mnookin＝Kornhauser 1979)。第二种是当事人之间特别约定的促进交涉。后文将对这种路径所涉及的种种具体形态进行描述。第三种与前两种都不相同,它是一种为促进当事人形成合意而预设的程序(典型者如调解)。

其次,非合意调整是指在当事人未能形成合意时,借助外部交涉程序来应对情况变化。包括当事人事前未对这种程序作出特别约定的情形。对此也有各种各样的法律路径以应对每一种具体情形。

此外,在有合意调整时也有失败的可能(即使当事人对契约变更有特别约定,也有约定无法发挥作用从而无法柔性处理的时候)。因此也经常会出现转向非合意调整的情形。而且,实际上事先专门约定组合

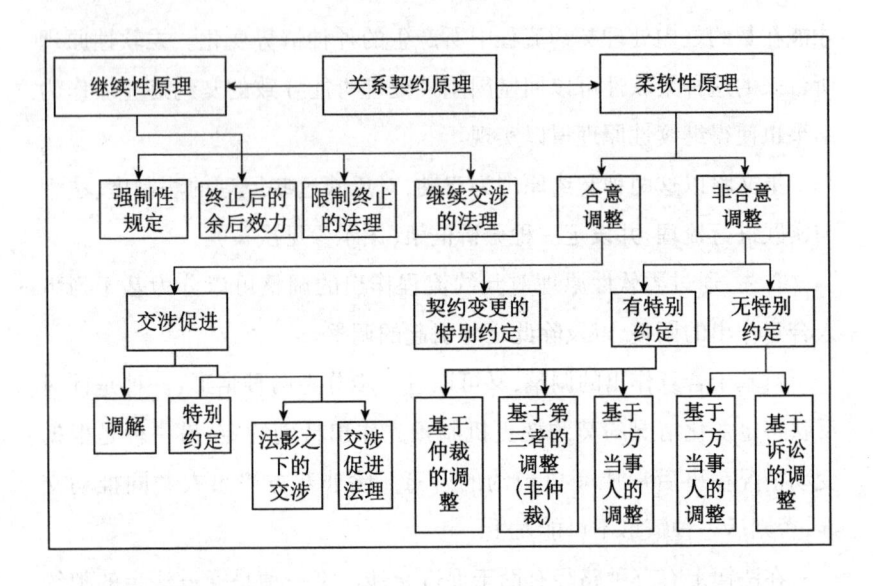

```
┌─────────────┬──────────────┬─────────────┐
│  继续性原理  │  关系契约原理  │  柔软性原理  │
└─────────────┴──────────────┴─────────────┘
```

（图示：）

- 继续性原理
  - 强制性规定
  - 终止后的余后效力
  - 限制终止的法理
  - 继续交涉的法理
    - 交涉促进
      - 调解
      - 特别约定
      - 法影之下的交涉
      - 交涉促进法理
- 柔软性原理
  - 合意调整
    - 契约变更的特别约定
      - 基于仲裁的调整
      - 基于第三者的调整（非仲裁）
      - 基于一方当事人的调整
  - 非合意调整
    - 有特别约定
      - 基于一方当事人的调整
    - 无特别约定
      - 基于诉讼的调整

使用两种模式的情况也并不少见。

再次，对于继续性原理，由于当事人的合意只能确定契约期间够不够长，此外的特别应对需要专门的立法和裁判以形成规范。具体来说包括四类：第一类是在契约交涉过程中应当履行诚实交涉义务的规则（禁止不当放弃）[4]；第二类是解约、解除以及限制拒绝续约的规则（符合存在不得已事由的要件）（参见川越1988，中田1994）；第三类是承认当事人之间的权利义务关系在主要债务履行完毕后仍然存续的规则（所谓义务群中关于余后效力*的部分）（参见熊田1990，高嵨1991）。第四类是关于强制契约关系存续的强制性规定（典型代表包括《借地借家法》和《劳动基准法》等）。

下文将以上述分析框架为基础，并以柔软性原理所固有的法理与

---

[4] 池田1997是最具概括性的研究。此外，可以参见Hondius 1991。

* 余後効，意为虽然契约终止但仍然产生效力的部分条款或义务。

法技术为限定对象进行探讨。

三、基于柔软性原理作出的契约调整

1. 合意调整

(1) 变更契约的特别约定

在契约中加入柔软性最可靠的方法是在契约订立时预想未来可能发生的特定变动情形，并以特别约定的形式在契约中设定变更契约内容的机制。但通过这种特别约定所能涵盖的情形毕竟有限，很多时候只是约定契约价款与物价变动（货币价值的变化）同正比变动，也就是所谓的浮动（slide）条款。不过，浮动条款的意义并非固定不变，在承揽契约关系中，一般来说浮动条款的意义就是认可价款与物价变动构成变更契约价格的事由。但如果确定其他的基准点，并约定根据特定计算方式变更价格的，就成为广义浮动条款。在国际贸易中则称为自动调整条款（escalation clause）。

而货币价值的变动如果超出一定限度，也会出现所谓"情势变更原则"的问题。但是，此处所要讨论的不仅于此其实是通常的经济变动所引起的各种货币价值变动。对于此类在某种程度上可以预见到的情势变化，传统观点认为在契约订立时当事人就应当把这种风险写入契约。但不得不反思的是，这种预想与契约的本质要求是否相符。

具体来讲，首先需要指出的是最近人们格外关注给付均衡原理在契约成立时的重要性。[5] 而且在此后的契约流程中维持成立时的均衡

---

[5] 包括在世界各国立法中的定位，参见大村1995。

状态也具有充分的合理性。⑥ 其次,在各种契约中既有投机倾向较强的类型,也有相对较弱的类型。对于后者,当事人在订立契约时没有必要对因物价变动而引发的风险作出分担预判。

但是,选择浮动条款基准点的恰当与否将影响当事人所预设功能的发挥效果。

日本国内契约中实际出现问题的就是建设工程承揽契约和不动产租赁契约。

(a) 建设工程承揽契约中的浮动条款

在建设工程契约中,作为公共工程标准格式契约的"公共工程标准承揽契约约款"⑦第 25 条是有关价款与物价变动影响承揽报酬的典型浮动条款。具体内容是价款或物价变动导致承揽报酬超出最初价款 1.5% 的,承揽人有权请求增加承揽报酬(第 1 款与第 2 款)。换言之,对于 1.5% 以内的变动应当由承揽人自行负担。在昭和 56 年的版本修订之前该比例系数为 3%。由于工程利润率的下降,比例系数根据建筑行业的请愿进行了下行调整。⑧

此外,作为民间工程代表性标准格式契约的《民间联合协定工程承

---

⑥ 多喜 1986 第 63 页的引用提到 1975 年 ICC 的仲裁裁决(No. 2291)。裁决论述称"在财政层面维持给付均衡是 lex Mercatoria[商人法]的准则。因此在绝大多数国际契约中,都认为'价格基于缔约订立时存续的条件得以确定,而反映生产物或给付的各种构成要素价格变化的变量(parameter)将导致前一种价格随之发生变化'"(Clunet, *Journal du Droit International*, 1976, p. 989)。引用部分载于 Ph. Kahn, "Lex mercatoria et contrats internationaux", in *Le Contrat Économique Internationaux*, 1975, p. 195 以下。

⑦ 昭和 25 年 2 月 21 日中央建设审议会通过,平成 7 年 5 月 23 日最后修订。
约款即格式条款或标准条款,为保持简洁性,在翻译法律文件时继续使用"约款"的表述。——译者

⑧ 参见建设省建设经济局建设业课 1985,第 39 页以下,建设业法研究会 1995,第 25 页。此外,昭和 56 年修订时,该条第 5 款引入了所谓"单独浮动制",即根据特定材料价格(石油相关物资材料)而非整体物价进行变动(平成 7 年修订时增加)。

揽契约约款》⑨(以下简称为《民间联合约款》)第29条第1款(f)项规定有如下内容:因"物价或价款等变动"导致契约订立满一年后"认定工程承揽价款数额并不恰当"的,承揽人有权请求增加承揽价款。变更承揽价款数额时,该条款规定"原则上""增加部分应根据时价确定"。⑩但很难将这一规定认定为浮动条款。⑪

将物价变动与承揽价款相关联的做法在其他国家并不普遍。⑫ 因此,认为浮动条款具有超越近代契约模型(契约成立时风险分配均已确定)性质的设想便很有探讨价值。虽然日本的传统建设工程契约被认定具有这种"前现代性",但其中所蕴含的"增价"惯例却可能存在于日本适用浮动条款的背景当中。不过,如果认为在长时间持续的建设工程中提高投机性并不合理,那么也就只能承认浮动条款具有合理性。针对当事人之间存在价格变动风险分配的问题,当下恐怕应当给予浮动条款积极评价。⑬

(b) 不动产租赁契约中的浮动条款

租地与租房契约中,约定土地租金、房屋租金与固定资产税等费用

---

⑨ 《民间(旧四会)联合约款》由平成9年5月修订的《四会联合协定工事承揽契约约款》更名而来。

⑩ 在第29条第2款中,对于"工程减少部分"规定"原则上"根据监理人认可的结算单确认单价认定。

⑪ 由于"原则上"这一限定,如果根据时价并不能得出充分数额,那么即使变更具备充分要件(时价对应数额不足),最终也还是需要当事人自行协商进行解决。此外,《旧四会联合约款》的规定为"增加部分的金额应由甲、乙、丙根据时价通过协商确定"。修订的目的虽然包括使之成为更为明确的规则,但实质上让人感到区别不大。另外,浮动条款实际普及的程度虽然并不明朗,但在昭和48年和49年曾有过实态调查。参见栗田1983,内山1979,第196页以下。

⑫ 来栖1974,第478页。该文介绍了在1970年日本世博会上,外国买方拒绝接受浮动条款的轶事。此外栗田1983指出在德国也存在适用范围被限定的广义浮动条款,并进行了分析。

⑬ 关于通过契约条款应对通货膨胀的研究,可参考久保1992第3章。对于将通过再交涉义务解决问题视为"日本式思维"的结论,该文提出了质疑。本文深表同感。

同正比变更的内容如今也愈发多见。这种条款的有效性存在两个问题。第一个问题是根据《借地借家法》第 11 条第 1 款以及第 32 条第 1 款,确定土地与房屋租金增减额请求权时存在但书规定,即"当事人另行约定在特定期间内土地租金等(借家时则对应'建筑物的租赁')不得增减的,从其约定。"根据文义表述,当事人可以通过约定禁止增加租金。虽然也可以将这一条款理解成不得增减租金之外的特别约定都应当视为有效,但这毕竟只是推论。不过,实际上类似浮动条款这种特别约定的有效性历来被认可。《借地借家法》在 1991 年修正时,也出现过补充明文规定以认可这种特别约定有效性的意见,[14]但由于难以确定到底应当以何种基准作出应当浮动的合理判断,最终放弃通过立法作出规定,而是交由判例并等待统一标准的形成。

如前所述,第二个问题是,什么是有效的浮动条款。浮动条款有可能在约定之初就已经是不正当的约定,也有可能在嗣后由于情势变化失去适当性。对于土地租金按地区指导价*浮动的约定是否有效,有判例考虑到合意形成于一年前诉讼和解的过程,并据此认可 1987 年 10 月时的价格为有效价格(神户地判平成元年 12 月 26 日判时 1358 号 125 页)。而对于合意成立于 20 年前或是 6 年前所订立租地契约的案例,有法院认为"地价暴涨属于异常情况",因此拒绝认可该条款在 1988 年之后仍然有效(东京地判平成 3 年 3 月 29 日判时 1391 号 152 页)。

认定土地租金与房屋租金浮动条款有效的依据在于:土地租金与房屋租金原本在某种程度上就与特定时期的不动产税负程度相关,租金标准本应根据税负高低确定(与地价有无关联仍然存在争议)。而对

---

[14] 在《建议稿提纲》阶段,针对是否作出明文规定出现了争议。参见《借地法·借家法修正案建议稿提纲》第 5—2。

* 路線価,相当于我国的地区指导价。

于承揽契约的浮动条款，由于长期承揽工程可以按不同阶段区分相应期间，若认为某一期间内材料价格与劳务成本、承揽价款存在一定的关联性，那么就能推导出设置浮动条款的合理性。据此，对于投机性较弱的契约（固定价款的承揽契约相对而言都具有较强的投机性），可以认为如果在特定整段期间内认定契约价格与特定基准具有关联性，那么一般来说在这种契约中就可以合理地设置浮动条款。

（2）通过促进交涉变更契约

（a）新的契约规范

再交涉义务　通过对信义原则相关案例的发展脉络进行分析，可以发现作为近年来逐步得以确立的新契约规范，以变更契约条件为目的的再交涉义务已被普遍承认。[15] 此外，与"情势变更原则"相关的案例显然将再交涉义务看作前提，对此后文将展开论述。

不过，即使接受再交涉义务属于法律义务的观点，也会产生其他的问题。再交涉本身作为请求履行的对象，是无法被强制履行的。[16] 如此一来，在法律效果上最多只能成为损害赔偿的原因。但是，此处有必要引入契约流程的观点。再交涉属于契约流程动态的阶段之一，为转向解约等后续阶段，有必要事先履行再交涉义务。在判断解约等行为有效与否之时，不少判例都有下文所述的分析内容。

说明义务　诸如医疗契约这类出于性质特殊无法预先确定内容（如何治疗）的契约，契约内容只能随着契约流程的发展得以确定或变更。在此过程中，双方当然还会进行多次协商，而在协商之时，具备能

---

[15] 可以举出诸如大阪高判昭和54年2月23日金商580号34页等很多案例。关于判例的分析，参见第1章。此外，山本顯治1989从社会理论的观点对促进再交涉规范的重要性进行了论述，很有启发。也可参见山本顯治1996。

[16] 关于不能被强制履行的附随义务，北川教授对此进行了论述。北川1963b，第355页以下。

够确定契约内容的专业知识的当事人(医师)必须根据具体需要向对方当事人(患者)提供适当的信息并作出解释。

医疗契约中说明义务的要素既包括对诊疗行为的解释[17]（关于疗养方法作出的指导说明），也包括为使患者能够接受意外而作出的解释。后者作为诞生于医患信赖关系的义务，重要性并不劣于前者。[18] 此外，还有一种与前两种义务并存的，为通过协商逐步确定契约内容而必需的说明义务。也就是尊重患者自我决定权所需要的交涉促进规范。但是，考虑到医疗行为的专业性以及患者判断能力的有限性，很难将说明与自我决定(informed consent)原理上彻底分离。在此意义上，也有必要探索说明义务与自我决定权之间的界线何在。[19]

(b)"法影之下的交涉"

什么是"法影之下的交涉"？比如说，对于可以适用情势变更原则解除合同，或者说债务人已经陷入债务不履行的境地，且若延续如此将产生解除或损害赔偿请求权时，由于这些制裁(sanction)的存在，当事人为规避制裁便有了通过交涉来变更契约条件的动机。这就是所谓的"法影之下的交涉"。

变更解约通知 对此问题，值得关注劳动法领域所讨论的"变更解约通知"规则。[20] 典型立法例如德法两国，也就是说如果劳动契约对职务与工作场所有特别约定的，用人方在要求劳动者转岗或变动其他劳动条件的同时，应当同时告知劳动者有权拒绝并解除契约(解雇)。这

---

[17] 关于医疗契约中说明义务的文献，参见第 1 章注 56。
[18] 新堂 1979 曾提出此问题。
[19] 吉田邦彦 2000 曾以医疗契约为素材指出这一问题。
[20] 关于变更解约通知已经出现了很多文献，其中高岛 1989 是先驱性的成果。关于斯堪的纳维亚航空事件判决之后的研究成果，参见毛塚 1995a，土田 1996，野川 1996，野田 1999，大内 1999，大内 2000，荒木 2000b。

一规则适用于因经营理由而关闭分店等转岗的情况。其逻辑基础为由于解除劳动契约存在限制，考虑到用人方所提供的以变更契约条件为前提的续约选择可能会被拒绝，因此需要承认此时可以解除契约。

而在日本，由于解雇权被严格限制，很难在契约范畴内接受变更解约通知规则。但值得注意的是，1995年斯堪的纳维亚航空事件东京地方裁判所的判决[21]对此首次明确予以肯定。该判决将变更解约通知定义为"如果解约的目的在于变更雇佣契约特别约定的职务等劳动条件，那就等同于在解除旧雇佣契约的同时提出了关于订立新契约的要约"。然后，还有如下论述："对运营公司业务而言，变更劳动条件确实不可或缺。相对于变更劳动条件而给劳动者带来的不便，这种必要性更为重要。所以只得承认对于变更劳动条件同时提出的关于订立新契约的要约，如果拒绝承诺那么解雇行为将具备正当性。据此，若公司为避免解雇已经作出充分努力，且劳动者对订立新契约的要约不作承诺的，应当认为公司有权解雇该劳动者。"

若从契约终止的视角审视变更解约通知规则，可以发现它发挥了继续性原理的缓和作用。而从动态契约流程的视角出发，还可以发现它发挥了促使契约在条件变更后继续存续的作用。不过在德国，对于变更解约通知，劳动者在选择同意或拒绝（解雇）之外，还可以选择所谓保留意见的承诺，也就是说劳动者同意按照变更后的劳动条件继续劳动，但同时保留以该变更解约通知不具备充分的社会妥当性为由寻求法院判决的权利。换言之，可以认为变更解约通知属于变更劳动条件而非解雇的规则。[22] 相应地，如果认为变更解约通知全都如同斯堪的纳

---

[21] 东京地决平成7年4月13日劳判675号13页。荒木1995的评释充满启发意义。
[22] 参见荒木2000b(4)，第487页以下。

维亚航空事件判决一样不承认保留意见承诺,那么它就更可能只是单纯地发挥解雇作用。

因此,对于应当如何评价东京地方裁判所确认的变更解约通知历来存在争论。其中有一种观点值得注意,也就是虽然在日本没有明文规定承认德国式的保留意见承诺,但也可以通过解释论推导出同样的结果。㉓

类似变更解约通知并以同样方式发挥作用的制度,在《借地借家法》第 26 条第 1 款中也可发现。根据该款规定,法定续展租房契约的要件之一包括"未发出不同意变更条件就不续约的通知"(昭和 16 年修正时将该规定与"正当事由"一并加入)。当然,多数情况下这种条件变更都是要求增加租金(星野英一 1969,498)。由于存在其他路径的增额请求权,认为承租人拒绝变更构成正当拒绝续约理由的案例并不多见。㉔

不安抗辩权　在促成契约条件通过再交涉完成变更的"法影"之中还有一项值得关注的制度,即"不安抗辩权"。

情势变更原则处理的是超出当事人能力范围之外的情势变化,而不安抗辩权则是在相对方财产状态恶化(信用不安),例如支付不能、支付停止、银行交易冻结等情况时发挥作用。

虽然学说与判例承认这一规则(但没有最高裁判所层面的判例),但它与通常意义的债务不履行之间并不存在清晰的边界。虽然一般来

㉓　参见荒木 2000b(6 完),第 44 页以下。对于继续性契约的条件变更,由于不可以适用民法第 528 条,荒木主张对于用人方的变更解约通知应当允许劳动者作出保留意见承诺。土田 1996 则提出了方向与此一致的解释论。后者作为基于继续性原理对民法 528 条的解释论而受到关注。

㉔　相关案例可见东京地判昭和 61 年 8 月 25 日判夕 693 号 131 页。参见高岛 1989。此文作者是此案被告方的代理人。

说要求出现"信用不安",但问题是现实中如果真出现信用不安,那么很有可能同时出现违约或违反法定义务等反对债权项下债务不履行的情形。

在效果层面,即使履行期限届满,先履行债务人也有权拒绝债权人的履行请求(因此被称为抗辩权)。其中拒绝履行对应很多形态,包括拒绝履行已订立契约项下债务的情况,拒绝订立新的个别契约(对此也有强制决定是否订立个别契约的情形),[25]以及当事人之间的契约关系本身(基本契约)归于终止的情况。

在判例中,很多情况下没有对履行停止与解约作出严格区分(参见北川1987,360;久保1992,255)。这就会让人想到,如果在继续性交易关系中停止履行(停止供货)往往会给对方带来致命打击,因此法院倾向于严格认定信用不安要件是否成立。结果就导致在很多要件成立的案例中,同时存在诸如不支付价款或不提供担保等足以导致解除事由成立的债务不履行情形。

在学理上,关于不安抗辩权本身的效果是否应当包括解除以及提供担保请求权历来存在争议,当中的否定说非常有力。[26]但从契约流程的观点出发,提出不安抗辩权时继续性交易关系本身往往早已陷入极端不稳定的危机局面。[27]因此,在确定当事人的权利义务之时,有必要作出能够持续反映这种流动性契约流程的判断。

对此问题,国际贸易中的 CISG 也能提供参考。CISG 要求在停止履行后立即向相对方发出通知(警告),给予相对方通过提供担保等

---

[25] 中田1992对东京地判平成2年12月20日进行了评释,参见该书第33页。
[26] 参见我妻1954第84页,神崎1966等。
[27] 对此,北川教授概括为"契约危机",思路极有启发。参见北川1963b第377页,北川1973第244页,北川1987第359页以下。不过,若在更为广义的层面,对出现"契约危机"中债务不履行进行连贯审视,应当可以给出更为柔性的解决方案。

方式获得继续履行的机会(第71条第3款)。借此可以促使当事人通过交涉增加妥善解决的可能性。此处的不安抗辩权就是发挥了促进交涉的动机作用。对于解除这一效果,也可以解释成后续交涉进程的产物之一(CISG第72条所规定的"履行期届满前的解除"即是如此)。

(c) 关于协商义务的特别约定

长期存续的契约流程中,重复缔结短期个别契约的时候,可以通过每次缔结契约时变更契约内容来应对情势变化。但对于契约期间长的情形来说,如果当事人能事先对未来如何变更契约内容形成合意,当然就再好不过。例如所谓的协商条款。在当事人之间的协商特别约定(再交涉特别约定)中,有不特定协商对象只约定原则性义务的情形,也有对特定事项约定有协商义务的情形,还有类似不可抗力或艰难情势条款,即发生特定事件时才就变更契约进行协商等各种情形。

关于原则性协商义务的事例,在日本的书面契约中广泛可见,即所谓"诚意协商条款",它被认为在法律上没什么意义。

对特定事项约定协商义务的,既有认可嗣后对已经约定在契约中的事项进行变更的事例,也有对原本没有约定而在嗣后通过协商确定的事例(即所谓"开放契约")。

关于认可嗣后对已确定条件进行协商变更的条款,代表例包括工程承揽契约的相关变更条款以及租地与租房契约中与租金增减相关的协商条款。

对于前者,"工程现场出现不能预见的阻碍施工事件"等"确有变更工程内容、工期或承揽价款数额必要性"的时候,《民间联合约款》第16条规定发包方、承揽人和监理方应当进行协商。顺便一提,《民间联合约款》在平成9年修正时更名为"四会联合协定工程承揽契约约款",在这次修正之际，为使契约条件明确化，删除了很多关于"协商确定"的表述。㉘《公共工程标准承揽契约约款》在平成 7 年修正（参见建設業法研究会 1995）时也作出了相同的删减，目的也是使程序更明确化，而不是轻视协商的重要性。㉙

而对于后者（租地与租房契约的租金变更条款）的效力问题，可参见最判昭和 56 年 4 月 20 日（民集 35 卷 3 号 56 页）案例。该案判决主旨解释称"（当税负增加时当事人应当协商确定的）约定以租赁双方当事人之间的信义为基础，结论仅能反映出双方当事人希望尽可能避免诉讼的意向，而不包括在当事人未能协商一致时不得增加租金的含义"。对于未经协商径直作出增加租金意思表示的情形，法院认为"此外，即便根据诉争约定在作出这种意思表示之前必须要进行协商，那么只要事后通过协商能够实现这种目的，这种事前协商就算不得是必要步骤"。在此判决作出之前，多数下级裁判所认为如果约定了协商条款，那么未经协商直接作出的增价意思表示无效（参见米倉 1983）。本案原审也是采用了这种思路，但终审撤销了原审判决。

依照最高裁判所的这种思路，协商条款也就没什么意义了。主审法官浅生重机论述称，违反协商义务是产生损害赔偿的原因之一，因此它具有法律约束力（淺生 1986，270）。相关事例恐怕并不多见。因此倒不如认为它有延迟增价生效时点的效力，否则《借地借家法》第 11 条以及第 32 条反复规定协商条款的意义也将消失殆尽。㉚

不可抗力（force majeure）**与艰难情势条款**（hardship clause） 不

㉘ 例如新 19 条（旧 16 条），新 28 条（旧 24 条），新 29 条（旧 25 条）。此处也可以发现所谓契约就是通过合意所预先设定的明确规则这种"契约时代"思想的影响。

㉙ 参见民間（旧四会）連合協定工事請負契約約款委員会 1997，第 78 页。

㉚ 参见山本顯治 1989（3），第 100 页注 8。

可抗力条款和艰难情势条款在国内或国际贸易中的长期契约中并不罕见。国内贸易中建设工程承揽契约的标准约款就可以提供例证。[31]《建设业法》第 19 条第 1 款第 6 项关于加入该条款的要求也与之对应。

问题在于,两种条款所设想的情形发生后,这些条款可以发挥怎样的效果。建设工程约款对因不可抗力所招致损害的风险负担作出规定(目的是在民法关于风险负担的原则之外设定例外)。而工程本身的停止或是契约终止的效果,都可以借由关于事后变更契约条件的规定进行应对。但无论如何,由不可抗力所导致的契约终止都不在考量之内。[32] 这是因为由不可抗力导致国内工程不可能继续的事例很少出现。因此对于通常情况下的建设工程承揽契约,若将传统"情势变更原则"所处理的纯粹契约解除与由当事人协商而达成的契约条件变更(工期延长、变更价款等)进行对比,后者对现实中的意义当然要重要得多(而且如后文所述,在继续性交易中适用情势变更原则解除契约的案例极为罕见)。此外,"全部工程"的"停工申请"(《建设业法》第 19 条第 1 款第 5 项的用词)也只不过是后续所产生契约流程的选项之一。

上述特征在国际贸易中更为显著。在国际贸易中传统不可抗力条款所设想的是当事人不能预见且超出控制范围的情势变化导致不可能继续履行债务。不可抗力作为债务不履行的免责事由,等同于不存在归责事由的不履行。通常而言,契约也将因此终止。但在今天,多数条款都不再将不可抗力限定在绝对不可能的范围,它们在实质上更接近艰难情势条款(多喜 1986,53)。也就是对应"由于契约中给付均衡发

㉛ 参见《公共工程约款》,第 25 条。此外,《民间联合约款》第 20 条通过更为具体的推论作出了有利于承揽人的规则。

㉜ 泷井,1991 第 52 页。在笔者对建设公司进行的访谈调查中,结果也表明因不可抗力而导致的履行不能基本上并不存在。

生变化而导致的实质不均衡"(Horn 1985b,136)。

不可抗力和艰难情势条款约定的事由一旦发生,当事人应当首先进行协商(协商期间往往是有限的)。协商后如果不能解决,还有交由仲裁或其他第三方的选项(与后文所述"第三方"的介入相关)。而解除也是与此并列的,它不见得是当然被人欢迎的选项。重要的是这些条款在起效之初可以督促当事人进行协商,并通过终止契约来尽可能地避免发生经济损失。

其中,也有观点认为在这些条款被原则化之后,根据情势变化及时变更长期国际契约的规则已经变成了一种国际贸易中的习惯法(lex mercatoria)(多喜 1986,60)。实际上,自 1970 年前后以来,关于契约的适应与修正在国际上也获得了很多关注。㉝

此外,由于协商义务与强制履行并不契合,可以将协商义务的法律效果解释为因不履行而产生的损害赔偿责任以及豁免相对方债务不履行的责任。

(d) 通过调解进行的交涉

当事人不能顺利自行交涉,但借助第三方的调解使交涉重新开始,最终契约得以继续的情形也并不少见。而在日本,调解的使用率特别高。

对于调解,即使没有特别约定也可以直接使用法律上的调解制度,当事人也可以对使用调解或斡旋作出特别约定。㉞ 此外,法律也要求在特定情形下强制调解(调解前置)。例如在后文所述的不动产租赁纠纷中关于租金增减的争议,法律就采用了调解前置主义。此外,劳动争议

㉝ 见小山 1985,第 169 页注 4。此外,可以参见小山 1983b,飯塚 1988,第 1 页以及飯塚 1989。

㉞ 《公共工程约款》第 45 条以及《民间联合约款》第 34 页。

中也有劳动委员会主持的调解,虽然原则上可以自愿确定是否接受调解,但在与公益事业和国营企业相关的案件中则适用强制调解(《劳动关系调整法》第 18 条第 3 款至第 5 款)。

作为特别约定的事例,《建设业法》第 19 条第 1 款第 11 项要求将与"契约相关的争议解决方法"写入建设工程承揽契约文本,而且各种建设工程承揽格式条款也都有关于调解和斡旋的相关规定。建设业法中,斡旋能给当事人一次通过对话解决问题的机会,它也是最简易的纠纷处理制度(该法第 25 条第 12 款)。理论上斡旋通常由一名委员主持,不像调解那样由委员提出一个解决方案的计划(但斡旋事实上也会提出)。通过斡旋达成合意之后,可以劝告当事人接受和解契约(该法第 25 条第 13、14 款),斡旋还可以对没有正当理由的拒不到场的当事人处以罚款,因此也是一种介入方式更为积极的纠纷解决机制。

此外,同样值得关注国际贸易中的调解对契约变更的作用,联合国国际贸易法委员会(UNCITRAL)也设置了调解制度。㉟

2. 非合意调整

(1) 没有特别约定的情况

(a) 通过判决变更契约的规则

情势变更原则 首先要解决的问题是,法官到底有没有变更契约的权限。虽然法律上有关于契约变更权限的成文规定(将于后文详述),但若没有这样的依据,原则上法院无权对当事人之间的契约进行变更。但关于情势变更原则的效果是否应当包括变更契约历来存在争议。

㉟ 参见服部 1981 以及小山 1983a 第 201 页以下。

情势变更原则发挥作用的场景包括：发生了当初订立契约时没能预见到的，且不可归责于当事人的情势变化；或是按照契约履行债务在经济上不可行（经济上不能）；或是虽然可以履行但会导致给付均衡被打破的情形（等价关系的破坏）；以及履行意义不复存在（目的不能实现）的情形（五十嵐1975, 37）。在第一次世界大战后德国出现通货膨胀之际，法院认可据此变更契约价格，由此引发了热烈的讨论（参见五十嵐1969，広渡1986）。正如这一事例所展示的那样，暂且不提目的不能实现这一类别，人们普遍认为情势变更所应对的问题限于因某种外在要因引发剧烈经济变动的情形。在日本，这种程度的剧烈变动迄今为止可以说一共发生过三次。第一次是战后的通货膨胀，第二次是1970年代的石油危机，然后第三次是1990年代的泡沫经济崩溃。

这种规则在日本也被学理与判例承认（但如后文所述，最高裁判所还没有作出持同样立场的判决）。

关于要件构成基本没有争议。代表学说认为，首先是发生了当事人没有且不能预见的重大情势变化；其次是变化的发生不可归责于当事人；第三是如果认可书面约定有约束力将会产生违反信义原则的后果（我妻1954, 26），判例对此构成也没有不同意见。㊱ 值得注意的是，若非发生不能预见的重大情势变化，则不能适用情势变更原则。说到底，只能把它理解为相对于契约神圣（sanctity of contracts）的例外规则，契约的柔软性也有其限度。

认定契约履行时情势变更成立的，学理上一般认为它的效果是契约的解除或是变更。㊲ 但如前所述，两种效果的背景对应两种截然相反

㊱ 参见五十嵐1969第153页以下以及最判平成9年7月1日民集51卷6号2452页。
㊲ 参见我妻1954，第27页；五十嵐1969，第165页；星野英一1976，第23页等。此外，还可参见星野英一1963。

的契约原理。解除等同于履行变为不可能时的契约终止,可被延伸理解为因不可抗力或者不可被归责的事由所导致的债务消灭(履行不能),传统契约法也可以毫无障碍地作出同一结论。换言之,即便以契约必须遵守的原则为前提,上述效果也能够通过对契约进行客观解释的法技术来实现正当化(五十嵐1954,149)。相反,契约变更的正当性却只能依靠以契约的柔软性与继续性原理为前提。传统契约法并不能提供同等效果。因此很难作出同样的肯定结论。㊳

不过,对此规则的效果,判例体现的立场却有些微妙。首先是解除,关于情势变更原则的指导案例是持肯定意见的大审院判决(大判昭和19年12月6日民集23卷613页)。此后,下级裁判所承认解除的判例也有很多。然后是契约变更,虽然有下级裁判所的判例持肯定意见,但在最高裁判所层面,目前还没有认为价格可以变更的判例。

情况大致如此。不过值得注意的是,最高裁判所对适用情势变更原则的态度极其消极。换言之,虽然承认情势变更原则可以作为规则适用(最判昭和26年2月6日民集5卷3号36页,最判平成9年7月1日民集51卷6号2452页),但包括解除在内,最高裁判所没有在任何个案中具体适用情势变更原则。因此,可以认为最高裁判所对适用情势变更原则仍然持消极态度。

以具体个案为例,在适用这一规则的案例中,不动产买卖(包括预售)、租地与租房契约关系(《借地借家法》第17条,也就是旧《借地法》第8条第2款,还有土地租金以及房屋租金)的相关案例占大多数;而在所谓企业间继续性交易关系中,认为可以适用情势变更原则终止契

㊳ 关于德国学界对补充性契约解释与行为基础论之间关系的论述,山本敬三1986(4),第12页有篇幅短小但引人深思的介绍。

约的案例极为稀少。罕见的一例是奈良地判昭和 26 年 2 月 6 日（下民集 2 卷 2 号 146 页）关于战时继续性商品供给契约的案例，该案以战后履行难度增加为由承认有解除权。

其次，关于认可契约变更（或是与之类似的判决）的相关案例。过去在旧《借地法》第 8 条第 2 款之外，还有大量关于不动产买卖价格变更的案例。[39] 此外，几乎所有这些案例都是一方当事人首先请求变更契约，而法院在请求方主张的具体范围内决定契约变更的幅度。但有一件例外，法院认为"应当尽可能地优先让原始法律关系得以存续"，因此以认可一部分抗辩内容的形式，在原告没有提出请求的情况下作出契约变更。[40]

此后，在泡沫经济崩溃后产生的转租纠纷里，也出现了以减免租金为形式并且在实质上承认变更契约的判例。

转租案例有几种不同的版本，典型者如下所述：首先，不动产建设 114
方 X（多数是大型不动产公司）对空置土地的所有人 Y（多数是大型企业）提出修建办公楼的土地利用方案，同时 X 还要负责斡旋建筑资金的融资，委托建设方完成地上大楼的设计与施工等。然后，Y 再将建成后的大楼在 20 年或与之相近的长时期内一揽子出租给 X，双方约定保底租金（有的保底年租金可以达到数十亿日元），甚至还有每隔两到四年租金上涨 10%的事前合意。如果不考虑因为地价持续异常上涨的"泡

㊴ 大阪地判昭和 26 年 10 月 20 日判タ18 号 62 页（房屋租赁案例）、仙台高判昭和 33 年 4 月 14 日下民集 9 卷 4 号 666 页（土地买卖契约）、福冈高判昭和 39 年 12 月 9 日民集 23 卷 12 号 2471 页（不动产买卖）、札幌地判昭和 51 年 7 月 30 日判时 851 号 222 页（不动产买卖）、神户地伊丹支判昭和 63 年 12 月 26 日判时 1319 号 139 页（不动产买卖预售）。此外，神户地判昭和 57 年 7 月 9 日金商 669 号 48 页以认可价款增加合意部分有效的形式，承认了因情势变更卖方有权增加价款。

㊵ 神户地伊丹支判昭和 63 年 12 月 26 日（同前注）。

沫经济期"所导致的人们的异常精神状态,实在很难理解为何有人会签署这样的契约,不过当时确实出现了很多类似的契约。但随后泡沫经济崩溃,租金时价已经降至崩溃前租金的几分之一,因此如果遵守契约显然会让不动产公司陷入危难境地。如此一来,很多关于请求确认租金上涨条款无效并请求减免租金的案件进入立案审理阶段(据说仅在东京地方裁判所便有超过100件案件)。

当然转租本身到底还算不算租赁也存在争议,有很多判例认为转租属于租赁,不过也有案例适用《借地借家法》否定转租属于租赁。㊶此外关于请求减免租金一节,就结论而言既有判例认为租金不可减免,㊷也有很多认为可以减免的案例。在认可减免租金的案例中,多数案例适用情势变更原则否定增加租金特别约定的效力,并适用了《借地借家法》第32条规定。㊸可以预计将来会有最高裁判所案例出现,其结果值得期待。

从这些数量不多的判例中很难识别出普遍性的倾向(也有法院明确拒绝变更契约的案例)。㊹尤其是当事人提出变更请求或是法院判决变更契约之时仍有很多理论障碍。此外在其他对此有所规定的立法例中,《意大利民法典》第1467条对解除请求采用了允许相对方申请变更契约条件以避免解除的做法。这也让人觉得该部民法和法国一样将解

㊶ 否定转租属于可适用《借地借家法》认定存在租赁关系的判例,见东京地判平时10年10月30日判时1660号65页以及东京地判平成10年8月28日判时1654号23页。
㊷ 高等裁判所层面的案例有东京高判平成12年1月25日判夕1020号157页。
㊸ 高等裁判所层面的案例有东京高判平成10年12月3日金法1537号55页、东京高判平成10年12月25日金商1071号36页。此外,东京高判平成11年2月23日金商1071号36页案例也承认《借地借家法》第32条的减额请求权。
㊹ 东京地判昭和36年5月10日下民集12卷5号1032页。

除规定为由裁判确认的制度(星野英一1963,164)。1992年1月1日开始施行的新《荷兰民法典》第6编第258条也规定,法官基于当事人的单方请求可以变更契约,也可以解除全部或部分契约,果然也是以法国式解除制度为前提的。

再将这些效果加入考虑范围之后,便有学说认为情势变更原则的首要效果就是协商(再交涉)义务(久保1992,246)。如前所述,在更一般化的层面可以认为属于契约中新义务的再交涉义务确实存在,而且如果假定情势变更有产生这种义务的效果,那么这种结论也就能与下级裁判所判决的发展动向形成整合。换言之,多数承认解除的判例(不包括目的不能实现型)认为,为使最初的法律关系能够存续,首先要承认变更契约内容的抗辩权,如果相对方对此未作回应,才能解除。㊺ 特别是东京地判昭和34年8月19日(判时200号22页)。该案依据前述理由,否定了没有首先要求变更契约便直接要求解除的请求。对于从这些判例中解读出的关于变更契约的再交涉要求,若根据契约流程理论,便都是极其自然的事情。即便存在情势变更的情形,契约的终止也只是基于柔软性和继续性原理对契约进行调整但未能成功时所产生的效果。

法定契约变更程序 租地契约有长期的固定存续期间,因此必须充分考虑存续期间内契约条件的变更事宜。对此,就立法早已对契约内容变更程序作出规定这一点值得展开探讨。具体而言,包括两个问题:一是土地租赁条件的变更程序;二是土地租金与房屋租金的增减额

㊺ 东京高判昭和30年8月26日下民集6卷8号1698页、东京地判昭和34年8月19日判时200号22页、东京地判昭和34年11月26日判时210号27页、高松高判昭和35年10月24日下民集11卷10号2286页、大阪地判昭和41年6月30日ジュリスト370号3页。

请求权。

① 土地租赁条件的变更

首先,《借地借家法》第 17 条规定通过非诉程序可以变更土地租赁条件(参见该法第 41 条的后续条款)。虽然变更契约条件本来需要当事人之间进行协商,协商不成的原则上不得变更,但是作为特例,法院通过非诉程序可以决定契约条件(昭和 41 年修订法律时加入,参见香川＝井口 1974)。该条文属于非常典型的原则性条款,内容为强制调解程序(参见铃木 1966,196 页以后)。从传统法理来看,该条文可谓具有划时代的特性。关于这种强制制度何以成为可能的前提条件,下文列举三项。

第一,契约变更的内容并不复杂。具体而言,尽管城市化导致大量坚固建筑*出现,但这种制度所打算救济的只是契约约定必须建造非混凝土建筑的情形,[46]以及因"扩改建限制特约"(合理性令人生疑)导致扩建和改建在很大程度上受限的情形(该法第 17 条第 2 款)。虽然为了平衡当事人的利益,有时可能会同时变更其他的土地租赁条件或是要求给付一定的财产(该条第 3 款),但契约变更的内容本身并不复杂。

第二,有必要采用柔软的中间解决方案。具体来说,由于租地人经常因违约使用土地从而导致纠纷发生,如果不存在这种制度,那么就只能采用强硬的解决方式,也就是要么支持要么驳回业主的解除请求。因此,相对于一刀切式的解决方案,这种拥有柔软性加持的纠纷解决方

---

* 所谓坚固建筑是指不易被解体的建筑,包括石造、土造、炼瓦造或者钢筋混凝土造的建筑。

[46] 1992 年施行的《借地借家法》不再区分坚固或非坚固建筑。该法第 17 条第 1 款"出借土地条件包括对建筑物的种类、构造、规模以及用途的限制"这一关于变更的规定原系旧《借地法》关于"出借土地用于坚固建筑以外的建筑物"(参见该法第 8 条之二第 1 款)。

式显然更有合理性。

第三,存在程序性保障。换言之,通过判决确定契约内容有赖于土地租赁非诉案件程序规则所提供的程序性考量以及鉴定委员会(该法第44条)的助力。当事人的利用便捷性(迅速性)、程序保证以及变更内容的可靠性(属于鉴定委员会的工作),都是有机统一的必备要素。

② 租金增减额请求权

诸如土地、房屋租赁这类法律对它们的继续性存在强制要求的契约,在契约存续期间内当然有调整对价的必要性,因此在立法之初就承认租金增减额请求权[47](《借地借家法》第11条和第32条)。而租金增减额请求权被定性为形成权。如此定性的原因在于:若相对方不同意则不能变更租金的规则并不恰当。因此,在法律上应当将这种制度称为由当事人单方作出的契约变更(见本章第2节[1]b)。但是,也有案例认为当事人没有必要明确增减请求的具体标的额。[48] 这么来看也可以认为这种变更与通过法院作出的契约变更相似。因此,出于便利在此一并讨论。

当事人单方行使增减额请求权但相对方并未表示同意的,最终就要由法院决定一个适当数额。虽然对于如何计算存在争议,但这种裁判路径之所以成为可行方案,是因为可以利用评估来得出适当的租金数额。此外,关于所谓的转租纠纷。围绕这一规定产生的争议虽然已有论及,但这类纠纷到底属于纯粹的租赁关系,还是属于能够适用《借地借家法》的租赁关系仍然存在争议,因此具有特殊性。

---

[47] 当然,土地被长期固定出租后,有必要在土地租赁契约中设定地价增额请求权,以此作为应对措施。明治43年的借地法案以来制定了这一规定。参见渡边洋三1960,第187页。在明治30年代也可以发现相同思路的判决。铃木1980,第30页。

[48] 星野英一1969,第241页。东京高判昭和26年4月28日下民集2卷4号560页、东京地判昭和42年4月14日判夕208号185页。

不过在 1991 年制定新《借地借家法》之际,《民事调解法》*也在同一时期得到修订,对因土地租金和房屋租金产生的纠纷采用了调解前置主义(《民事调解法》第 24 条第 2 款)。此外,若当事人服从调解委员会作出的调解条款并达成合意的情况,还设置了调解条款的裁定制度(该法第 24 条第 3 款),由此使调解委员会有可能作出终局性的解决定论。这就是基于当事人事后合意的第三方契约变更程序(见本章第 2 节[2]b)。

采用调解前置主义既有对小额纠纷不适宜诉讼解决的程序性考量,也有对此类争议所具有非诉特性的制度性反映。现实中,通过调解变更租金的倾向也越来越强。⑭

契约解释 如前所述,对情势变更原则用契约客观解释予以正当化的观点非常强力(见本章第 2 节[1]a)。这种观点的依据在于不能预见的重大情势变更并不在当事人当初同意承担的风险范围之内。但当事人当初到底同意在多大范围内承担风险,完全属于"契约解释"的问题。契约有风险负担的合意,但当事人也只能将能够预见到的情形约定在契约中。然而,这种近似于经济理性人假设的假定前提只不过是极端的契约模型而已。在现实的契约中,根据契约类型和当事人具体情形等因素的不同,风险负担的程度也不一而言。

不过,日本法院有时会非常自由地解释契约。实际上在很多时候分不清法官到底是在"解释契约"还是"变更契约"(参见大阪地判昭和 59 年 11 月 30 日判夕 546 号 151 页)。换言之,法官常常解释的不是眼前的契约条款,而是详细认定并解释开始于契约订立之前直至契约关系最终破裂之际当事人之间的事实关系,并基于信义原则推导契约目

---

* 民事調停法,也有直译为《民事调停法》的译法。
⑭ 参见橘本和夫 1992,第 118 页以下,包括有关租金变更调解案件的实态。

的。如此一来,在日本裁判实务中,契约解释逐渐不再是对契约文本的解释,而转为对契约流程的解释(企业实务本来也并不重视书面契约的实情也是背景之一)。由此导致契约解释与适用原则性条款变更契约的界线愈发暧昧。换言之,法院对于通过解释契约从而实质变更契约不会感到抵触。⑩

(b) 当事人单方确定或变更契约内容

确定契约内容 在法律上,当事人在某些情况下有权单方决定契约内容。其一,可选债权中未约定由谁选择给付的,《民法典》第 406 条以下的部分对选择权人作出了规定。当然这只是对合意内容的补充。其二,劳动法中也有基于当事人单方表示决定契约内容的情况,也就是关于《劳动基准法》第 39 条规定的年假权,该条确认劳动者拥有休假时期指定权㊶(参见该法第 39 条第 4 款),对此可以称之为法律上的内容确定权限。

此外,关于年假权,昭和 62 年修正立法时新增了通过劳资协商确定年假权标的物(预定年假)的制度(第 5 款)。一般而言,劳资协议(三六协议)*被认为只有免罚效力,但预定年假的劳资协议则具有私法效力(确定劳资协议本身内容的效力)。㊷如此一来这种情况就不属于由单方确定契约内容的类型,而是通过一方当事人与代表另一方当事人的团体(工会)之间的合意对单个契约内容进行确定的类型,此处

---

⑩ 迄今为止,批判日本的实务界与学术界没有将法律行为解释与法的适用进行严格区分的声音始终存在,对此问题的详细分析与研究参见山本敬三 1986(5 完)。

㊶ 最判昭和 48 年 3 月 2 日民集 27 卷 2 号 191 页(林野厅白石营林署案)、最判昭和 48 年 3 月 2 日民集 27 卷 2 号 210 页(国铁郡山工场案)都采用了所谓的"二分说",认可休假时期指定权。

* 即根据《劳动基准法》第 36 条形成的劳资协议,企业必须根据劳资协议才能要求劳动者在法定劳动时间外提供劳动。

㊷ 菅野他 1987,第 26 页以下;劳働省労働基準局労働時間課 1991,第 152 页以下。参见菅野 2000,第 311 页。

值得注意。

变更契约内容 关于对已生效契约内容进行变更,根据契约法,原则上若无特别约定当事人并没有单方决定变更的权限。但在现实中存在当事人有权单方决定变更契约内容的情形。例如前述租地契约与租房契约中被认为属于形成权的租金增减额请求权,对此可以理解为当事人享有法定的单方契约变更权限。不过,如前所述这种变更权限最终还是要依靠第三方机关(法院)来形成确定的契约内容,换言之,可以认为它的实质在于对当事人的单方变更权限予以正当化。

另外,关于当事人单方变更契约还有一个更具代表性的场景,那就是劳动法上的劳动规章变更。[53]

关于劳动规章的法律性质,以法规范说和契约说为不同主线,向来存在各式各样的学说(即所谓的"四派十三流",诹访 1978,96)。劳动规章理论中最大的难题是如何处理不利益变更。在判例中,最高裁判所对"秋北巴士案"作出的大法庭判决(最大判昭和 43 年 12 月 25 日民集 22 卷 13 号 3459 页)采用了与此前学说不同的独立立场,即用人方单方作出的劳动规章变更只要满足合理性要求,即便未能获得劳动者同意也可以变更劳动条件,学界因此受到了冲击。此后,直至最近的"第四银行事件"判决(最判平成 9 年 2 月 28 日民集 51 卷 2 号 705 页)时已经有 7 件最高裁判所判决出现,[54]其间出现了令人瞩目的判例

---

[53] 对此问题的全面研究成果可参见荒木 2000b。该文对本书论述内容贡献良多。

[54] 秋北巴士案之后有"御国包车出行案"判决(最判昭和 58 年 7 月 15 日劳判 425 号 75 页)、"TAKEDA SYSTEM 案"判决(最判昭和 58 年 11 月 25 日劳判 418 号 21 页)、"大曲市农业协同组合案"判决(最判昭和 63 年 2 月 16 日民集 42 卷 2 号 60 页)、"第一小型包车出行案"判决(最判平成 4 年 7 月 13 日劳判 630 号 6 页)、"朝日火灾海上保险案"判决(最判平成 8 年 3 月 26 日民集 50 卷 4 号 1008 页),然后一直延续到"第四银行案"的判决。

法发展。这种判例法上的发展虽然在当时受到很多来自学界的批判，但此后引发了对判例规则进行内在化理解，并在理论中为它寻找定位并让它更为洗练的动向。(55) 甚至还出现了"可以将劳动规章的不利益变更规则升华为统领劳动法全领域的整合性团体劳动条件变更规则"的评论。(56)

有三项重要的争议。第一，如何解释劳动规章的法律性质；第二，如何正当化用人方单方作出的劳动规章(不利益)变更(或是否定它的正当性)；第三，假设认可劳动规章不利益变更产生约束力，如何确定具体判断标准。

关于第一项争议即劳动规章的法律性质。从判例出发，当初秋北巴士案判决对法规则说予以发展。但此后历经学界的批判，如今所采用的理论认为劳动规章属于劳动契约的内容，在契约中等同于普通契约格式条款。(57) 也就是相当于根据契约说作出的解释(58)(也被称为"定型契约说")。此外，若从契约说立场对判例进行分析，恰好也可以认为是确立了劳动契约的变更规则。

因劳动规章改变导致对劳动契约进行不利益变更的，判例以合理性审查为媒介，认为如果能够通过审查则将具有约束力。此后法院适用的裁判标准涵盖合理性基准、"变更必要性"以及"变更内容的相适性"，至第四银行事件判决时，"内容相适性"可从是否与多个工会进行

(55) 菅野 1997 等。关于学说的动向，参见大内 1999 第 1 章，荒木 2000b(5)，第 36 页以下。

(56) 荒木 2000b(5)，第 36 页。

(57) 参见"电电公社带广局案"判决(最判昭和 61 年 3 月 13 日劳判 470 号 6 页)、"日立制作所案"判决(最判平成 3 年 11 月 28 日民集 45 卷 8 号 1270 页)。

(58) 令人联想到下井 1978，第 289 页；下井 1982，第 296 页；菅野 1979，第 286 页等著作的影响。此外可以参见菅野 2000，第 111 页。

协商并形成合意的事实中推定有无,从而使将变更过程也考量在内的判断框架更为精致化[59](第三项论点)。但是,对于争议最大的第二项论点,即不利益变更劳动规章的正当化,不能仅凭格式条款理论获得解决。

如果认为不利益变更等同于格式条款,一方当事人嗣后提出变更契约条件的,若另一方当事人未作同意表示时显然不能被认可。但"秋北巴士案"判决却作出如下论述:"原则上应当认为用人方不得通过制定新的劳动规章或变更现有章程以剥夺劳动者的既有权利,也不得单方要求劳动者接受减损利益的劳动条件。但是,鉴于劳动规章所具有的整体规定劳动条件的性质,特别是考虑到适用时应统一而无例外的前提。应当认为只要诉争规则条款具有合理性,那么对个别劳动者而言便不能以不同意为由而拒绝接受。"仅凭传统契约理论很难正当化这种理论。

因此,对于判例所确立的这种劳动规章有权进行不利益变更的规则,或许可以视为继续性原理(限制解雇权)和柔软性原理所构成的,在

---

[59] 关于对劳动规章产生不利益变更"合理性"的裁判标准,"第四银行案"判决可谓对此前各种裁判标准的集大成之作。该判决论述称:"对于诉争(劳动)规章的合理性,应当从诉争劳动规章制定或变更的必要性及其内容两方面出发进行审查,并考虑劳动者因自身所遭受的不利益程度。此外,还需考虑在案涉劳动关系中承认诉争条款的法规范性能否具备相应的合理性,特别是事关劳动报酬、退休金等劳动者的重要权利。所制定或变更的劳动规章对劳动条件实质性产生不利益的,仅在这种不利益具有对劳动者而言在法律上具有进行容忍的高度必要性且内容具有合理性时,才应当认定诉争条款有效。对于前述合理性的有无,具体而言,应当综合考量因劳动规章变更导致劳动者遭受不利益的程度:用人方必须发起变更的具体原因及其程度、变更后劳动规章内容本身的适当性、补偿措施以及其他关联的改善劳动条件的措施、与工会的交涉经过、其他工会或劳动者的反应,以及同种事项在我国社会中的一般状况等等因素,据此作出判断。"
该判决高度重视资方与全行业就业人员90%组成的工会之间有无进行交涉并形成合意,因此备受学界瞩目。在判断劳动规章不利益变更的合理性时,这种依据可谓是重要的程序性因素。参见菅野1997;菅野2000,第115页以下;荒木2000b(5),第43页以下的梳理。

契约流程中发挥作用的新关系契约法理。⁶⁰ 如此便可发现这些规则的基础在于"法院在实际上作出的仲裁判断"。⁶¹ 也就是说，如同租赁契约中的租金增减额请求权一样，它们都属于一种单方契约条件变更权，也都属于贯彻适用继续性原理的结果，都被法院通过合理性判断这一程序而置入契约流程。

不过对于租金增减额请求权而言，法院在对租金作出实质认定之前会假定双方已经进行了"协商"(《借地借家法》第 11 条第 2 款、第 3 款、第 32 条第 2 款、第 3 款)。在 1991 年修订时也确实增设了调解前置程序。也就是说，正是因为将合意形成这一环节加入程序，才有可能允许行使契约条件变更权。而在劳动规章变更的情况下，也存在与之相应的程序性保障。但需要注意到劳动规章不同于单个劳动条件(单个劳动契约)，前者实质等同于统一的集团性劳动条件。也就是说，劳动规章规定的是集团性劳动条件，因此作出变更的合意形成环节也必须是集体性交涉环节。具体而言，首先《劳动基准法》全面地规定了一系列作为必要事项的程序要件，包括劳动规章的起草与提交(《劳动基准法》第 89 条)、听取劳动者代表意见以及公告(该法第 106 条)。虽然听取意见并不要求获取同意，即使出现反对意见也不必然影响劳动规章的效力，但听取意见这一程序本身相当于为变更契约条件而促成的交涉。此外值得注意的是，从"武田系统案"判决、"第一小型包车出行案"判决、"第四银行案"判决等案例中都可以发现，在最高裁判所的裁

---

⁶⁰ 毛塚 1984，第 4 页以下以及毛塚 1987，第 56 页以下出于相同的观点进行了论述。此外，荒木 2000b(5)，第 39 页也同样指出："雇佣体系排斥外在量化的柔软性，若不导入内在实质的柔软性，雇佣体系将会僵化。" 〔54〕

⁶¹ 菅野 1988。此外，荒木 2000b(54)，第 41 页也认为它具有这种"裁判者作为仲裁人处理劳动条件变更纠纷制度"的属性。

判思路中也将与工会的交涉作为认定合理性的要素。⑫

以上即为在没有特别约定的情况下认可当事人有权单方变更契约的情形,可以发现它们在某种程度上存在共通的制度性框架(scheme)。⑬

(2) 存在特别约定的情况

(a) 当事人单方确定或变更契约内容

确定契约内容　日本民法中没有关于当事人有权通过特别约定以单方确定契约内容的规定。与此相对,《德国民法典》第 315 条第 1 款规定:"给付应由一方契约当事人确定的,对其内容存疑时应当根据公平的裁量作出确定。"此外该条第 3 款还规定:"根据公平的裁量作出确定时,确定本身公平的,对相对方产生约束力;确定本身不公平的,根据判决作出确定。确定迟延时亦同。"⑭

但在日本,实际上也有不少在契约订立之际给付内容不确定,留待嗣后由当事人单方考量并作出确定的情形。也就是说通过明示或默示

---

⑫　与此相对,以日本雇佣习惯为背景,西谷 1999b 从尊重单个劳动者自我决定权的视角出发对这种潮流进行了批判。

⑬　此外,虽然略为特殊,但就对契约内容进行事后变更的事例还可举出预付金会员制高尔夫俱乐部中行使预付金返还请求权的相关纠纷。泡沫经济时代启用的高尔夫球场的会员权价格往往会跌落至高峰期的数分之一,会员在此时与其出售会员权,不如请求球场返还预付金更为有利。因此很多会员在熬过冻结期间后纷纷提出返还请求,但如果悉数退还的话高尔夫俱乐部的经营公司将会破产。因此,陆续有高尔夫俱乐部通过理事会决议,决定对预付金返还期间延长十年之久,这就与请求返还的会员之间产生很多诉讼。对此争议,过去最高裁判所认为若俱乐部会员规则规定仅在发生"天灾、地变或其他不可抗力事由"时才可通过理事会决议延长返还期限,那么对这种会员规则要件的缓和变更就不能约束现有会员(最判昭和 61 年 9 月 11 日判时 1214 号 68 页)。但在泡沫经济崩溃后,有下级裁判所认为泡沫经济崩溃等同于会员规则中的"天灾地变等不得已事由",因此确认延长返还期间决议有效(东京地判平成 10 年 5 月 28 日判时 1643 号 156 页)。承认根据会员规则基于运营或经营理由有权通过理事会决议延长冻结期间的判例还有数例(东京地判平成 10 年 12 月 25 日、东京地判平成 11 年 1 月 13 日金商 1059 号 3 页等)。

⑭　日文表述采用椿=右近 1988 的译文。

的特别约定赋予确定内容的权限。这种事例在工作内容需要专门能力的供给契约(承揽、委托)中并不罕见。由于存在滥用确定内容权限的危险,为妥善行使该权限当然要参照德国民法规定的"公平""信义原则"或"善良管理人的注意义务"(参见《民法典》644条),不过也可认为这种参照在契约中加入了体现契约进程的柔软性。

变更契约内容 相对地,契约订立时虽然确定了契约条件,但根据特别约定当事人有权在嗣后作出单方变更的情形不多。然而,在有些情况下,被探讨对象是否属于这种情形反倒成为争议。

首先,对于人事变动或转岗,劳动法规定用人方有权单方作出人事决定。关于这种规定的法律性质,有观点认为属于用人方基于概括合意获得行使劳动指挥权的形成权(本田淳亮1960,478),但也有观点认为只有劳动契约合意范围之内的义务才属于存在合意的义务,范围之外的只能是变更契约的要约,只能在形成个别合意的情况下才产生约束力(石川吉衞門1966,53)。若依概括合意说,就可以将这种规定视为一种关于当事人单方变更契约内容权限的特别约定。⑥

同样的问题也出现在特定类型的消费者契约中。具体而言,在补习学校、各种学校或美容沙龙等服务契约中,服务提供者能否通过格式条款中的变更约定或其他方式单方上调价格,或是变更服务内容(最近纠纷正在增加)。当然,原则上若无相对方的合意确实不能生效,但在具体情况中,默示合意或是打印格式条款中体现的概括合意能否产生变更权限确实存在争议。特别是在必须提供同等服务的情况下,虽然原则上要求必须逐一形成个别合意,但若变更对相对方(消费者)有利

---

⑥ 这种类型的契约内容变更权限,在劳动法领域并不罕见。美国的经营权条款以及德国的变更权保留都可归入此类。参见荒木2000b(1),第13页。

时,能否允许可以不向特定相对方发出变更要约？对此问题还有待继续探讨。不过,由于通常情况下人们可能不太需要继续性,问题最终可能会聚焦于消费者希望终止契约时应当如何作出处理。

(b) 第三方对契约内容的确定或变更

《德国民法典》第 317 条至第 319 条是关于由第三方确定给付时的相关规定。法国民法中虽然没有一般化的相应概念,但在买卖部分对第三方确定价格时的相关情形有所规定(《法国民法典》第 1592 条)。而在日本则没有相关规定(最多只有关于选择债权的《民法典》第 409 条),因此关于由第三方确定或变更契约内容的情形应由契约自由原则支配。

仲裁条款可以作为日本契约实例中的典型代表。在此情况下,一个值得信赖的组织通常会被选定为仲裁人。例如在国内交易中,建设工程承揽契约标准约款中的纠纷解决条款(《公共工程约款》第 46 条、《民间联合约款》第 34 条第 2 款)规定应当委托建设工程纠纷处理审查会作出仲裁。

不过,关于仲裁能否对契约作出变更,还存在有待探讨的问题。首先,有观点认为契约变更相当于创造新的契约,而仲裁制度的司法职能在于判断权利义务的有无,与前者并不相适,因此契约变更欠缺仲裁适格性。⑯ 其次,即使仲裁可以对契约作出变更,进入仲裁程序之后当事人的继续性关系恐怕很难继续维持。也就是说,作为现实问题,变更复杂契约本身就存在障碍。即便能够克服,仲裁程序通常也会切断当事

---

⑯ 参见小山 1985,飯塚 1988 第 14 页以下。此外,仲裁研究会的《仲裁法草案》也在附则规定中对"契约的适应与补充"与仲裁裁决进行区分,并在"不违反性质的情况下"适用《仲裁法》的规定(NBL 417 号第 55 页)。与契约适应相关的裁决仅限于契约效力的发生(参见 NBL 424 号第 42 页)。

人之间的关系。在此意义上仲裁与诉讼并无二致。

但是,有观点指出即便存在这样那样的问题,加入仲裁条款也能起到借助仲裁程序刺激当事人进行再交涉的作用。"针对国际商事契约中诸多重要仲裁裁决的研究表明,在仲裁程序迫在眉睫之际,通常情况下仅凭先行的再交涉尝试便可避免多数仲裁程序作出裁决。"(Horn 1985c,190)

与仲裁同样引人注目的是,仲裁人之外的其他第三方也有充分发挥修正契约作用的场景。最典型的是在国际建设工程中适用的由国际咨询工程师联合会(FIDIC)所制定通用条款中规定的"工程师"(Engineer)。[67] 来源于普通法制度的"工程师"虽然由发包方指定,但它的职能并不局限于设计与监督,还拥有属于准司法性质的、根据情势变化对契约作出柔性修正(所谓"契约的适应")的重要职能。也就是说,首先委托工程师解决纠纷,工程师在一定期间内给出的解决方案对当事人"拥有终局性的约束力"(final and binding)。不同意的当事人有权选择申请仲裁。但在一定期间内未申请仲裁的,不能再推翻工程师的决定。

不过,日本的工程振兴协会制定的配套(process plant)国际标准契约文本(1992年版)并未采用作为发包方代理人的"工程师"制度(因为没有英国那种由高标准职业伦理与道德规范支撑的专门职业组织,很难普遍采用这种制度)。因此采用了作为替代的"专家"(expert)制度。设想场景是,一旦产生纠纷,发包人与承包人可以共同选择能够胜任特定类型争议解决的专家以迅速解决不需要法律判断的纠纷。专家的决

---

[67] FIDIC-1987, art 67。セッパラ1987第2页,セッパラ1991第8页,Glossner 1985。
FIDIC 在 1999 版的土木工程施工通用合同条件中创造的"工程师"这一角色在受雇于业主的同时又保持了一定的独立性,例如"工程师应当审慎考虑所有相关情形,根据契约作出公平的决定"(Engineer shall make a fair determination in accordance with the contract, taking due regard of all relevant circumstances)。——译者

定产生等同于契约的效力,在实质上发挥了类似于工程师的功能,也属于一种内在于契约进程中的仲裁前纠纷解决机制。⑱

虽然在国内的建设承揽契约中并不存在与此相当的制度,但《民间联合约款》所规定的监理人实质上承担了与此相近的职能。根据该约款,监理人的职务除了确认工程内容与规格说明(specification)是否一致(第9条第1款f项)等辅助设计工作之外,还包括"在技术上对变更工程内容、工期以及承揽价款的相关文件进行审查与确认。该约款还规定,对于多数纠纷应当由包括监理人在内的发包者与承包人三方进行协商。⑲ 因此,虽然说不上拥有工程内容的变更权,但监理人至少拥有作为斡旋人根据工程进展修正契约内容的职责。不过,虽然约款假定设计与施工分别发包,但现实中一并发包的情形并不少见。在此情况下,由于约款所假定的监理人职能并无用武之地,因此很少选任监理人。⑳ 最后,关于监理人的功能实态,连同建设工程纠纷处理审查会的仲裁功能实态,还有作进一步调查的必要。㉑

---

⑱ 参见エンジニアリング振興協会1992,第10页以下,第74页以下。此外,根据笔者对大型工程公司的访谈调查结果,虽然不同地域有所差异,但整体上讲工程师制度并未能如预期发挥相应的功能。此外,在1993年这一时点上还没有利用专家制度的实例报告。

⑲ 以下情况下通常会规定三方协议:基于设计本身的疑义或是工程现场的条件,导致有必要变更工程内容、工资或是工程承揽价款(第16条第3款);或是需要决定损害防止费用的负担情况(第18条第4款);或是因不可抗力导致发生损失时需要确定负担情况的(第21条第2款)。此外,第33条事关解除的情形,但在清算和善后处理方面也规定了三方协议(《旧四会联合约款》中还在关于工期延长的第24条第4项、关于承揽价款变更的第25条第2款规定了三方协议,但现在已经删除)。在公共工程约款中则没有规定此类条款。原因在于发包方被假定具有充分的专业能力。

⑳ 滝井1991,第57页。根据笔者对大型建设公司的访谈调查结果,大型建设公司通常会选用排除监理人相关规定的《民间(旧四会)联合约款》。

㉑ 关于建设工程纠纷处理审查会的仲裁,在对大型建设公司的访谈调查结果中评价并不很高。几乎没人选择利用。

四、契约流程与契约法学

从前文考察内容来看,大致上可以认为柔软性原理通过分属三种不同范畴的路径在法律中得以展现。第一种路径是,通过判例或立法创设直接体现该原理的契约规范。第二种路径是随着第三方(广义上包括法官与仲裁人)介入契约内容(变更契约)而展现。第三种路径是以间接促进当事人交涉的方式所展现。

然后,从这些考察内容可以发现就柔软性原理而言,裁判规范所发挥的作用未必十分重要。相反,当事人的自发行动以及促成这种行动的制度框架发挥了更为重要的作用。除非将这些内容纳入整体视野,否则不可能理解动态契约流程。

此外,在由第三方实现契约柔软性的情况下,出现了与迄今为止的司法历程所不相同的活动。由此产生了关于仲裁是否适合契约变更的争议。但重要的是,现实里的契约流程需要这样的活动。

而且,对新诞生的契约规范而言,它们在具体适用过程中要求法官作出不同于传统司法属性的裁判。作出这样的裁判要求法官深入了解动态契约流程,此外,对契约流程所属共同体的内在性规范产生共感也具有决定意义的重要性。[72] 必须承认,这种思维与近代法思维性质完全不同。

从本书这样的问题意识出发,探讨动态契约流程与法的关系势必要求飞跃性地拓展契约法学的领域。契约流程相关的法理与法技术所涉领域同样极为宽广。只有将它们用综合性的视角收纳眼中,才能对

---

[72] 参见本书第1章与第3章。

法律规制契约的实态进行综合性的考察。至此,可以说已经存在一种可被称为契约流程法学的研究领域。

但因本章的分析限于柔软性原理所反映的对象,重点不在于规则和法技术的梳理,因此对实态与功能的分析并不充分。对书面契约特别约定效力的分析,也有必要结合日本原本就不重视书面契约的契约实践予以反思。未来仍有很多待决课题。以传统契约法学为起点,本章可谓是朝向包含现实契约流程的契约法学的微不足道的一小步。

现代契约法的基础理论

第3章　现代契约法的思想基础

一、引言

　　契约法可谓是关于契约的法规范集合。而且规范集合本身是混沌的。对于现代契约法，若要发展出一种大致统一的解释论或立法论，有必要从整体上用某种理论框架来认识契约法。

　　例如，在探讨信义原则如何被判例所接受并作用于契约订立过程时，是在传统契约法理的延长线上进行探讨，还是转用侵权行为的法理，又或是改用性质完全不同的第三种法理？不管怎样，都需要以某种属于前文意义的理论框架作为前提。

　　基于这种理论框架来认识契约法，实际上属于哲学世界中"解释学"(hermeneutic)的任务。因此本章认为，为了解现代契约法的理论，需要有一种能够将对象正当化的规范理论(思想)作为支撑。例如，将在现代契约法上新登场的某种义务在理论上建构为"信息披露义务"之时，必然有一种能够在现代日本社会中为这种义务准确定位，并为它提供正当化依据的"思想"藏于身后。围绕现代契约法产生的各种对立，正所谓"思想"的对立。本章要探讨的就是前文意义上的这种"思想"。

二、现代契约法的特质

1. 近代契约法①

为了更为鲜明地展现"现代契约法"自身的特征,不妨先从零开始,将假定与"现代契约法"对立的契约法称之为"近代契约法",对后者尝试建构出一种理念型的模型。

近代契约法的特征有二:其一,规范以"规则"的形态出现。所谓规则是指要件与效果明确,不需要一一回溯到立法意图并展开实质讨论,仅通过事实认定并且判断要件是否齐备之后即可适用的规范。这种特征可以被称为"形式主义"(formalism)。申言之,可以说近代契约法规则的特征以(近代)所有权和契约这两项概念为核心,并在法体系中拥有整合自洽的地位。

其二,近代契约法的正当化原理有其特点。具体而言,近代契约法在思想上以成型于 19 世纪的经济自由主义为基础。而后者在契约法层面上对应"契约自由原则""私法自治原则"(意思自治原则)等。

当然,准确来讲所有这些原则并不是可以一概而论、性质相同的对象。但不可否认的是,它们都与经济自由主义同时登场,并作为后者在

---

① "古典契约法"这一概念在被使用时所体现的含义与"近代契约法"几乎相同,此处对前者略作展开。"古典契约法"这一表述在英美经常被使用,但所指代的只是观念上可以与近代契约法交互使用的古典契约法。在契约法的历史中,与其说近代契约法是历经漫长道路才好不容易获得的真理,不如说它只是在历史特定时期突然开放的特例之花。对比之下,我也认为后者更符合事实。近期契约法之前契约法的契约模型同样以意思为核心,却拥有远远更为丰富的内容。如此一来,如果古典契约法概念要包含这种内容更为丰富的契约模型,对它进行定型化的难度将大幅上升。而新的契约法规范在某种意义上可谓是要回归到近代之前的时代。但与思想由亚里士多德哲学与托马斯哲学所统治的时代不同,时至现代早已不能单纯地回归近代之前的契约法。即使内容有共通性,现代契约法也有现代性基础的要求。对此问题,维莱 1969 至今仍然极富启发。

法律世界的对应存在而发挥作用。而正是属于这种存在的法原理被认为是为此处作为模型的近代契约法划定特征的正当化原理。

2. 现代契约法

那么,这种近代契约法的模型在现代契约法中出现了怎样的变化呢?与以国家不介入市场为原则的近代契约法相比,现代契约法不问公法私法,正在扩大介入契约的范围。其中,借由判例而产生的契约义务扩大现象是一项重要特征。对此本书第1章已经尝试把它解释为对内在性规范的吸收。如果说塑成了现代契约法特征的就是这些规范,那么它们到底对近代契约法的范式(paradigm)产生了怎样的冲击(impact)呢?

下文将列举三类由契约义务扩大现象而招致的冲击。本章的课题就是探讨契约义务扩大现象,并寻找一种能将这种冲击予以正当化的理论。

(1) 契约法理论框架的变化

首先,以实质公平为目标的现代契约法导致契约法理论的传统理论框架发生了变化。

近代契约法对契约成立阶段的问题与契约内容的问题作出区分。原因在于规制成立与内容的原理分别属于完全不同的层面。也就是说,对于成立要件,审查对象限于当事人的自由意思是否得到保障。相对地,契约一旦成立生效,除非存在违反公序良俗等例外的规制事由,原则上应当避免介入,以确保合意本应产生的效力。

但如今为了保障实质公平,即使对于成立且生效的契约,也需要积极地介入契约内容。而且,关于内容有效性的判断也需要同时考虑成立过程的情形。这样一来也就不能继续沿用区分成立与内容的判断框架。而在最近关于消费者契约的争论中,也出现了认为有必要引入类似美国法上"非良心性"(unconscionability)等原则性条款的观点,体现的也是契约法理论框架的变化。

此外,契约原理与侵权行为原理的二元区分基础已被动摇。从目前围绕经由判例所创设的义务(例如作用于契约订立过程的信义原则)究竟具有何种法律性质的争论也可发现这一点。

(2) 规范形态的变化

其次,时至现代,契约法规范的规范形态也出现了巨大的变化。对此现象,美国学者邓肯·肯尼迪(Duncan Kennedy)称之为"从规则转向标准",德国学者托依布纳等人则强调"法的实质化"。当然,"法的实质化"不只着眼于规范形态的概念,不过规范形态的变化当然也是其中的重要因素之一。

具体而言,这种转变是指裁判时适用的规范不再是过去那种只能机械适用的、被界定为近代契约法特征的规范,而是必须经过实质裁量判断后才能被适用的规范。换言之,即所谓原则性条款或是规范性概念的扩大适用。第1章论及的新契约原理正是如此。

相对地,进行公法规制时不同于前述属于私法领域的现代契约法特征,而是作为实现特定政策目标的手段,创设的是具备明确要件的规则("法的实质化"这一概念也包括这种现象)。

(3) 诉讼结构的变化

最后,规范形态的变化也影响到诉讼,也就是说处理契约纠纷的诉讼结构会出现新的变化。换言之,应当适用的裁判规范不再是以当事人必然会采取合理行动为前提的行为规范,而是转向这样一种思维模式,即在纠纷产生之后围绕诉争契约发生的全部事实经过作出评价和判断。民事诉讼法学上有观点认为应当将"评价规范"从"行为规范"中分离出来(参见内田1988a),从中也可以观察到相似的现象。也就是说,从作为规则的行为规范中,评价规范以标准的形态被分离出来并逐渐成形。

因此,正如民事诉讼法中行为规范与评价规范的分离属于一种将动态诉讼进程置于纠纷解决裁判的动态理论一样,契约法上的变化也要求,在契约成立时的合意之外,还要将成立前后的流程动态地置于裁判之中。这种裁判结构的变化,意味着法官要积极地发挥一种监护性质的职能,这也会导致以辩论主义为主线的近代法诉讼结构产生变化。

如前所述,对于因保护弱者等个别政策所引起的包含于现代契约法的结构性变化,已经不能再通过修正近代契约法予以正当化。而为了实现正当化,既需要一种能够将法律裁判结构和诉讼结构涵摄在内的法与社会理论,也需要一种相对于近代契约法模型而言能使上述变化获取正当化的"思想"。②

三、现代契约法的正当化理论

1. 实质性规范理论

即使在共有近代契约法的各国当中,上述现象或多或少地普遍存在,也不能就此认为证成正当化的思想在各国都是同一思想。原因在

---

② 川角1995这篇雄文对本章初稿展开了全面的批判,能得到如此厚重的批判实属无上光荣。还可以参见川角,1994第216页。川角教授在很多问题上有着与我相同的问题意识,但最大的区别在于,川角教授对所谓的"近代古典民法"有不同理解。不过尽管如此,我认为之所以川角教授与我的立场出现分化,还是因为我将具有本文所析出特质的现代契约法假定为应当进行正当性论证的对象。在学术研究上,基于社会科学理论对现实进行批判分析虽是理所应当之事,但相对地,如果要在作为规范学的法解释学层面发展现代契约法的"解释论",首先必须使之获得正当性。没有正当化理论(哲学)的解释论只能是词语的堆积,并不能冠以解释论之名。如果这种正当化理论经过努力发展却始终无法获得说服力,那么法解释学将会转向对现实进行彻底批判,并成为一种毫不逊色于其他社会理论的实践性批判理论。我所主张的这种正当化理论,不单纯是对现状的追认,也是基于法解释学的前述(某种意义上属于保守的)学术特性所展开的理论探索。

于各国国内的司法形态以及个人主义思想的兴衰等要素最终决定了近代契约法变貌的具体程度。在此意义上，主张存在一种世界共通的普遍性正当化理论只是一种未经论证的假设。本章所试图提出的并非一种普遍性的正当化理论，而只是一种能够将日本现代契约法正当化的理论。不过若将后者与各国基于同样问题意识所提出的理论进行对比，并探索其中出现差异的缘由也是一个极具价值的研究课题。

那么，现有的各种理论是否足以论证现代契约法的正当化呢？下文将对迄今为止在日本和欧美出现的各种代表性"思想"进行探讨，最终得出的结论是：所有的理论都不具备充分的解释力以论证日本现代契约法理论的正当化。

在试图对现代契约法中的新发展予以正当化时，至少有三种进入视野的学说流派。第一种是尝试对有关规范内容提供实质正当化依据的规范理论。以功利主义和罗尔斯的正义论为代表的权利论可谓是典型代表。此外，以下理论也可以成为与契约法存在关联的候补理论。首先是将当事人意思作为正当性依据的理论，也就是"意思自律"和"私法自治"的思想（此处用"意思主义"一词予以统称）；其次是将经济效率性作为正当性依据的理论（也属于一种功利主义），即"法与经济学"流派中的一种学派的思想；[③]再次是以自由主义思想为根基的，主张正当性的基础在于实现个人主义权利的理论（权利论）。广义上该理论以纠偏分配状态为目标，即所谓"权利论的再分配理论"，因此与契约法存在关联。

那么，这些理论所存在的问题是什么呢。

（1）意思主义

战后日本受德国法学的影响，出现了一种根深蒂固的意思主义潮

---

③ 关于"法与经济学"规范理论的潮流，参见内田1990第4章。

流,也被称为"古典意思主义的复权"。④ 诚然,意思主义("意思自律"与"私法自治")思想在有关现代契约法样态的种种理论中毫无疑问属于重要的主线。对于契约订立时的种种披露要求的规定,也能从实质保障意思主义的角度来进行解释。

此外,对于消费者契约的规制,从比较法视角出发存在强调当事人为消费者的"消费者路径(approach)"和强调使用格式条款的"约款路径"(廣瀬1983),两种规制路径的区别并不限于所使用法技术的不同。约款路径在技术(technical)层面将契约的附随性内容(格式条款)从核心的合意部分中剥离出来,并将介入对象限于当事人意思稀薄的格式条款部分,以此避免与意思主义发生抵触并实现对规制的正当化。而且对于从核心合意中剥离出来的附随性内容部分,也可解释为虽然未形成单独合意,但也具有加入契约内容的意思,据此保留与意思的关联性,并从意思主义出发保证了格式条款的约束力。⑤ 从中可以发现意思主义与私法自治思想的顽强存在。⑥

试图如此对现代契约法作出整体理解之时,无法否定意思主义作为思想的有用性。但问题在于本书迄此为止所探讨的是,意思主义能否论证契约义务扩大现象的正当性。

作为契约思想的"意思主义"并不存在统一的定义。但从理想形态来看,可被分为三种类型。

第一种是从义务论(deontology)的立场出发,认为尊重基于自由意

---

④ 关于所谓"意思主义复权论"的潮流,参见安井1985。
⑤ 关于约款路径的详细论述参见河上1988b。
⑥ 《德国一般交易条款法》(AGBG)第一草案的讨论过程也可清晰地印证以上内容。参见原島1983,第54页以下。

思的契约本身即为正确的思想。

第二种从归结主义(consequentialism)的立场出发,主张之所以应当尊重基于自由意思的契约,是因为它是实现理想状态的手段。

第三种则认为自由意思作为包含伦理的存在,结合伦理性评价便使得承认意思的价值成为可能(例如采用"实质自由应当实现"与"合理意思应当尊重"等形式的思想)。

然后,每一种类型都对应有具体的结论与正当化原理。

那么,在日本被尊崇的"意思主义"对应哪一种类型？以笔者的理解,在这一点上日本并不存在清晰的结论,也很难说自觉地以其中任何一种作为假定前提所作出的论述。但若采用第一种立场,无论如何都将不可避免地遇到难以拟制或正当化的事例。第二种立场必须先行论证作为前提的理想状态到底是什么的这一难题。因此,很多论著认为从"实质自由"或"合理意思"等表现来看,日本的意思主义论实质上采用了第三种立场。

例如,有观点认为以从近代前到近代后历史在"进步"的历史主义为前提,由于日本人尚未具备近代化自立个人的意思,由此主张随着主体性的成熟,应当努力实现一种由意思自治支配的(理想)社会。而在这种观点看来,意思经由发现而成为包含了能够实现"近代市民社会"的伦理性价值。从这一观点中可以看到一种启蒙主义思想。但是,哲学世界对启蒙主义的全面批判由来已久。在契约法,以及今天的日本社会中(这是重要的限定范围),也有必要追问是否还有由法律学者对普通国民进行启蒙的必要性。⑦

---

⑦ 作为本章底稿的报告提出于1991年的日本私法学会论坛。彼时数位会员指出对于个人主义尚未得到彻底贯彻的当下日本社会来说,提倡共同体价值仍然过于危险。关于我的回应,参见シンポヅウム「現代契約法論」1992。

归根结底,对于近代法作为契约成立之前提的意思,到底如何论证在这种意思自身之内已经内含了伦理价值?关于主张约定(意思)的约束力具有普遍正当性的典型理论,自休谟之后的英美哲学有使用公约(convention)观念对约定行为进行哲学分析的学说。但这种论证也难以正当化所谓伦理性价值内在于前述"意思"的观点。

因此,也有学说试图用"历史"的视角论证"意思"的正当化。也就是说,在古典(近代的)契约法诞生之时便被假定藏于其身后的意思主义,本身涉及的实际是第三种意义上的"意思"。所以再次"回归萨维尼"的主张才具备了现代意义。⑧

但是,即使是在这种意义上主张意思主义原理也还有必须先行解决的问题。

第一,如果从连同所谓市民法理论一并构成的历史观出发来推导意思主义的规范性,那么就不能忽视这种历史理论:从康德至萨维尼一脉相传的私法自治的伦理方面或是"实质秩序原理"⑨此后为何失势?为何私法自治可以成为去伦理化的市场原理的法律表现?有必要对此提出某种具有说服力的观点并作出批判解释。然后,才有可能经由这种历史理论,对现代福利国家所处的困境(dilemma)以及契约法中出现的变动,连同现代契约法的特质一并作出解释。

第二,更重要的是,例如萨维尼作为前提的存在于形式法领域之外的实质秩序原理或伦理,是以当时盛行基督教的(德国)社会为预设背景。剔除前述历史背景,只将原理引入现代日本,这种不考虑支撑法原

---

⑧ 原岛重义教授对以萨维尼为代表的古典私法理论以及私法自治论进行了一系列的研究。与原岛教授共有相同问题意识的学者们一起奉献了原島1988这部作品,后者是研究萨维尼法理论所具有现代意义的重要成果。

⑨ "实质秩序原理"是维亚克尔(Franz Wieacker)的用语。关于古典私法自治论背后的伦理要素,参见村上1985,特别是第1章"社会与伦理",可谓必读文献。

理的伦理要素内容与使之成立的社会条件之间的关系的做法,实际上仍然没有任何意义。若依此观点就连没有任何限制地介入干涉也能获得正当化。

简而言之,即便能使以萨维尼为代表的"古典"意思主义作为规范理论在附加限定的情况下复活于现代,如果没有一种能够在与现代日本社会(包括其中的伦理性秩序)的关系中找到历史定位的历史理论,那么恐怕就不能称之为足以自洽的规范理论。⑩

此外,由于基于意思主义的正当化在规范层面同样存在障碍,因此在整体理解现代契约法时也有困难。首先来说,只要坚持将以缔约时意思为基准的古典契约模型作为前提,就无法解释在缔约时未想定的义务何以被创设。此时虽然可以将现代契约法理解为保障意思主义得以"实质化"的制度,⑪但这种理解将促生一种连无限定介入也能正当化的、圆融无碍但孕育危险的意思主义。只要意思主义仍然将契约当事人的"合意"作为正当化依据,对于看似违反一方当事人意思但仍然课以义务的契约义务扩大现象,就很难用这种理论来作出整体性的解释。

(2) 效率论("法与经济学"路径)

从效率论出发,对冷静期等事例可以作出如下正当化解释。

> 由于在特定交易形态中,消费者难以在订立契约时获取关于商品内容或品质的信息,因此事后可以给予消费者一定时间用来收集信息并作出判断。冷静期就是这种能够促使消费者转向真实

---

⑩ 关于这点,安井 1985 已经进行了精辟的批判。
⑪ 河上 1991 与河上 1992 第 25 页以下内容的问题意识都在于使日本契约法获得"正当化",但论证目标在于使这种意思主义成为契约法的应然样态从而获得实质化。

效用更高的交易的制度。如此一来,商品将归属于对它评价更高的人。此外还可以给予消费者货比三家的动机。由此带来的收益将填补由于解约所导致商品未能交易而给卖方造成的成本(cost)。

采用这种逻辑的效率论("法与经济学")在"信息经济学""契约博弈论分析"以及"交易成本经济学"等方面都有新发展,虽然存在各种各样的批判,但这种理论成功地提出了一种一以贯之的,将基于目的合理性的人类模型作为基础的理论。

但也有观点认为这种理论框架所依据的市场理论本身也具有历史特异性,[12]因此作为社会理论的解释力存在疑问。此外,这种理论也欠缺作为解释理论的实证性(边际效用递减原则不是衍生于最基本公理并获得实证的真理,它所依据的是直观的说服力)。此外,诸如博弈论的行为选择理论即使能够对某种类型(type)的行为模式(pattern)作出解释,也并无法对"规范"的生成提供论证。[13] 相对地,若将效率性作为价值论的前提,虽然在规范意义上可以进行探讨,但即使出于极为素朴的感受,效率性基准本身也欠缺规范意义的魅力。(参见内田1990,74页以后)

而且,就与契约法的关联而言,"法与经济学"的法模型属于管制法(regulatory law),其中法被彻底地理解为实现目标的手段(instrument)。因此,理所当然地会期望它能被转化为规则。如果针对行业法管制增加的现象,确实可以认为这种视角能够对现实的部分方面提供解释。但对于以下这种更为重要的现象,即法律形态在现代契约法中从规则

---

[12] 对此进行论述的作品数量颇多,代表作品参见ポラニー1975。
[13] 盛山1995第3章指出了这一问题的存在。

转向标准的变化以及与此相伴的诉讼(裁判)结构的质变,该视角却无法给出解释。也就是说,效率论确实能够捕捉住现代契约法的一个方面,但不能捕捉最为核心的一面。

(3) 权利论的再分配理论

这种权利论所探讨的是契约当事人(特别是处于不利地位的当事人)所拥有的,不允许进行功利主义衡量或比较的权利。典型者如上门推销的统计结果表明特定阶层的人群(低收入或是信息收集能力和处理能力较弱的阶层)更倾向于接受上门推销这种模式,因此冷静期的正当化依据源于保障这些人群能够获得更为平等的分配状态的权利。

从将福利国家平等主义作为宪法原理予以拥护的立场到超自由主义,有各种各样的权利论存在。但就它们与契约法的关系而言,在论证给付均衡和消费者保护应当属于更基础的权利,且不应受此一时彼一时的议会多数表决影响时,有必要以这种思想作为依据。

而实际上,姑且不提围绕日本消费者保护(以及交易中的弱者保护)的争论中是否经历了哲学性的洗练,很多意见都是以权利论为前提而产生的。换言之,人们有意无意地将消费者在支付对价后有权获得与之相适的商品,或是在交易中有权获得符合期待的服务作为讨论前提(关于这种论断的依据,可在涉及消费者因信息处理能力或可利用资源等事项陷入劣势分配状态的情形中发现)。在此意义上,可以认为权利论再分配理论这一思想在事实上已经成为日本现代契约法(特别是消费法)中众多论点的隐藏前提。

但是,这种思想存在以下问题。第一,这种论点还是存在如何使权利获得正当化的首要问题。由于权利是能够与政策作出区分的存在,若只从消费者保护等单纯的政策中寻求依据势必一无所得。即使能够如德沃金流派那样将体现于宪法中的价值当作依据,但是否能够从中导出契约法上的权利仍然存疑。此外,对于经常伴随福利国家理论而出现的问题,也就是如何对抗哈耶克流派的权利论也有待作出回应。

第二,虽然今天的权利论仍然以自由主义为前提,但在现代契约法中家长主义(paternalism)无处不在,因此到底要用怎样的权利论来整合两者? 这与上一问题也有关联。例如交易中基于信义原则对相对方课以种种义务时,若由此增加的成本最终被转嫁回对价或交易形态,此时是否还能不受影响地继续用权利论来论证介入契约的正当性? 换言之,对于哈耶克流派提出的"不必要的监护"还有待作出回应。不惜使消费者选择空间变小也要继续强制介入究竟何以成为对权利的保护,对这种反对观点虽然可以从"交涉力的对等"或特殊的"行为能力"概念出发并给出回应,但这些概念无不多义且暧昧,还经常会落入在无限定介入这一如临深渊的困境。

考虑到这些问题,用权利论来证成现代契约法的正当性还存在诸多理论障碍,离自明的理论相距甚远。

综上,就第一种学说流派的观点而言,很难说它们成功地提出了一种能够整合性地论证现代契约法发展正当性的依据。

2. 进程导向理论

第二种试图论证现代契约法新发展正当性的学说流派是进程导向理论。例如将现代契约法中的原则性条款解释为存在于系统之间,兼并调整多样社会中各部分系统所提出要求的冲突法规范(托依布纳),或解释成为纠纷当事人提供语言性交流(communication)空间的存在

(适用哈贝马斯理论)。

(1) 系统论中的反身法(reflexive law)理论

塞尔茨尼克(Philip Selznick)和诺奈(Phillipe Nonet)的"回应法"(responsive law)模型(诺奈＝塞尔茨尼克1981)的为人瞩目之处在于这种理论从进化论的路径对现代社会中法的发展进行描述,而托依布纳也承接同样的进化论路径,主张塞尔茨尼克的回应法模型实际上只是巨大变动中的过渡形态,他本人则提出了反身法模型(参见Teubner 1983)。这种系统论路径作为一种法社会学理论,能够对经由原则性条款所实现法的"实质化"以及诉讼结构的变化这些现代契约法的特色作出解释。也就是说,托依布纳认为契约关系应当被解释为"被规范性地整序为行为上的意义关联,它的内部结构不仅只有当事人的合意,还包括社会中极为多样的部分系统的要求"(佐藤1990,740),同时原则性条款作为所谓的系统间冲突法,发挥着将部分系统之间的自生性(autopoietisch)＊矛盾内化于契约并予以调整的功能。

在列举与麦克尼尔具有相同导向的学者时,托依布纳认为自己也是其中之一。(Teubner 1993,116)的确,托依布纳的契约法理论与关系契约理论之间存在很多共通性,因此也很有研究价值。但他的理论特征决定了很难在正当化契约义务扩大现象的研究中援用他的理论。

首先,托依布纳的理论虽说采用进化论的路径,但正如他本人所强调的那样,这种理论的性质与赋予进化以规范性性格的达尔文主义进化论并不相同(Teubner 1993,第47页以下)。这是他理论的长处,但反过来说也意味着,该理论与规范性的正当化理论无缘。

其次,托依布纳认为原则性条款必须经常对法系统之外的对象开

＊ 德语。

放,因此需要应对不同情况的不确定性。这种进程导向虽然是他理论的优势,但反过来说,它与经由原则性条款所产生的新契约规范所需要的法原理正当性无法相容。

综上,托依布纳的反身法理论比麦克尼尔更偏向社会学理论,因此尽管它暗示原则性条款应当具备规范性含义(implication)的定位,也很难将它转化为解释论层面的正当化理论。

(2) 沟通理性理论

哈贝马斯通过采用系统理论提出了一种针对福利国家困境具有说服力的社会理论,与此同时,他在这种社会理论中引入了"生活世界"这一概念。然后,哈贝巴斯借助语言哲学,以沟通理性这种具有普遍主义的合理性作为基础,发展了一种不存在于过去系统理论中的批判理论(ハーバーマス1987)。当然,这种理论本身也招来了众多批判,讨论之热烈众所周知。但此处的问题是,前述理论能否被认定为一种足以支撑现代契约法的规范理论。

山本显治教授的"交涉促进规范"将哈贝马斯流派的沟通理性理论引入契约法,成果值得关注(山本顯治1989,山本顯治1996)。山本教授将契约交涉过程(包括从契约订立前到纠纷解决阶段)解释为沟通行为,而现代契约法的作用便是促进这样的沟通。然后,沿着这一方向继续深入研究,就可以提出一种主张原则性条款发挥交涉促进规范作用的理论。作为有志于私法自治再生的学者,山本教授所提出的这种创想值得关注,而且与民事诉讼法学的"第三波浪潮"也有关联。

我与山本教授的理论存在众多共感之处,但仍然还有如下疑问有待解决。

首先,哈贝马斯的沟通行为恐怕并不能涵摄契约交涉的全部。确切地讲,关于契约订立的交涉更贴近战略行为的模型。就现实层面而言,当事人并不是希望达成一种关于妥当要求(Geltungsanspruch)* 的合意,反而更像是战略性(strategisch)地实施一种希望通过订立契约来展开交易关系的发语媒介行为(perlocutionary act)**。但产生问题的具体对象经常是当事人在纠纷阶段的交涉。

通过契约实施的交易也可被视为在经济子系统(sub-system)中完成的交易(例如商人之间的单发性交易)。因此在纠纷阶段,当事人希望能够从近代契约法中找到一种解决问题的行为规范,并以自身行为符合前述规范要求为由,主张自我行为的正当性。在这种类型的纠纷中,人们希望根据事先存在的行为规范和商事习惯解决纠纷。因此在这种解决方式中,可以认为当事人有义务理性地进行交涉,而且交涉的场合也应当有所保障。但这正是古典契约法所设想的纠纷类型,而且进入诉讼程序后也可以借助辩论主义探索解决。如果当事人对诉讼产生的费用和时间存在异议,那么也可以寻求在诉讼之外通过交涉来解决纠纷。因此,其实没有必要专门讨论交涉促进规范。实际上,自古以来商人们都在寻求在法院之外的其他专门机构通过交涉来解决纠纷。

与此相对,存在于传统生活世界之内的交易(不限于消费者交易)被市场原理主义的理论所蚕食。其中,在近代契约法所无法应对的纠纷产生之后,由于存在不可通约且性质不同的原理性矛盾,当事人不再寻求从对等立场出发进行另一轮交涉(例如消费者并不希望与契约相对方再慢慢地进行一轮交涉),而是希望能够让相对方因行为违反己方的社会规范而遭受责难,以及相对方被责难后对自己感同身受。在此阶段,哈贝马斯的沟通行为理论有其用武之地。

---

*　Geltungsanspruch 为德语。此处日文原文为"妥当要求",另有"法的有效性诉求"的译法。下文的 strategisch 同为德语。

**　日文原文为発語媒介行為,另有"言后行为"或"话语施效行为"的译法。

存在于西方理性主义传统的通过议论以寻求合理性的这种创想，如同在图尔明(Toulmin)与赫尔曼(Helman)中可以看到的那样，完全可以被当成以法庭辩论为模型建构而成的理论。但是，它到底能不能成为适于解释生活世界中内在交易关系的契约规范，仍然有待探讨。

至少仅就日本契约法而言，将契约纠纷双方之间的"议论"理解为"实践性讨论"，⑭也就是"信义原则使双方当事人彼此面对关于契约的种种要求与期待，借由充分彻底的讨论从而发挥一种塑成以获得妥当结论为追求的制度性'议论平台'(forum)的功能"（山本顯治1989[3]，828)很难说与现实相符。在产生新规范的纠纷中，当事人并非要寻求一种无所限定的议论场所，而是要逼迫法官在性质明显不同的两种逻辑之间作出抉择，也就是说，近代契约法的逻辑与关系契约法的逻辑。

3. 解释学的正当化——"认同"的合理性

完成以上探讨之后，我想从第三种路径来论证正当性。也就是通过解释学的路径进行尝试。优秀的解释能够与解释对象形成整合，并使之获得正当化。⑮也就是说，能够内在化地理解其对象的"认同"，其本身即包含了对该对象的正当化。进一步讲，所谓优秀的解释，是指基于被解释者所属共同体所共有的共通理解而作出的判断。因此，本书想要尝试的是，对现代契约法的裁判现状进行解释，借此对现状到底需要什么这一问题进行内在地理解和共感。

那么，对于第 1 章所展示信义原则的柔性适用，通过这种方法到底

---

⑭　ハーバーマス1987(上)第 1 章。参见岩倉 1983。
⑮　此处参考了德沃金的理论，对此可参见内田 1988b。

要达到什么目的呢？在日本争议解决程序中有一种正适合用于此处的常用"表述"，那就是"认同"*。也就是说，当事人所寻求的，是一种使纠纷能转向"认同"，也使相对方当事人能够"认同"的解决路径。简而言之，在近代契约法无法给出能够让人"认同"的解决路径时，正是为了创造这种路径，现代契约法才有了新的发展。本书想要正视这样的日本现状，并通过解释来构建一种能够证成现代契约法正当性的理论。⑯

那么，"认同"指的是什么呢？通常而言包括理解、了解、同意、满足等释义。但此处的"认同"并非只是同意或理解对方的主张。有时即便能够理解对方主张的内容也仍然不能"认同"，而且还有虽然无法"认同"但也只能同意的时候。这些情形表明，问题在于，在一方当事人的意识中起作用的并不是理解和同意。

契约纠纷中的"认同"与理解、了解、同意、满足这类主体的主观意识不同，而是被假定存在于与相对方的"关系"之中。也就是说，对于预设在当事人之间所（应当）被共有的规范，相对方违反这种规范时产生的不是能否理解、同意或者满足，而是"不能认同"的反应。"认同"不能通过争论获取，而要通过相对方在与主体之间的"关系"中所作的言行获取。

那么，为了在争议解决中获得理想状态的"认同"需要怎样的场景呢？如果讨论典型情形，在此登场的角色并非存在于哈贝马斯所主张

---

* 纳得，可解释为对他人的想法和行动十分理解，并打心底接受。既包括理性的理解，也包括感性的同感。

⑯ 关于诉讼中"认同"的价值，棚瀬1988 第286页以下作出了论述，但内容与下文略有差异。

第 3 章　现代契约法的思想基础

"理想的言谈情境"*中的争论型当事人，而应当是一种共感者。而且此人绝不是作为裁定者的法官，而是与当事人共有规范的主体，在此意义上可以说是共同体的一员。共感者对当事人的主张有共感，并对违反共有规范的言行予以责难。以这种共感者的存在为前提才有可能产生"合意"。因此，共感者可谓就是共同体本身，在此意义上也可以说"认同"是共同体的道德直觉。这在调解与和解程序上表现得格外明显，多数情况下法官也被希望能作为这种共感者的代表而行动。

前文这样的观点，特别是提出"共同体"这一观念，在日本法学界引发了强烈反弹。⑰ 考虑到日本法律学在过去所经历的悲剧性堕落，对此反弹也不是完全不能理解。但此处所用的"共同体"不应被等同于通过他律性地压制个人而形成的政治共同体。本书所探讨的只是个人通过主体性地参与而形成的广义交易共同体。而且，它与特定大企业与其下游企业所形成的压制性企业间关系或与之类似的孤立个人间结合关系也并不相同。

从企业间交易到消费者交易，实际上各种交易的成立前提中都包

---

*　哈贝马斯认为如果我们在交往行动中仍无法达成真理共识，那么我们就必须预设关于真理共识的达成是可能的，也即预设一个非现实的"理想言谈的情境"。关于"理想言谈的情境"可参见霍尔斯特：《哈贝马斯传》，章国锋译，东方出版中心 2000 年版，第 80—81 页。

⑰　参见我首次报告这种理论的学会论坛讨论文集（シンポヅウム「現代契約法論」1992, 第 97 页以下）以及川角 1995。此外，大島 1994，第 37 页指出共同体观念本身不够明确。吉田克己 1999，第 78 页以下虽然继续以个人被共同体吞噬为由进行批判，但也认为我的主张有一定积极意义，应当对相对于共同体内在性规范的，以个人自律和尊严为基础的法价值论进行评价，他还指出"有必要对社会＝共同体内在性规范的正统性予以相对化"（同书第 82 页）。对此我本人完全赞同。但即使支持相对化的必要性，为发展现代契约法的"解释论"，我认为也首先必须尝试构想一种使得吸收内在性规范全面正当化的思想。如果不能成功，那么对于现代契约法的批判方才具有说服力。但是，我认为就目前而言承认失败还为时尚早。

含着种种未被语言化的理解、了解和规范。本书认为其中还包括了内在性规范,而内在性规范的发现过程本身也是典型的"解释"工作,若非共有前理解的共同体的一员根本无从成立"解释"。实际上,存在于交易社会的前理解远比普通"生活世界"更为稠密。而此处所设想的就是共有这种理解的解释共同体。[18]

在特定行业中开始新型交易的人必须领悟这一"行业"所默认共有的各种"常识"(某种共通感觉[sensus communis])。早在订立契约之前,消费者就会默认对特定行业的从业者抱有某种形象认识和期待信赖。[19] 在这种被共有的"理解""了解"之中也包含了规范。共有这种规范意识的集团,就是本书意义上的"共同体"。[20]

因此,它不是特定的地域共同体(村落共同体),更不是基于特定意识形态而塑成的想象中的"民族共同体"。

对共同体形成这种理解之后,便可免受共同体抹杀"个人"理论的批判。原因在于,恐怕并不存在能从解释共同体中分离出来的个人。日本人可以广泛归属于各种的共同体,从共同使用日语这一语言的语言共同体,到由公司、学校、家族所形成的共同体,甚至例如化学纤维或医药品交易等行业乃至日用品消费交易世界。其中本书所提倡的是,在探讨如何对参与交易共同体的主体进行法律规制时,应当尊重被包含于(embedded)社会关系中个人的"认同"。也有理论将个人理解为

---

[18] 山本顕治 1993,第 104 页注 39 以及山本顕治 1996 基于批判本书理论的立场,对此问题提供了鞭辟入里的理解。

[19] 很多情况下,这是由引领这种类型交易的从业人员自己所进行的宣传活动而形成的。

[20] 换成法社会学的表述,"共同体"就是"纠纷的参见组"(reference group)。寻求"认同"解决方案的当事人会根据参见组在某种层面共有的评价基准主张自己要求存在正当性,对此可以概述为提出"规范性主张"。参见六本 1986,第 104—105 页。

从"社会负担"中分离出来的抽象存在,而本书所提出的理论与此不同,可谓是一种尊重个人的理论。[21]

那么,在现代契约法中被共有的规范到底是怎样的规范?以"认同"为目标的争议解决规范不同于习惯或习俗。它并非社会学意义上的事实,而最多只是应为。因此,重视共有规范不会招致纵容灰色交易合法化的批判。而且,从新发展的契约原理中也可清晰地看到,它并非具有较高抽象度的规范,也并不必然要被明确地命题化。根据情景需要,它甚至可能不会被语言化。但即便如此,还是可以视情况需求将它转变为具体化的规范。对此可以称之为"机会理性"或是"实践智慧"(賢慮,Phronesis)的作用。[22] 也就是说,内在性规范有时会根据具体情况,正如亚里士多德所言,一般通过实践智慧的功用被具体运用,因此不能是被预先制定的语言化规则。而对这种内在性规范进行集约后所形成的规则可以用标准的形式予以固定,至少属于现代契约法中所出现新规范的重要组成部分。如此一来,内在性规范被集约后成为标准,然后以此为媒介得以继续展开新的发展。

上文已阐明,共同体所共有的契约规范不属于埃里希所称的作为"活法"的存在。它不属于基于观察才能被发现的存在,而是要基于对构成共同体成员的种种"表现"进行"解释"才能得出(和辻哲郎),也就是说借由"了解"之后的"适用"(Gadamer)而形成。这种作为法原理获得命题化的,既是本书所指的内在性规范,同时也是新契约规范。

---

[21] 对此,可以参考桑德尔对罗尔斯之于"自我"的理解所提出的批判。参见サンデル1999。关于桑德尔的理论概要及其批判,参见井上1999第5章。不过,桑德尔在其前注著作第2版的序言中强调他的理论与所谓"共同体主义"并非同一理论。

[22] 关于机会理性,参见村上1992,第159页以下。亚里士多德所谓的Phronesis是指"由城邦或共同体所育成"的产物。参见バーンスタイン1990,第117页。

那么,对于法院从共同体意识中构建出这种内在性规范的现象,对日本社会来说究竟应当如何理解此中的意义呢?特别是对于从这种规范中诞生的司法活动,又应当如何对它进行定性呢?

应当指出的是,它与外在的我为你好式的家长主义并不相同。但如果将诉讼结构的变化也考虑在内,恐怕也不能仅仅把它理解为"一种相较成文法而被优先选择的社会规范"。为论证这种活动的正当性,此处所必需的是一种将全体社会收入视野的社会理论。

为探索这种理论,我认为作为一种理解现代社会的方式,哈贝马斯理论仍然是有说服力的依据。也就是说,援用哈贝马斯的"生活世界"概念,可以将现代福利社会的困境理解为内在于"生活世界"的规范与以货币为媒介的经济子系统逻辑(市场逻辑)之间的相克(即所谓经济子系统导致生活世界的殖民地化)。然后,将这种理论适用于现代契约法中,对于契约法中出现的变动,也就是与近代契约法对抗后生成的新契约法,便可将其解释为从与经济系统的共存状态回归至生活世界逻辑的一种动向。如此一来便可以说,能够将那些在生活世界中被共有的,可以使人们获得"认同"的规范吸纳到实定法当中的理论才能对现代契约法作出解释。

如前所述,经由上述提炼的契约规范可被麦克尼尔所称的"关系契约法"的模型实现体系化。

在日本,关于契约法所获现代发展的现实情形,它的正当性应当可以通过上述"解释"来作出论证。也就是说,内在性规范之所以能被提炼,正是因为其中有认同的产生。认同的正当性只能直接地从共同体的道德直觉当中寻求。而此处正在被探索的规范既是生活世界所共有的规范,同时也体现了近代契约法所代表的经济子系统逻辑朝向生活世界逻辑回归的社会性变动,并因此具有社会理论的定位。㉓ 获得这种意义的"认同"以及其中所建构的规范不能被某种外在规范理论证明具有普遍意义的正确性。在此意义上,它受历史、传统和文化的约束。因此,不能主张哈贝马斯理论具有普遍主义合理性。尽管如此,作为我们解决纠纷所应当依据的规范,在这种意义上内在性规范仍然具有"合理性"。据此,也可称之为"'认同'的合理性"。

此外根据前文理解,关系契约规范的正当性还可由另一种检验方法获得论证。那就是,契约原理存在于它经由法官的解释从生活世界所共有规范意识中获得建构的进程。法官在建构内在性规范之时所经历的正是伽达默尔所称"视野融合",即交易社会的生活世界与法官所属法律共同体之间的融合。因此,由法官所建构的规范仅限于法律共同体所能产生共感的存在。如此一来,由贯穿多重生活世界的法原理

㉓ 换言之,新契约规范的正当性来源于一种"发现的过程",也就是将促成"纳得"的生活世界规范予以吸收的过程(参见第1章第3节第2小节)。这种发现的过程也是解释的过程。其中当然存在解释的优劣之别,然而历史的优胜劣汰将会作出鉴别。重要的是,对于这种发现的过程很难说出其中的"方法"。也就是说,不能假定存在一种使得法官能够找出生活世界规范的"方法",并且谁都可以通过学习这种"方法"来获得同样的发现结果。而这种假定正对应伽达默尔在《真理与方法》(伽达默尔1986)所提及相对化之后的自然科学创想。恰如优秀的"表现"(performance)而非"方法"才能至优秀的艺术,通过解释生活世界所共有的规范而完成的建构里也没有"方法"。必要的是足以理解作为对象的生活世界的"共通感觉"(例如不能指望美国法官能和日本法官一样理解日本交易中的内在性规范)。此外,为获得对规范的共感并且能够进行解释,也需要恰如其分的教养与天分(也不能忽略伽达默尔所强调"教养"[Bildung]在传统上的重要性)。

进一步讲,在一般性的法律解释中基于相同理由也同样不存在能够获得正确结论的所谓"方法"。与优秀小说的出色之处无法通过"方法"予以展现一样,法律解释也只能通过优秀的实例来予以展现。对于所谓的"法解释方法论",如果所谓方法只是为获得前述意义上的正确结论,那么它也只能是基于一种不切实际的、带有自然科学偏见的认识论所产生的思维而已。

此外,对于前文中对于法律解释的理解,与萨维尼著名解释理论所称"解释乃技艺(Kunst)"有相通之处,因此并不存在难以被人接受之处。参见ネル1982,石部1988。

〔59〕

所建构的规范就可避免与实定法体系的基本原理产生矛盾[24](例如自行规避建构与反垄断法存在明显矛盾的契约法原理)。

4. 诉讼结构的变化——法官的监护人角色

人们期待法官能够发现生活世界共有的契约规范,此时法官不再是安静聆听当事人进行辩论的裁判者,而是详细询问案件背景,尽力使自己对当事人所属社会的规范意识产生共感的中间人。在此意义上法官需要积极地扮演一种监护人的角色。辩论主义对应的诉讼结构将会因此发生改变。

值得注意的是,一些地方法院自发地创设了一种"辩论兼和解(和解兼辩论)"的民事诉讼程序,[25]而且这种程序正在全国范围内得到普及。"辩论兼和解"作为一种处于口头辩论与和解中间阶段的程序,始见于1997年开始施行的新民事诉讼法。不同于和解程序,在辩论兼和解中梳理的争议焦点与证据,部分继受于辩论预备程序(《民事诉讼法》第168条以下)和圆桌(Round table)法庭的预备口头辩论(《民事诉讼法》第164条)程序。对此现状,有观点认为现行法并不允许辩论兼和

---

[24] 在此意义上,自由主义论对共同体论所提出的批判并不适用于本书所指的共同体解释理论。例如,井上达夫教授通过强调"正义的底线性"来对共同体提出批判,但只要所谓"正义"原理能够通过宪法获得表达,那么交易共同体的内在性规范也必须能够经受住法官所从属的法律共同体作为基本原理而坚持的"正义"的考验,因此凡是与"正义"矛盾的规范都不可能获得强制效力。不过,与契约法相关的正义并不是所谓共同体论被批判时所提出的"底线"正义,而是更为实践性的,因势利导的正义。

也许可能会引起误解,但还是想再多说一点。相对于共同体论,井上教授的理论虽然强烈地拥护个人主义的自由主义,但对于他所提到的"属于自我解释性存在的自我"通过共有"行事规范"(对追求目标的方式,而非追求何种目标作出规定的各种规范)组成的"社交体"(井上1999,第175页以下),与我所使用的"共同体"除用词不一之外,几乎没有任何区别。

[25] 关于辩论兼和解已经有很多研究文献,代表成果可以参见ミニ・シンポジクム1991,最高裁判所事務総局1991,「法と交渉」研究会1993。

解程序的存在(伊藤真 2000,228 页注 75),但也有相反观点认为仍然允许这种程序存在(高桥 1998,208 页等)。的确,有理由警惕辩论兼和解作为程序的暧昧性(存在法官主导强制和解的疑虑)。但相对地,如果考虑到有效地梳理争议焦点将增加达成和解的可能性,因此没有必要坚持认为梳理争议焦点程序与和解的一体化运用已达到违法程度。㉖

但为何辩论兼和解这类程序会普及开来呢?有不少学说试图对此作出回应。例如把它理解为对积案负担过重的法官进行减负的政策(不写判决就能结案),以及对法院人手不足的应对措施。相对地,也有观点认为对于某种纠纷来说,与其只依赖对立模式的法庭辩论来解决,反倒不如依靠非公开的圆桌会议进行和解交涉更为有益。㉗ 这种程序变动诞生于实务方面的事实,不禁使人怀疑赫尔曼和图尔明以法庭辩论为模型所构建的争论理论框架到底是否适合于日本的契约争议解决程序。

在此还需要关注的是,第一东京律师协会公开对"从德国引入的现行诉讼制度"与"日本风俗究竟是否契合"所提出的质疑(该协会所提出的"新民事诉讼法草案"中反复出现了"认同"这一表现㉘)。当然也有需要坚持公开法庭辩论原则的纠纷类型。但重要的是,恐怕并不能

㉖ 据说立法的目的是要将争议焦点整理程序与和解程序泾渭分明地区别运用,但有报告指出实际上"区别没有那么明显"。不管怎样,由于没有把辩论准备程序与和解期间这两者彻底分开,因此在辩论准备程序中,裁判长经常表示现在开始和解,然后进行程序转换。也就是说,虽然有所区分但整体运用的情况应当仍然较为普遍。参见特集新民诉 1999,第 41 页(辰野久夫)。

㉗ 律师出身的一位法官表示,新《民事诉讼法》规定的辩论准备程序"能让我了解到实际的情况,这点特别重要",很多时候"也能让我们对案件的症结所在形成共同认识","当律师的时候虽然总说辩论兼和解是违法程序,但"当了法官之后真是经常感到,这种令人捉摸不定的程序在实务中还真是有存在的必要"。参见東京地方裁判所民事裁判实務研究会 1999,第 9 页(野口忠彦)。

㉘ 收录于ジュリスト 914 号(1988)。

说这种原则总是可以圆满地解决契约纠纷。㉙

5. 新契约法理论的构想

古典契约模型认为对等而相互独立的当事人通过交涉所达成的一致合意决定了契约内容,但如今这种模型已经不能对生活世界的内在性契约规范予以理论化。从契约订立前开始直至履行终结之后,在整个过程中出于应对社会环境和当事人关系变化的需求,始终都有新的权利义务生成,而传统契约观无法对此作出解释。对于具有此类性质的新契约规范,关系契约法模型绝非之于原则的例外,有必要为它在实定法理论中寻找恰如其分的定位。然后,再从这种契约观念的转变出发,才有可能将通过判例与特别法获得发展的日本现代契约法理解为一种不同于近代契约法的新契约法体系。此外,对于因贴有日本契约观念这一标签从而被特别对待的现象,至少借此可以在契约法理论中为其中的一部分给出正当的定位。

现代契约法中的关系契约规范并不局限于通过判例获得发展的规范,在特别法中也存在属于关系契约法并且能被体系化的规范。例如消费者交易中由各种特别法所规定的冷静期制度。虽然这一规范的形态属于规则,但是认为它形成于对内在性契约规范的吸收的观点在很多情况下更有说服力。㉚也就是说,将在订立契约后且不至于违反信义原则的一定时期之内应当可以让一切归零的这种关系契约规范意识上

㉙ 对于辩论兼和解确实有很多人指出它有很多问题。我的本意也并非参与这一讨论并在制度论层面拥护辩论兼和解,而只是指出这种诞生于实务的实践能够上升到制度化主张的层面自然有其意义。

㉚ 有趣的是,对于日本契约意识的范例,川岛博士举例如下:"(在日本)到零售店买东西时,当事人在某种程度上都必须预想到买方事后可能会要求退货并请求返还价款,因此一般来说卖方答应买方的退货请求是普遍情况,如果不答应的话,卖方通常会被指责成冥顽不化不近人情的商人。"(川島1967,第94—95页)。消费者交易中的冷静期制度之所以在日本完全不会使人在原理上感到特殊,正是因为有这种"内在性规范"的存在。

第3章 现代契约法的思想基础

升为实定法。依这种解释方法，还可以产生柔性的类推适用空间。

引入前述关系契约理论之后，便有可能设想出一种使以货币为媒介的经济子系统所对应的近代契约法（市场逻辑）与生活世界所对应的以内在性规范为核心的关系契约法二者并存的契约法体系。㉛ 契约法理论因排斥现实而被过于纯化，因此无法对商法、劳动法与消费者法等现实法律领域继续保有基础性理论的地位。而这种新设想的契约法体系及其支撑理论将会使契约法再次占据基础性理论的地位。此外，这种契约法体系出现后，从新视角出发对契约与侵权行为传统的二分法进行再建构一事也将随之可行。这就是我所提出的"契约的再生"。㉜

㉛ 前文所述的"关系契约法"并非能够全方位覆盖现代日本契约法的范式。在日本契约法中，确实也有适于使用近代契约模型进行解释的规范。而我所主张的是，迄今为止契约法王国一直被近代契约模型及其修正理论所支配，而如今由关系契约法所规制的领域应当收复失地。

㉜ 在此对具体纠纷解决与关系契约理论之间的关系进行论述。从关系契约理论的立场出发意味着同时主张"继续性原理"与"柔软性原理"（参见本书第93页），但有观点批判称这将使市场中的"事实从属关系固定化"（吉田克己1999，第159页）。然而，关系契约理论说到底只是契约规范层面的理论，在具体个案中如何适用柔软性原理有赖于法官如何作出裁判。换言之，作为解释论的关系契约理论所关心的并非具体个案解决结果的妥当性，而是在解释学上如何引入并建构一种能够获得解决方案的原理。

禁止不公正地压制交易是从反垄断法等法律派生出的属于解释论意义的请求，而裁判者在面对具体纠纷时，当然要在关系契约规范之外考虑反垄断法等规范，以期能够解决个案。此时，虽然关系契约理论能为裁判者提供应当参照的重要规范，但这也并不等于说，采用这种理论就机械地导出个案的解决标准。裁判者的判断并不能被如此单纯化，这也是本书主张的意见。

此外，吉田克己1999虽然重视当事人的"真实意思"，但我认为它可能只是维持近代契约法理论的一种幻象而已。

吉田的前注书还对关系契约理论所适用的"典型契约类型"，即中间组织形态的继续性契约进行了论述，并表示平井宜雄教授的"市场型契约"与"组织型契约"理论"提出了最有说服力的框架"（吉田克己1999，第160页。所涉论文为平井1996）。然而我认为平井教授的论文就他提出的规范主张未能作出充分的论证（该论文四处可见"应当"这种规范意义的不言自明，但没有提出足以支撑这种规范性的论证）。我之所以将从社会学意义的契约中导出规范的麦克尼尔关系契约理论的结构予以反转，就是为了从已经形成的规范中建构出解释学意义的契约模型，并从中发展出一种解释论，据此使这种关系契约理论的解释论能够获得规范性。

（转下页）

附　论

批评·棚濑孝雄《关系契约论与法秩序观》

一、棚濑教授的《关系契约论与法秩序观》一文作为卷首论文收录于《契约法理与契约习惯》（弘文堂，1999）。这部著作凝聚了以棚濑教授为核心诸多学者的共同研究成果，而这篇论文可谓是全书成果的纲领性论文。如书名所言，这部著作主张，在契约法理与契约习惯的互动关系中，由法律实务活动促成的日本"关系规范"得以形成。

换言之，对于日本契约法的现状，虽然可以说棚濑教授与我的关系契约理论存在共通认识，但棚濑教授对我所尝试的，将新契约规范置于解释论之中的努力进行了批判。他表示"关系契约法理虽然看起来可与标准契约法理相提并论，但实际上前者包含了与契约法理强烈对立的存在，并因此变成非契约性法理"（第69页），他还指出关系契约法理"言说法所不能言说"。在此基础上，他认为（不属于关系性法理的）法"作为社会应有之规律而言只能算是不完备的"（第73页），并主张法律实务者应当持有法律无法妥善解决一切的"对法的怀疑"。

（接上页）另外，平井的前注论文主张即使双方没有就再协商条款形成合意，从"市场原理"中也可推导出若经济形势发生剧烈变化，也应当认可对契约内容的变更权利（平井1996，第719页），吉田的前注书也支持这一主张。然而如果从规范层面对"再协商条款"的合意进行解读，其实与对"真实合意"的探求一样，都是幻象。相对地，若仅以契约的文字表述为基准，就无法与承认柔软性原理的判例形成整合。此外，用经济理论也很难对此予以正当化（经济学市场理论所提供的假设条件有可能使柔软性原理获得正当化）。因此，他们没有对这种主张何以能够成立作出充分的论证。此外，对于前述问题，我在针对平井教授其他论文的批判中也有提及，参见内田2000(上)，第21页。虽然平井教授对我提出的批评意见在NBL689号第23页以下和690号第29页以下也作出了反驳，但很遗憾的是，这些反驳与其说是学术争论，倒不如说是在情感上针对我个人发起的人身攻击。平井教授虽然强调"争论"之于学者应有的重要性，但他争论的态度让人颇有微词。

该文认为关系契约法这一法解释理论应当属于社会学或建构主义的分析领域,并探讨它所具有"关系性交易"(交易现实)与"契约的规律"(形式法律)的"不同性质"的多重结构。因此与我可以产生共感的部分很多。而棚濑教授所讲述以下内容可以说与我的理论几乎没有差异。

  日本契约实务中的契约合意具有分配特定权利义务意义上的"属于交易的合意",但在这种合意背后还存在有"属于了解的合意"这一基础。如前所述,在属于交易的合意因环境变化而丧失妥当性后,属于了解的合意将促成事后调整,从而创造新的契约合意。(第57页)据此,属于了解的合意相当于"超越当事人的社会性规范"(注77)。

但棚濑教授认为,根据他所主张的基于"互酬性关系规范"所给出的契约解释,这种属于了解的合意所要保护的对象"从契约原理来看超越了合理期待的边界(强调系内田贵添加)"。在这一点上他与我所坚持的立场产生了决定性的差异。棚濑论文将我想收回到法律领域之内的关系契约规范再次放逐出去。就他对纳入法律领域作出批判的观点而言,棚濑论文可谓是对我的理论作出批判的论文。

  二、针对棚濑论文或可用一句话作出回应。也就是说,棚濑论文指向的是法社会学,但我的理论所指向的是法解释学。因此我们本来就没在同一层面进行讨论。
  但是,由于棚濑论文还指出关系契约理论属于法解释理论的结论存在破绽,因此不能再用一句话来回应他的批判,需要给出更为内在化的反论。

在方法论以及基本概念的问题上,对棚濑论文还可提出以下疑问:

首先,关于方法论可以指出以下两点问题:

第一,棚濑教授没有明确他所论及的"关系规范"到底要从何处提炼获取。对于关系契约规范,棚濑教授并没有接受我所主张的、由继续性原理与柔软性原理所构成的契约法内在原理的论点,而是抽取出"依存性"与"互酬性"规范并将它们作为论证与契约法原理互不相容的例证。但在举例时,该文只用了四例下级裁判所判例进行论证,分别是关于特许经营的东京地判平成5年11月29日(判时1516号92页)、京都地判平成3年10月1日(判时1413号102页)、关于租地契约中禁止改建特别约定的东京地判昭和31年7月6日(下民集7卷7号1775页)、关于保龄球场设备买卖契约的东京地判昭和49年9月25日(判时786号64页)。而且第四个案例还未必能够支持棚濑教授本人对关系规范的论断。

第二,棚濑教授还提到"关系契约论"有利于保护弱者的"弱者的故事"(第35页),但并没有在此引用判例,也没有明确到底是谁在讲述这样的"故事"。至少这种保护弱者不是我的主张。"保护弱者"虽然是一部分民法学者常用的修辞(rhetoric),但也因此招致来自经济学阵营的强烈批判,即"弱者到底是谁"。我本人在某种意义上也认同这一批判。此外,现实判例中也很少引用天真(naive)的弱者保护理论。

基于这样的论证,很难说棚濑教授所说的关系规范是由解释学方法从判例中提炼得来的东西,反而给人留下这种印象:为了方便展开讨论,先入为主地设定了一种不言自明的"关系规范",然后再以此为主线进行其余探讨。这种方法至少与我所尝试的属于法解释学的关系契约理论截然不同。我认为,在探讨关系契约理论之前首先应当明确所谓关系契约规范的存在到底经由何种程序才能被获取。

关于方法论的第二个问题是,棚濑教授选择将美国法作为比较对象。而美国法绝不是在全世界范围内普遍被接受的立法例代表。与美国法进行对比然后得出"日本的特殊性",这是过去拙劣比较文化论的惯用套路。不过棚濑教授也提到"可能会有反对理论称本文所指的'日本性'实际就是与德国和法国共通的大陆法系所具有的属性",从而表露出一种慎重的态度。但遗憾的是,该文多处内容将与美国不同的特点标注为"日本性"特征。此外,美国之外的法文化当然不只德国与法国。即便是同属欧洲的荷兰与瑞典,两国的契约法也展示出不同的立场(stance),更不必说世界又不是只有西欧和美国。不与中国和韩国进行对比,如何能够确定所谓"日本性"?

三、我们再来看基本概念。棚濑教授的"契约"概念也有问题。教授在论及关系规范同"契约原理"和"契约规律"存在不同性质之时,貌似是在以美国法基准所对应的含义上使用"契约原理"或是"契约"概念。但是,美国法的契约观念经历了普通法(common law)在美国的变迁,因此有必要注意到它在比较法视野内只是非常狭义的对象。在以约因理论和方式要件为核心的美国契约法中,没有约因支持的合意就不是契约。因此,当事人之间达成的纯粹合意经常不被认定为"契约"。此外,由于对方式要件的要求广泛存在,非书面契约也经常不被视为有效契约。这导致契约普遍实现了书面化,而且法律专家还要细致地在书面内容中全面且明确地加入各种属于契约有效要件的内容(包括特别法上的规制)。此外,对于制成的书面文件哪一份才是最终版本也要神经质似地加以标注。

如果以这种契约概念作为前提,对于契约订立时不存在于书面内容的条件，即使当事人之间存在主观合意，也只能算作契约之外的合意。因此，如果法官将这种合意纳入考虑范围，就会被认为作出了考虑契约之外因素的判决。棚濑教授关于区分当事人在书面契约中所明确"属于交易的合意"以及背后所存在"属于了解的合意"的论点，看上去必须要以这种对契约与非契约作出严格区分的理论为前提才能成立。

但是，在日本法的环境里，没有书面合意也存在契约，而且也不需要约因。因此即便认为在契约交涉过程中当事人抱有期待表明存在默示合意，也依然属于通常意义上的契约解释。就结果而言，是否要将"契约外"要素考量在内，还是取决于要在广义层面还是狭义层面理解契约观念。

在棚濑教授的论点中更值得注意的是，教授在论及美国契约法理论时经常引用"法与经济学"学派的论文。从中也可窥见，教授所设想的契约法属于极端形式主义的(formalistic)，并且在订立瞬间所有条件都存在合意，也就是麦克尼尔所谓具备"现在性"特征的法体系。而这正是我对古典契约法或是近代契约法发起批判时所针对的对象。举凡以如此狭隘的契约法概念为前提，关系契约规范当然与契约原理不能相容。因为关系契约规范本身就是从难以用近代契约法框架来进行解释的内容中所抽取出来的产物。

四、如此一来，与棚濑教授所建构美国式的，被纯化到几乎等同于近代契约法的"契约法"概念相比，在日本法中与此不同的特征就只能是"日本的""日本所特有的""非契约的"存在。同样，交易实态也被认定为"用契约法这一词语难以准确表述"（第 20 页）、"法所不能言说"（第 72 页）的存在。而为了在法律中表现这种实态，就只能"将法外之物置于法内"(第6页)。在具有"近代法继受前近代社会"这种特殊性的日本,他进一步评论称交易实态"虽然始终存在欠缺契约意识,或是对契约进行非契约式处理的种种问题,但也可以算是打扮上契约法的外观然后引入到法律之后的产物"(第69页)。㉝ 其中,依然可以看出与川岛武宜博士以来的近代主义以及日本特殊论的关联。

试举一例,棚濑教授在用"依存和保护"的视角分析有关特许经营契约的判例时,使用了"脱离契约原理后视野的长期化"这一表述。将契约订立前到订立后长期持续的关系体现于法律判断的过程,又如何算作从"契约关系"中的"脱离"? 由此只能认为棚濑教授所理解的"契约",仅仅是近代法框架中那种在成立时点这一决定性瞬间上所有内容均已确定的存在。

此外教授还认为在这种判例背后存在的是"日本的交易社会",而且还有"日本社会成员的普遍化视角"(第22页)"不仅只在日本交易社会的成员中,在我们法律实务界的成员中也同样共有的那种刻意忽视交易中对立利害关系的视角"(第27页)。他的立场就是将不存在于美国的特征一律理解为"日本的"以及"我们"所特有的特征。这种不与欧洲和亚洲诸国进行对比的观点,看起来完全沿袭了过去日本法学的定势思维。

对于棚濑教授用"日本的"来表述的出现于现代日本契约法中的新动态,若将目光从美国转移到广阔欧洲诸国,便可以把它理解为或多或少共通存在的一种现象(虽然这种动态尚处于萌芽时期,发展方向远远

㉝ 第5页也可发现"重视交易实态而非契约,这也是迄今为止欠缺契约意识所导致的问题"这种表述。

不能达到清晰了然的程度)。如此一来,现代契约法学的必要使命并非对这种动态用特定国家的特殊性来进行解释,而是要提出一种更具普遍性的分析框架。因此,有必要建构一种能将被近代法逐出法外的社会性要素再次取回到法律世界的法理论,而我所尝试的正是如此。此时再将"日本的契约法"这一观念摆在前面,也是对一直以来热衷于引入欧美契约法学,但并未同等热衷于对本国契约法现实进行理论化的日本契约法学界所敲响的警钟。法解释理论当然要以本国法律作为对象,而且即便在"欧美",了解包括下级裁判所判决在内的各种判例所展现出的新动态,引入理论分析并构想新时代契约法学的工作也是法学极为寻常的任务。

我本人虽然主张判例正在吸收内在于日本交易社会的规范,但并无意主张存在日本的固有法或是日本特有的交易文化。而只是用一种对我们来说具有说服力的形式,指出能够在日本契约法中发现的新现象,并尝试进行理论化而已。如果结论与对欧美所发生类似现象进行正当化论证的理论相异,那么对两者再进行比较也会是非常有趣的研究。

但尽管有以上批判与反论,我还是感到棚濑教授在众多问题上与我共有相同的问题意识。当教授在这篇论文中提到"可以说(有关契约法的)法理与关于世界的故事密不可分,而在如此建构形成的世界中它正在自行证成自身的正当性"时,我强烈地感受到自己与教授朝向了同一方向。在此意义上,它毫无疑问是一篇能够使人感受到法社会学与法解释学存在丰富的"协动"可能性的论文。

第4章　契约的约束力
——强制履行和损害赔偿

一、序论

根据民法规定,发生债务不履行时债权人有权采取解除契约、请求损害赔偿、强制现实履行(强制履行)这三种法律手段。其中,关于请求损害赔偿与强制现实履行之间的关系,体系书等在进行传统解说时认为,根据《民法典》第414条第4款,请求强制履行并不妨碍同时请求损害赔偿,并且强制履行与损害赔偿的要件有所不同,也就是说,虽然通说与判例认为损害赔偿(以及解除)必须存在归责事由,但强制履行被认为并不需要这种事由。因此在理论上存在因不具备归责事由从而无法请求损害赔偿但可以请求强制履行的情形。

据此,债权的法律效力中最基础的效力应当是强制现实履行。[①] 而且在实际上,除因债务性质而不被允许之外,原则上强制现实履行被理所当然地认为是可行之事。以此为前提,历来在探讨强制履行之时,都将《民法典》第414条与旧《民事诉讼法》第734条,现行《民事执行法》第172条第1款之间的关系,或是《民法典》第414条的法性质(是程序

---

① 包括《民法典》第414条的系谱在内,可以参见奥田1978与奥田1979。

规定还是实体规定）作为探讨对象。

关于强制履行的方式，虽然可以举出直接强制、间接强制、代替执行、以法律行为为目的的债务执行等方式，但基本形态还是直接强制。② 不过，一直以来，很少有人探讨直接强制（特别是动产交付）。而在判例中存在问题的，与其说是直接强制规定所假定的典型情形，实际上更多的是停止侵害或是转移儿童抚养权这些情形。尤其是关于通常意义上动产交付的公开判决也极为罕见。关于直接强制与损害赔偿的关系，也没什么可探讨的。也就是说，一般来讲强制履行的要件可被列举为：①存在债务；②尚未按债务本意履行；③履行本身为可能；④债务本身不存在不适宜强制履行的性质。③ 至少对于以交付物为目的的债务而言，只要能够满足这些要件强制履行应当是恒常可行。但在债务人具有可归责事由时，也可选择解除合同（有些情况下不能解除）并请求以损害赔偿替代强制履行。不管怎样，一直以来人们理所当然地认为债权人有权作出选择。④

本章对前述关于强制履行与损害赔偿关系的过往理解提出疑问，特别是要针对直接强制提出一种与此前不同的构成要件说。换言之，至少对直接强制履行以交付物为目的的债务而言，本章认为还存在另外一种关键要件。然后在加入这种要件之后，便可获得一种类似于在强制履行与损害赔偿的关系中反转原则与例外的颠覆性创想。与此同时，另一个目的则是，论证该要件将对损害赔偿额的确定基准时点以及契约约束力的相关基础理论产生巨大冲击。

---

② 然而最近占据上风的是重视间接强制的观点。参见星野英一1978，第40—41页；平井1994，第246—248页。

③ 例如平井1994，第185页。

④ 关于交由债权人自由为之的规则，大判明治31年3月2日民录4辑3卷1页的判例已经明示。

下文论述将按如下顺序依次展开:首先,在第 2 节对当前的通说和判例提出疑问,明示问题的所在;在第 3 节,对"减损义务"这一法规则进行一般性分析,并论述它对本文问题所具有的意义;在第 4 节,论证"减损义务"在日本也作为民法原理而存在;最后在第 5 节,以存在这种义务为前提提出新的解释论,并对这种解释论所具备的意义进行考察。⑤

二、 关于强制履行要件的疑问

1. 首先来探讨一个教学式的案例

"A 在 B 书店下单了一本甲教授新出版的民法教科书,但 B 书店在履行期内通知 A 并表示书店将拒绝履行教科书买卖契约。此时 A 是否可以请求直接强制 B 书店向 A 交付已经摆放在书店的特定标的物?(假设书的价款尚未支付)"

教科书式的标准答案应当是可以。原因是前述列举的强制履行要件均已具备。但这样的解答在现实中是否可行?对 A 来说其实并不需要专门耗时耗力去请求强制履行,只需要在别的书店买同样一本书就完事。因此,现实中 A 根本就不会提出这样的请求。以此类推,对于市场上存在替代物的买卖而言,只要获得替代品本身不是难事,对于卖方的不履行买方根本不会想到要去请求强制履行。即便 B 书店的售价低于市价,通常来说 A 也会选择先在别的书店买相同的书,如果有必要再向 B 书店请求赔偿差额。

---

⑤ 斋藤 1990 几乎与本章初稿同时期发表。该论文独立论述了与确定损害赔偿额基准时点相关联的减损义务,并给出了思路一致的结论。

但问题在于：如果 A 果真选择这种没有实际利益的现实强制履行，那么是否应当承认 A 有权获得以支付价金取得动产的给付判决，并有权申请交付动产的执行？虽然在理论上没有障碍，但对于这种无视经济性的强制履行，国家是否应当助其实现还是很成问题。暂且不提 B 书店售价更低的可能性，如果 B 书店以市价出售，那么根本就不应当支持现实履行的请求。原因在于对 A 来说在别的书店完全可以买到相同的书，因此没有实质损害发生。但问题在于找不到能够体现这种逻辑的法理。

2. 进一步探讨为什么不赞同必须在前述案例中支持强制履行。如前所述，虽然 A 并没有遭受实质损害，但严格来讲还是存在没能入手这本书的损害结果。但此时仍可坚持认为没有损害的前提是，A 可以在别的书店买到同一本书。据此，若实现同等履行并非难事，就可以认为不存在所谓的履行利益受损。以此类推，若市场允许通过市价买到替代物而卖方拒绝履行的（假设买方尚未支付对价），只要获取替代品并非难事，那么是否便可认为买方未被损害，进而不支持现实强制履行？

这或许也可以推断履行利益的赔偿请求与强制履行的可行性之间存在关联。也就是说，即使存在债务不履行，如果没有履行利益的损害，那么就不应当支持强制履行？否则只会让人以为由于债权人选择损害赔偿还是强制履行将会对被告的地位产生重大影响，即使两者分别属于不同的制度，最终也会导致利益失衡。

3. 以上论述假定标的物的价格不变，而如果价格上涨的话情况将会如何？在此情况下，由于未能按照契约价格履行，导致买方遭受了与上涨市价之间存在的差额损害。对此,由于可以请求赔偿履行利益,当然应当认为可以请求强制履行。但出于稳妥起见,于此也应当首先探讨买方是否应当从其他卖方处寻得替代品。也就是说,当买方可以从市场上获取替代品时,买方到底是否可以全然不顾地坐等债务不履行产生损害结果?在英美,"为缩小因债务不履行而产生损害,或为避免损害扩大,债权人有义务采取合理行动"的规则被称为"减损义务"(a duty of mitigation)。前例中认为 A 应当购买替代品的考量,也是基于某种减损义务所作出的。如能普遍承认这种义务,也可以普遍认为即使损害赔偿并非为零,但能够减轻原本履行利益赔偿的情形要超乎预期地多。只要存在可以买到等同于标的物的替代品市场,情况就应当如此。那么,在有义务减少履行利益赔偿数额的情况下,是否还应当支持完全的强制履行?

比如说,契约价格为 100 万日元,债务不履行之后标的物价格上涨到 120 万日元,在契约解除后请求损害赔偿或是判决时又变成 150 万日元的,对履行利益的赔偿数额应当是多少?根据最近的优势意见,由于应当使债权人处于债务原样履行后的地位,因此应当作出全额赔偿。据此若不考虑因迟延而另产生的损害,结论就是 50 万日元。⑥ 但若发生债务不履行时债权人可在解除契约后很容易地找到替代物,考虑到减损义务,那么就不能继续支持此后价格上涨部分对应的请求。如此一来赔偿额将是 20 万日元。这样一来,如果支持在 150 万日元的时点上选择强制履行,就结论而言还将等于支持赔偿 50 万元。与 20 万元相比,岂不导致失衡?

按照这种思维,就交付替代物而言,恐怕不能认为强制履行仍然还

---

⑥ 星野英一 1978,第 82 页;前田 1993,第 202 页等。

属于债权的原则性效力。而存在替代品市场的买卖本来就是经济社会中最为日常的交易形态。如此一来，即便在典型契约场景当中，也无法支持强制履行。但这种论点能够成立的必要前提是认可"减损义务"或同等原则的普遍存在。而在认可之后就不能继续认为不支持或限制赔偿履行利益的情形属于可以忽略的例外，对有关债权效力的基本原则也会形成冲击。那么，减损义务到底是什么？说到底，在日本能否通过解释来承认这种义务？

三、关于"减损义务"

1. "mitigation"与减损义务

根据学者观点，英美法系所使用的"mitigation"一词在广义上包括与减少赔偿额相关的三种制度（G. H. Treitel 1988, 179）。第一种是有关减少已发生损害以及防止损害扩大的"减损义务"；第二种是折抵因不履行而获得的利益（即所谓损益相抵）[7]；然后第三种是考虑对于损害发生本身债权人有无参与（即所谓过失相抵）。

以上三种制度虽然密切关联，但均可被视为独立的法原理。在调整减少赔偿数额时是否全部承认三种制度因国而异。例如有观点认为在法国成文法中只承认第三种所谓过失相抵（faute de la victime）的制度。与此相对，在英美与有过失的规则古已有之，虽然说相当于第三种过失相抵制度且被称为"相对过失"的规则是在相对近期才得到发展，[8]但对于第一种与第二种制度，特别是第一种"减损义务"已经出现

---

[7] Butterfield v. Forester, 103 Eng. Rep. 926 (K.B. 1809).

[8] Treitel 1988, 189—190. 此外，无论与有过失或是比较过失，都是侵权责任法专属的规则。参见樋口範雄 1988。

了很多成果。但若转换视角,也可以说过失相抵的规则之所以在英美没有得到发展,正是因为已经存在减损义务的规则。[9]

《德国民法典》则包含全部三种制度。在过失相抵(共同过失,Mitverschulden)的规定中,除第三种制度之外还包括了第一种制度(第254条第2款)。此外,在履行不能应归责于债权人的规定(第324条)、与雇佣契约相关的第615条以及与承揽契约相关的第649条中,也规定有与损益相抵意旨相同的规则:如果由于使劳动力转向其他方面从而故意怠于获取可得利益,那么就应当在赔偿额中扣减与现实中所能获取利益相同的数额。可以认为该条在很大程度上承认了减损义务。[10]

在日本,虽然第二与第三种制度明确存在(关于损益相抵并无明文规定),但并不像德国民法一样明确承认第一种制度。

此外,尽管前述三种法理都是独立的存在,但确实有很难区分过失相抵与减损义务的情形,比如德国法系的立法例都将两者规定于同一条文。此外也有未作区分径直作出规定的立法例。[11] 下文还是以区分损益相抵与(狭义的)过失相抵两者的减损义务为基础并展开探讨。

2. 英美对减损义务讨论最为详细。此外,在联合国贸易法委员会(UNCITRAL)的 CISG 中也有规定。[12] 不妨来看一下这些内容。[13]

首先应当解决的问题是,在讨论减损义务之际应当注意"义务"这

---

[9] Treitel 1988, 190. 此外,关于在契约法中能否适用过失相抵规则这一问题,由于人们不再认为被害人的过失导致责任被否定,而是开始转向讨论被害人过失能否成为赔偿额的减额事由,因此最近讨论热度有所上升。

[10] 不过,《德国民法典》第649条的"故意不履行节约费用"很难通过举证证明,因此实践中极少有判例引用这条。栗田1986。

[11] Treitel 1988, 180. 参见《瑞士债法典》第44条第1款、《奥地利民法典》第1304条。

[12] CISG, art. 77. 此外,还可参见 Uniform Law on the International Sale od Goods, art 88。

[13] 关于减损义务的最新日文文献,可参见吉田和夫1986。

一表述的含义。对于通常意义上的法义务,违反义务将相应产生损害赔偿等惩罚(sanction)。但是,传统的减损义务并不赋予债务人这种权利,所以应当认为它只是一种能够针对债权人所提出损害赔偿请求提供防御的功能制度。在此意义上,称为"义务"反而容易使人产生误解,大多体系书中也把它作为一种赔偿额的减价事由归入"回避可能性"(avoidability)或"可回避成本"(avoidable cost)之类别。本书在沿袭上述观点的基础上,出于便利考虑继续使用"减损义务"这一表述。

减损义务在不同契约中可以采取不同的形态。其中也有类似于因债权人的直接参与导致损害扩大,并且难以区分损害赔偿范围(预见可能性)与过失相抵问题的情形。例如债权人对因债务不履行所导致的损害不闻不问,由此导致损害因恶化而扩大的事例。但是,对于通常所说的典型减损义务,大致可以分为两种类型。第一种是债权人有停止履行对向义务并防止损害扩大的义务(以下称为"停止履行义务"),第二种是通过替代交易减少损害的义务(以下称为"替代交易义务")。

3. 在双务契约中,"停止履行义务"是指当债务人拒绝履行契约时,债权人有义务不再继续履行自身债务,避免因投入费用增加从而导致不履行债务者赔偿额增大。例如,建筑契约中发包人通知停止施工后施工人仍然继续施工并导致损害扩大。⑭ 可以说这一规则表面上包含非常极端的内容。从一般理解出发,双务契约的一方当事人被认为有权在相对方不履行债务的情况下继续履行自身债务,并据此拥有请求相对方作出对向给付的权利。但前述观点对此予以否定。而实际

---

⑭ Farnsworth 1999, §12. 12(808), Rockingham Country v. Luten Bridge Co., 35 F. 2d 301 (4th Cir. 1929).

上,尽管美国承认这一规则,⑮但在英国仍然支持通过履行自身债务来获得请求相对方支付对价的权利(Treitel 1988,126—128,183—184),因此在英美法系之内也出现了对立的态度。

　　承认停止履行义务意味着免除不履行债务者全额支付对价的义务,并从赔偿履行利益的契约债务中获得解放。在原本预想会出现的给付受领已经对不履行债务者丧失意义的情况下,这确实是符合经济效率的规则。但在债权人对实现原本契约目的具有特别利益的情况下(即金钱赔偿不能填补全部损失等情形),也可以以该规则过于优待不履行债务者为由提出批判(Treitel 1988,185)。

　　但是,实际上这一规则的内容并非如此极端(drasitc)。现实中,当前日本已经实质上承认了这一义务。也就是说,在行为债务(例如建筑或是绘画)的债权人拒绝履行自身债务(报酬债务)且相对方希望停止履行债务行为的场合下,适用该规则具有优势。对于这种情形,日本民法关于承揽的第 641 条、关于委托的第 651 条通过规定发包人或委托人有解除权,否认承揽人或受托人有权针对相对方的拒绝履行请求损害赔偿。相当于从反向作出了规定。⑯

　　而在 CISG 的审议过程中,虽然针对美国所提出应当承认这种义务的提案存在很多反对意见,导致该义务最终未被采纳,但问题也只是存在于动产买卖契约。对于以防止损害扩大为目的的停止履行义务在特定(行为债务)情形下具有实质意义这一点,可以认为多数国家都已经

---

　　⑮　前注 Rockingham Country v. Luten Bridge Co.。
　　⑯　但是关于损害赔偿的内容仍有疑问。对于《民法典》第 641 条,虽然通过判例可以清楚解释,但当下主流观点认为未完成部分的应得利益也包含于履行利益的赔偿中,参见打田=生熊 1989,第 176 页以下;栗田 1986,第 65 页。关于《民法典》第 651 条,从规定的文字表述来看,适用该条时应限于因不利时期的解除所导致的损害赔偿,不及于履行利益的赔偿。参见明石 1989,第 289 页;平冈 1989,第 815 页。

形成了相同的结论。⑰

4. "替代交易义务"是指作出替代交易以减轻因不履行契约而产生损害的义务,对此可以举出三种典型事例(Treitel 1988,180—183):(a)卖方不履行买卖契约的,买方能否针对标的物价格上涨的部分提起损害赔偿请求(于下文论述);然后是(b)买方不履行买卖契约的,卖方能否请求买方支付价金。此时卖方虽然有义务通过转卖来减轻损害,但若卖方在作出合理努力后仍然不能以同等价格转卖,仅在此种情况下卖方有权请求买方按照原契约价格支付对价(参见美国《统一商法典》§2—709);(c)雇佣契约项下发生可归责于雇佣人的事由从而导致履行不能时,受雇人能否请求雇佣人支付价款。

其中,(a)是本书将要直接作出回应的情形。例如卖方拒绝交付契约价格为 100 万日元产品,该产品在拒绝履行时价格为 120 万日元,而在请求损害赔偿时(或判决时)价格为 150 万日元的,此时应当支持的赔偿额是 20 万日元。但若卖方拒绝履行后买方并未迟延地通过合理交易以 125 万日元购得替代品的,赔偿额则变为 25 万日元(UCC §2—712,713)。换言之,卖方拒绝履行后买方有义务寻求替代交易,而不应不合理地消极等待(美国《统一商法典》用"cover"[覆盖]一词来表现这种义务),如果怠于履行则不能获得此后价格上涨部分的赔偿。据此,虽然替代交易义务对确定损害赔偿额的基准时点这一问题产生了重要

---

⑰ 根据霍诺德(Honnold, J. O.)的观点,最终未被采纳的理由是霍诺德提案的表述过于暧昧,而且在审议的最终阶段委员会也不愿意进行大幅修改(Honnold 1987, §419. cf. Official Records 1981, 397—398)。审议过程中,荷兰代表提出美国提案不针对典型的买卖问题。Offcial Records 1981, 397—398.此外,还可参见シュレヒトリーム1997,140(原书第99页)。

影响,⑱但在价格变动之外,同样的问题也存在于买方准备通过转卖来获利的情形。即使卖方能够预见转卖,买方也有在转卖前完成替代交易的减损义务,并不能理所当然地请求卖方赔偿转卖价格与契约价格之间的差额。

除此之外,在此情况下的替代交易义务也会影响已经发生迟延履行后损失扩大部分所对应的赔偿可能性。具体而言,在通过替代交易能够避免发生履行迟延之时,不应支持赔偿因迟延所导致的扩大部分损失。对这种扩大损失的赔偿可能性,由于"可预见性"测试(test)的适用效果存在边界(于英美于日本都一样),但无论可预见性发挥怎样的实效,作为另一种减少赔偿额的事由,替代交易义务都能发挥作用。

如此一来,若替代交易义务能被承认,对于损害赔偿范围以及赔偿额的确定都将产生影响。特别是标的物价格上涨的,请求损害赔偿时不能继续获得等同于依约履行效果的赔偿。然后,如果认为这种规则才符合公平的要求,那么主张在此时点仍然应当支持强制履行的观点反而会导致利益失衡的结果(英美法中的特定履行[specific performance]原本就只存在于替代义务没有意义的情形,因此不存在被讨论的前提)。至此,可以进一步探讨这种替代交易义务到底应当具备怎样的要件与效果?下文将参考英美学说并作出梳理。

5. 关于减损义务(替代交易义务)要件和效果的问题

(1)减损的时期

《统一商法典》要求买方根据信义原则完成不存在不合理迟延的替代交易(UCC§2—712[1]),但买方有权保留穷尽所有交易相对方以作出最佳选择的必要时间(根据该条的评述2)。

---

⑱ 第4节中关于损害赔偿额确定基准时点的日本判例可以从这种观点解释。

(2) 替代交易的要件

《第二次契约法重述》第 350 条规定:"如果减轻损害不需要承担不当危险、成本或屈辱感,那么对于能够被减轻的损失就不能请求损害赔偿。"除此之外,还需要考虑履行内容的类似性、替代履行的时期与场所等因素。此外,在可行的替代交易中,也包含了不履行债务者自己提出只能以不利于债权人的条件履行债务的情形。但若以债权人放弃损害赔偿请求权作为这种条件,当然不属于适当的替代交易。而且如果对债权人来说接受这种履行等同于接受屈辱或不自然的关系(strained relationship),那么也会构成例外。例如用人方要求再次聘用被解雇的劳动者,就属于此类案例(Farnsworth 1991,814)。

要完成的替代交易不需要是那种从事后判断出发能被认定为最佳交易的交易。只要是符合信义原则要求的替代交易,后者的价格就可以被认定为确定赔偿额的基准(Farnsworth 1999,814,UCC § 2—706 [1],712[2])。

(3) 效果—"lost volume"的问题

承认减损义务后将会产生如下效果:损害赔偿的数额取决于契约价格与合理的替代交易市场价格之间的差额。在怠于完成替代交易的情况下,债权人将自行负担超出此差额部分的损害。但在确定赔偿额时也有需要进行特殊考量的情形。例如在卖方不履行的案例中,买方对标的物的需求多于卖方所能供应的数量的,这种情况下即使发生不履行,买方立即从其他卖方处购得相同标的物,也要充分考虑到无论是否发生债务不履行,买方本来也要完成两次交易,而且卖方对此能够有所预见。如此一来,赔偿额就不再是替代交易的价格与契约价格的差额,而应考虑契约如能依约履行后基于逸失利益所确定的赔偿额(即所谓 lost volume,Farnsworth 1999,805—806,815）。同一问题也存在于买方不履行的情形,对于行为债务也是一样。

四、日本的"减损义务"

1. 在日本,"减损义务"向来不被学界重视。德国通过关于"共同过失"的规定对损害警告义务、[19]预防义务以及缩小义务作出规定,而在日本也有与之类似的《民法典》第418条规定"过失相抵"的制度,但表述内容并不包含德国那样的减损义务。对于过失相抵的要件,通常而言会被说明如下:《民法典》第418条的"债权人之于债务不履行存在过失"并不限于债权人对债务不履行本身具有过错的情形,还包括"虽然债务不履行仅可归责于债务人,但债权人对此后发生的损害或扩大部分具有过失的情形"[20]。从字面意义出发,可将以上说明理解为若未努力避免损害发生或扩大,那么将会导致适用过失相抵规则。因此,从表面上看也算是关于减损义务的表述。[21] 但若从债权人的明示"义务"观点出发,只能认为属于此类情形的过失相抵只存在于少数例外情形。

《民法典》第418条源自原本并未专门探讨减损义务的法国法,[22]而且起草者看似也只是考虑了债权人参与债务不履行时的情况。[23] 或许是受

---

[19] 明示层面的警告义务(Warnpflicht)不包括英美的减损义务。但若违反这种义务,在英美也可适用对损害赔偿范围的预见可能性进行限制的哈德利案(Hardley v. Baxendale,[1854] 9 Exch. 341)规则来限制损害赔偿范围(损害过于"遥远"[too remote]),因此可谓是殊途同归(Treitel 1988, 189)。理论上在日本也是一样。

[20] 我妻 1964,第129页。其他有於保1959,第135页;星野英一1978,第86页。

[21] 实际上,星野英一1978,第81页有关于确定赔偿额时假定买方有买入替代品义务的论述。

[22] 作为该条原型的博瓦索纳德草案完成之时,在法国就连属于损害赔偿额减额事由的过失相抵规则都还没有被确立。能見1987,第641—642页。

[23] 梅1899,第63—64页。在法典调查会上没有对此进行专门讨论。

到德国民法的影响(德国民法对"损害发生"相关的过失也有规定),此后产生了债务不履行时对债权人过失以及损害发生时债权人过失进行区分的观点,[24]而且对于损害扩大时的债权人过失也有明确提及。[25] 但是,债权人负有减损义务这一观念并未普及开来。关于雇佣契约的争论就是例证。

2. 在雇佣契约中,因可归责于用人方的事由导致劳动者无法提供劳动的,首先来说劳动者无权根据《民法典》第 536 条第 2 款收受工资,而且如果在无法提供劳动期间获得其他劳动收入时还将要适用损益相抵。但相对地,根据《劳动基准法》第 26 条,在停工应归责于用人方的情况下,用人方有义务支付相当于六成以上工资的停工补偿。对于该条与民法之间关系的争论极其热烈。通说和判例的思路是《劳动基准法》第 26 条所规定"应归责于用人方的事由"相比民法而言范围更广,除不可抗力之外全部涵盖。支付工资直至六成作为罚则当然具有强制力,而与此同时只要满足《民法典》中规定的要件,也不能排除劳动者根据《民法典》第 546 条第 2 款请求支付全额报酬的权利(菅野 2000,225)。此外,根据最高裁判所判决的主旨,对于劳动者另外获取的收入最多只能抵扣四成(最判昭和 37 年 7 月 20 日民集 16 卷 8 号 1656 页、最判昭和 62 年 4 月 2 日判时 1244 号 126 页)。但无论如何,若在现实中没有获取收入当然也就无法抵扣,劳动者的减损义务仍未被承认。

---

[24] 在川名 1904,第 164 页以下以及石坂 1921,第 316 页以下的内容中并没有这种区别,但在鸠山 1916,第 78 页以下的内容中明确提到这种区别。

[25] 参见勝本 1930,第 419 页。不过值得注意的是,在横田 1908,第 345 页以下已经对相当于减损义务的义务进行了论述。从他对通知债务人损害发生这一义务进行论述的相关内容来看,影响应当来自当时施行不久的德国民法。但这种解释方式在日后并未普及开来。

第 4 章 契约的约束力

在这一点上，可以对照英美法关于"从剩余劳动期间所应支付的工资总额中减去劳动者在此期间届满前所获得或将要获得，或是只要作出合理努力便可获得的所得价款"的请求权，㉖以及德国在雇佣契约中规定的某种减损义务(《德国民法典》第 615 条)。㉗

3. 此外，《商法典》第 660 条第 1 款规定被保险人在损害保险中所负"减损义务"可谓为数不多的对减损义务或是类似义务作出明文规定的个例。虽然损害保险中的减损义务与债务不履行中更为一般化的减损义务相比，两者的性质并不尽然相同；但若从减损义务视角出发对前者进行探讨同样很有意义。

有很多观点对减损义务的基础进行探讨，㉘若不考虑微妙的含义差别，可以认为存在两种立场对立的主要观点。具体而言，第一种观点从"禁止将自己导致的损害转嫁给他人"的观点出发，认为违反防止损害义务本身属于使损害发生的原因力，并着眼于减损义务与《商法典》第 641 条关于因被保险人恶意或重大过失导致损害发生这两者之间存在

㉖ 例如 Hollwedel v. Duffy-Mott Co., 263 N.Y. 95, 101, 188, N.E. 266, 268(1933); Farnsworth 1999, 810 n.24; Treitel 1988, 182。

㉗ 此外，关于劳动委员会所要求的补偿工资(back pay)，在劳动委员会反对扣除中间收入的观点更为强势。最高裁判所在"第二鸠之士案"大法庭判决(最大判昭和 52 年 2 月 23 日民集 31 卷 1 号 93 页)中对劳动委员会的裁量予以充分肯定，在一定程度上表示了对劳动委员会实务现状的认同。但在此后的"曙光の士案"判决(最判昭和 62 年 4 月 2 日判时 1243 号 126 页)中，最高裁判所却再次认定全额补偿工资命令违法。然而劳动委员会要求的补偿工资与雇佣契约中的工资债权属于不同层面的对象，劳动委员会的相关实务对民法上的减损义务也不产生直接影响。

补偿工资，指用人方主张劳动关系无效但最终未获得支持时，劳动者有权要求用人方支付无效主张期间本应支付的工资。中间收入，指在用人方主张无效期间劳动者在其他用人方工作时获得的收入。——译者

㉘ 参见石田满 1997，第 172—173 页；西岛 1998，第 204 页以下。

原理性共通点的立场。㉙ 第二种观点从强迫保险人填补被保险人所能防止的损害并不妥当的观点出发,立足于将防止义务理解为信义原则上义务的立场。㉚ 对第一种观点而言,违反防止义务相当于加害行为(与狭义的过失相抵一并理解就容易得多),而从第二种观点来看结论并非如此。此外,两种观点都关注到对防止义务的解释均与一般法理存在关联。

防止损害的相关费用将由保险者负担(《商法典》第660条第1款但书)可谓是损害保险中损害防止义务的特征之一。虽然各种格式条款对此多有限制或免除,㉛但从中也可推断认为这种损害防止义务相对债务不履行时债权人的减损义务而言存在程度更高的要求。此外,关于违反损害防止义务的效果及其解释路径也有不同的观点:损害保险法制研究会的修正草案(1995年最终版)第660条第3款就采用了因故意或重大过失导致不履行时可以减少填补数额的处理方式。㉜ 可以说这将保险事故发生时因无法保持冷静状态而导致的欠缺注意也考虑在内,可谓是损害保险所特有的考量因素。

无论如何,从前文关于保险法的讨论中,可以初步发现一种趋势:也就是认为损害防止义务与一般法理存在关联。然而针对债务不履行中普遍存在的债权人义务,还不能找到与之关联的法理论。㉝

4. 不过在日本也有观点罕见地从正面承认债权人有减损义务,其

㉙ 古濑村1957,石井=鸿1976,第209页,西岛1998,第204页,此外还可参见古濑村1971,古濑村1974a,第139页。

㉚ 野津1965,第142页,以及大森1957,第170页,石田满1997,第174页注3等。此外,江头1996,第391页内容以信义原则为根据,认为仅在《商法》第641条以及"不能否认存在密切关联"的基础上存在基于恶意或重大过失能被认定的懈怠时才构成违反义务。

㉛ 江头1996,第392页,石田满1997,第178页,西岛1998,第211页。

㉜ 损害保险法制研究会1995,第65页。此外参见古濑村1974b,第201页。

㉝ 但有观点认为是涉及过失相抵。古濑村1971(1),第15页;石田满1997,第174页。

先驱是谷口知平博士的研究。他以英美法研究为基础提出了一种属于解释论的"损害避免义务"。[34] 虽然对此观点在日后也有强力的支持意见,[35]但作为损害赔偿额的减额事由而言,还不能说它已经是足够成熟的规则。但时至今日,奥田昌道教授(现任最高裁判所法官)提出的观点值得注意。他主张对于不特定物或存在替代物的特定物交易,关于债权人(特别是商人)"应当在合理期间内购买替代物(填补行为)以避免损害扩大",这一观点为人瞩目。[36]

本节的目的在于:论证前述观点所论及的减损义务在相当程度上已经作为法律原则存在于日本的判例之中。

5. 判例分析(之一)

(1) 判例

(a) 在债权人(受害者)参与扩大损害的案例中,债务不履行与侵权行为相通的情形较为多见。例如① 长野地松本支判昭和47年4月3日(下民集23卷149页)的案例中,接骨医生在治疗脚踝扭伤时存在过失,但由于患者也没有遵照静止指示从而因冻伤致使伤情恶化,最终导致需要切除左脚。法院对此适用了过失相抵。但在这类人身损害的情形中,有不少关于受害者应当怎样行动的社会规范(例如受了伤就应当找医生等),因此不难认定违反规范等同于参与损害发生,而且即便不

---

[34] 谷口1957a,第46—47页;谷口1957b;谷口=植林1964,第74页。
[35] 例如平井1971,第179—180页涉及与大判决昭和15年5月8日判决全集7辑17号13页案例的关系。此外北川教授认为买卖契约项下卖方不履行时,可以通过适用过失相抵规则,减少对急于购入替代品的买方的赔偿额。北川1971a,第153—154页;北川1971b。后者引用了谷口博士对减损义务的论述。
[36] 奥田1992,第202页。此外该书第212页认为这种义务属于间接义务(Obliegenheit),在德国存在这种解释。参见 Staudinger 1998, Rz 30; Münchener Kommentar 1985, Rn. 38 (Grunsky)。

考虑减损义务也可适用过失相抵。与此相对的是,在纯粹的经济损害情形中,只要加害者需要赔偿,那么受害者就缺乏防止或减轻赔偿的动机。其中,关于受害者应当采取何种行动的社会规范并不明确,由此导致减损义务是否存在成为问题。

(b)减损行为的代表例之一是进行替代交易。有判例将进行替代交易认定为义务。

② 大阪地判大正 6 年 3 月 26 日(新闻 1298 号 29 页)买卖牛脂(替代物)的案例中,买方请求卖方赔偿前者向转卖对象支付的违约金,但因买方可以通过购买替代物以全部或部分避免损失发生,因此判决减少了 50%赔偿数额。

③ 东京地判昭和 34 年 7 月 22 日(判时 195 号 18 页)买卖下酒菜的案例中,法院认定在卖方不履行进货债务时买方有从其他商店购买替代品的减损义务。该案中,在卖方不履行的同时买方也有不诚信的行为,考虑到这些情形后法院判决卖方免于承担所有赔偿责任。

(c)与买方购买替代品义务相对应的是卖方的转卖标的物义务,对此也有予以认可的案例。

④ 名古屋高判昭和 50 年 9 月 29 日(下民集 26 卷 856 页、判时 802 号 84 页)案例中,买卖二手机动车契约项下买方存在债务不履行,法院认定卖方作为机动车销售从业人员负有变卖机动车的折价义务。该案中机动车买卖契约因买方的债务不履行而被解除,但卖方仅将标的物的机动车交给执行官保管从而怠于折价,导致最终机动车的实际售价下降,也就是损害被扩大。判决主旨认为双方当事人都负有减轻损害的义务,

对于在执行保全之后因贬值导致的损害数额,卖方应自行承担一半。㊱

(d) 对于债务的停止履行义务或类似义务作出认定的判例也实际存在。

⑤ 大阪高判昭和 59 年 3 月 21 日(判夕 532 号 167 页)涉及特定型号商品的零部件分包契约,承包人在接到正式订单之前根据内部通知过量生产了一些零部件。对于承包人由此遭受的损害,法院注意到双方之间存在继续性契约关系,并认为在这种延续至今的关系中,应当重视承包人对内部通知的"期待"。据此,法院参照《民法》第 536 条第 2 款的立法目的,判决由分包人(承包人的上游企业)承担这部分损失。在这一值得关注的案例中,法院还认为由于分包人未能积极了解零部件的具体应生产数量,以至于在商品主要结构对应的产品停止进货之后还在盲目地继续制作零部件,"欠缺对防止损害发生所需要的注意",据此法院对损害数额(制造原价)的三成以过失相抵为由予以抵充。

(e) 除此之外,在以下案例中法院根据不同的契约类型的不同承认了不同形态的减损义务:⑥ 大阪高判年月日不明(评论 21 卷商法 547 页)的案例肯定了证券交易员在接受融券交易委托后有特殊的减损义务;⑦ 大判昭和 16 年 9 月 9 日(民集 20 卷 1137 页)是关于土地上有

㊱ 此外,大判昭和 2 年 4 月 26 日评论 16 卷民诉 538 页案例对此也颇有启发。该案涉及不动产买卖中因买方不履行导致契约被解除,但解除时的市价已经两倍于契约价格,情形较为罕见。卖方将案涉房屋购入价格与对买方出售价格之间的差价(恰好就是履行利益)作为赔偿请求,但判决以解除时市价上涨为由驳回了这种损害赔偿请求。而驳回的前提正是,如果卖方在解除时转卖标的物就可以避免损害发生,且不仅不会遭受履行利益损失反而还可获利。虽然计算时存在履行利益的损失,结果却否定了赔偿(如果承认的话对卖方来说就等于有权强制履行)。

第三人所有建筑物的宅地买卖契约案例,虽然卖方未履行将该土地作为未使用土地交付的义务,但买方也并未利用卖方在此前就已经申请的保全措施,而是直接与第三人进行协商并支付了超出必要范围的转移费用。对此法院认为买方对于损害的扩大具有过失,并据此认定买方负有减损义务;⑧仙台高判昭和 62 年 4 月 27 日(判时 1238 号 93 页)案例认为司法书士接受申请最高额抵押登记的委托之后未能及时完成委托事项,最终完成登记的时间比必要且合理的办理期间超出 4 个月之久,由此导致第三人在先设立了其他最高额抵押登记。由于登记手续的委托人是金融业者,且委托人在作出委托后对登记手续的进展不闻不问,也不作其他的调查仍然继续放贷,据此法院判决对于扩大损失部分的 40% 应当适用过失相抵,从而肯定了减损义务的存在。

(f)此外,⑨东京高判昭和 31 年 9 月 26 日(下民集 7 卷 2625 页)的案例中,证券业者受托购买特定公司的股票,而客户为了抛出该股票要求解除契约并变卖股票,但恰逢股价下跌,客户立即履行催告解除之后仍然未能变卖股票,由此导致客户负担的赔偿额变大。该案中法院认定当时客户曾经要求延期履行,因此证券业者不存在过失。对此案例可作出如下理解,即使是应当适用减损义务的情形,若债务人对履行另有表示时也不产生义务违反的后果(英美法对此也予以肯定)。

(2)分析

以上这些判例虽然数量不少,不过大多是由下级裁判所判决。因此很难从中提炼出日本的判例法。特别是对于能够适用减损义务的情形,就现阶段而言不能断言并不存在不承认减损义务的判例。但至少在商人之间,大致可以认为适用减损义务规则已经成为必要前提。(案例⑦之外的债权人都是商人,案例⑦中的债权人则是国家)。当然,没有必要将减损义务的主体限定为商人。只是说在商人之间可以合理期待对方作出减损措施的事例(case)更多。而对于商人之外的其他主体,也可能发生同样的状况。

而且如前所述,在案例(4)中还存在减少履行利益赔偿数额的情形。因此在日本判例中所能发现的减损义务内容不限于防止损害扩大的义务,还包括缩小损害履行利益的义务。

6. 判例分析(之二)

(1) 前文提及的都是积极承认减损义务的判例,而在另一方面也有使用减损义务可以更容易作出解释的判例,对象则是关于赔偿额确定标准的一系列判例。

众所周知,虽然很难对此类案例形成统一的解释标准,但有可能从中识别出某种的"政策"(policy)。特别是在买卖契约卖方不履行而买方购入替代品的案例中,有研究发现很多判例将契约价格与购入价格之间的差价认定为损害数额。[38] 相对地,有学者认为以解除时点作为基准点的判例过于暧昧,并评判称:"关于解除契约产生替代履行的损害赔偿请求权的理论,都只是在个案判决里才能体现作用的彻底形式化的理论而已"(北川 1971a,40)。

但此处被当作批判对象的是最判昭和 28 年 12 月 18 日(民集 7 卷 12 号 1446 页)这一案例。该案中最高裁判所虽然将契约价格与履行期限届满大约一年后的解除时点上时价之间的差额认定为履行利益,但

---

[38] 北川 1971a,第 116—117 页,第 159 页;北川 1971b,第 125—126 页。反而言之,买方不履行的案件中卖方如果卖出标的物的,则承认将卖出价格与契约价格之间的差额作为赔偿数额。大判大正 5 年 10 月 27 日民录 22 辑 1991 页。

正如判决要旨所言,解除后对标的物的给付请求权归于消灭,就在此时替代交易才在法律上成为可能,也就是说应当根据这个时点上的时价计算赔偿额(暂且不论因解除才产生损害赔偿请求权这一解释结论是否正确)。此外,以履行期内时价为基准的案例有最判昭和36年4月28日(民集15卷4号1105页),该案中买方在提交订单时就已订立转卖契约(但没有对转卖价格进行举证),而判例也合理地认定替代交易应当在发生不履行,即应立即行使解除权的时点完成,而非此后实际解除的时点。而且,关于将解除时点认定为基准时点的大判昭和11年10月16日(法学6卷92页)也能对前述推测提供佐证。该案中,棉线交易的卖方陷入债务不履行,法院认可买方有权请求卖方赔偿契约价格与解除时处于高位的价格之间的差额,判决主旨论述称"如前所述,诉争棉线系被上诉人(买方)在上诉人(卖方)处购得,并用以制造专卖与前述案外人的棉布的针织用原线。因上诉人的不履行导致契约被解除,由此使得被上诉人不得不从他人处另行购得同类原线,且因此导致难以对案外人及时交付棉布,在无反证证明此前已经实际购入原线的情况下自然应当以解除当时的时价为准……"

因此,暂且不论有关通常损害或特别损害案例的"理论"有无说服力,至少对赔偿额确定基准的判例而言,用减损义务来解释判决结论更为容易,而且这种理解适用也绝非毫无根据。㊴

(2)对于前文提及的解释方法,应用于判例法时还存在障碍,比如

㊴ 在买卖之外的其他纠纷中也可发现相同判旨的案例。例如仙台高判平成4年12月8日判时1468号97页案例。该案中建筑物建设承揽契约的标的物存在瑕疵,因瑕疵导致损害发生扩大时,发包方未主张瑕疵修补,而是主张损害赔偿。而对于损害额的确定期间,判决认定仅在修补请求后的六个月是恰当的期间。背后的逻辑是在经过适当期间后,发包方应当自行修补瑕疵以防止损害扩大。相关研究可参见高木1980,第143页。

在原告诉请交付物的同时提出若执行不能,作为替代则请求损害赔偿的情形。众所周知,有案例将口头辩论终结时作为确定赔偿额的基准时点。对于在此之前便有可能完成替代交易的个案,若依照这种结论,显然不能适用减损义务来形成统一解释体系。但若重新检视前文列举的案例,可以认为那些难以购买替代物的个案都是无法发挥减损义务替代交易效果,而只能承认如可行则必须交付实物本身的案例。

也就是说,可以将至今需交付实物的案例分为三种类型:第一,交付属于地租或作为利息的稻谷的案例;[40]第二,请求返还证券的案例;[41]第三,除此之外的其他案例。[42] 其中,在第一种案例中,稻谷作为对债权人所提供给付的对价发挥了货币的功能,因此不存在替代交易。对第二种案例,即请求返还属于自己但由他人保管的证券,这种标的物具有特定物的属性。而在第三种案例中,大正7年判决与昭和30年判决都是关于契约终止后应当恢复原状的案例,因此属于需要返还实物的案例。唯一与减损义务看似不相符(consistent)的是昭和15年判决。该案中买方付完价款之后还提交了为变更证券名义所有人所必需的空白委托书与签章证明书,在此情形下若要求完成替代交易对债权人的负担实在过重,因此应当被认定为应当交付现有实物的案例。因此,即使考虑到与这些判例的关系,适用减损义务与判例法也并不存在矛盾。[43]

---

[40] 大判大正5年6月7日民录22辑1141页,大判大正11年9月23日新闻2060号21页,大判昭和5年5月22日新闻3134号7页,大判昭和7年7月29日新闻3453号14页。

[41] 大判大正12年3月7日新闻2120号19页,大判昭和13年3月17日判决全集5辑7号12页,最判昭和30年7月26日ジュリスト93号84页(但案例具体内容不详),大阪地判昭和33年11月14日判时172号25页。

[42] 大判大正7年1月28日民录24辑2卷51页(以未成年为理由通过撤销契约请求返还机动车),大判昭和15年3月13日民集19卷530页(基于股票交易契约请求交付),最判昭和30年1月1日民集9卷1号22页(基于合意解除契约,请求返还委托加工的线材)。

[43] 当然,我也不会认为不存在与本书所设想减损义务不一致的案例。只是承认这种义务的很多案例能够互相整合,而且通过假定存在这种义务可以更好地作出解释。

五、新解释论的尝试及其意义

1. 经过前文探讨过程,应当可以认为减损义务在日本的判例中已经成为隐性存在的法律规则。[44] 而承认这种义务在解释论上具有重要的冲击作用。

首先看理论层面,减损义务与债务不履行或债权人参与损害发生这类典型的过失相抵并不相同,从而提供了新的赔偿额减额事由。即便是在普遍意义的过失相抵范畴中,减损义务也可被认为是特殊类型的法律规则,可以把它与损益相抵以及(狭义的)过失相抵作为并列的减额事由。

其次,适用减损义务可对关于损害赔偿额确定基准的类案提供一种新的解释视角。具体而言,如果通过市场可以购入替代物,那么出于减损的目的首先应当完成替代交易,而若无法期待损害有可能被减轻,那么就应当将判决时(口头辩论终结时)作为基准时点。而且对于当下的指导案例,从这种观点出发也可以更容易地作出解释。[45] 未来希望在判决中能够更清楚地凸显这种法律规则的存在。

---

[44] 当然,未来有必要继续通过案例来研究减损义务到底在何种场合以及何种程度上被承认。在非商人主体,特别是雇佣契约中应当审慎认定减损义务。

[45] 值得注意的是,对此林=石田=高木1978,第151页(林良平)提出了类似的观点。此外,损害涉及所谓"抽象评价"时,根据CISG,若契约被解除的,原则上应将基准时点认定为解除之时;而根据美国《统一商法典》,原则上将知道不履行(卖方不履行)或交付(买方不履行)时认定为基准时点(UCC §20713, §2—708),两者都是基于与减损义务的关系而采用的基准时点。(cf. Corbin 1964; §1039)此外,关于损害的抽象评价与具体评价,参见北川1963a,20以及Treitel 1980, 114—124。与此相对,判决时说即口头辩论终结时说在日本较为盛行,这在法院也是通用思路,但在比较法上受到批判。人们指出,即使是法国法系地区,魁北克与路易斯安那两地也没有采用这种理论。Treitel 1988, 121—122。

第4章 契约的约束力

再次,就减损义务与本章直接探讨的现实强制履行之间的关联而言,若以前者为前提,在可以通过市场购入替代物的情况下,买方(假设买方没有履行)针对卖方的债务不履行请求赔偿履行利益时,即使标的物的价格持续上涨,多数判例也认为不应当以判决时(口头辩论终结时)的时价来确定履行利益的赔偿数额。其中认定赔偿额几近于零的案例也并不少见。因此,只要能够从他处购入替代品,就不应当承认买方有权请求强制履行。反而言之,在交易标的存在替代品市场时,现实强制履行只在不能期待完成替代交易来减轻损害的情况下才应当被支持,此时则应当以判决时(口头辩论终结时)的时价全额支持赔偿履行利益。规则要件应当如此。

此外,前文讨论的是价格上涨的情况。而若价格下跌,对买方来说现实的强制履行没有好处,完成替代交易就不会发生损害,因此只要认定有减损义务,更不应当支持强制履行。而且如果承认减损义务,所谓中间最高价格的问题在替代交易应当完成的时点之后也失去了独立存在的意义。换言之,对于该时点之后逸失利益(转卖利益)的赔偿,无论是否能够预见,都不应当支持。㊻

而从同样的观点出发,对于那种无法赔偿履行利益,而应将损害赔偿限定于数额更小的现实支出(信赖利益)的案例,也不应当承认买方有权请求强制履行。㊼

㊻ 《民法典》第416条所确定特别损害对应的"预见可能性"在以下情景中具有限制赔偿额的功能,包括不能期待可以减轻损害的交易,价格高涨时高度可能转卖的情形以及争议产生于附随损害或结果损害的情形。
此外,减损义务虽是义务,但违反这种义务并不导致赔偿责任产生。因此需要注意,即使承认可以强制履行,违反这一义务也不必然使卖方得以将应减损部分作为赔偿请求提出。

㊼ 此外,从侵权行为出发也可以承认减损义务的存在(在英美的侵权责任法中存在这种规则)。但是,本书是在减损义务与强制履行的关系中探讨这种规则的影响。因此并不涉及侵权责任法中的减损义务。

2. 前述第三项结论对于债权效力的过往理论而言,在某种程度上形成了一定的冲击。也就是说,通过审视以交付标的物为目的的债权在现实中的重要性,若承认第三项结论,将使得在现实中出现很多不能强制履行但可以请求损害赔偿的债权,这就意味着强制履行可能不再属于债权的核心或原则性的效果。

此外,还有可能在所谓自然债务之外产生其他既不能强制履行也不能请求损害赔偿的债权(例如债权人虽然可以通过市场购得替代物但不作任何履行也不支出任何费用的)。而这就意味着这样的契约没有约束力,或是只有极弱的约束力。若按照这种观点,那也就意味着在现实社会中非常典型的债权效力绝非教科书中被解释出来的那种产物(讨论范围限于不产生附随损害[信赖利益]的情形)。换言之,仅凭合意成立并不能产生完全的法律约束力。在现实中广泛存在基于信赖对方能够作出履行而支出费用,或是等到己方作出了履行行为之后才能产生约束力的契约。而这一事实对于有关契约约束力基础的研究来说将会影响深远。[48]

追 记

除去若干关于日语引用文献的更新不提,本章几乎是对初稿《强制履行与损害赔偿——从减损义务的观点出发》(法曹时报42卷10号1页,1990年)的全文收录。一篇发表于1990年的论文能够沿用至今,这一事实本身仿佛也含有某种寓意。对初稿而言,森田修教授发表了提出详尽批判的论文(森田修1993)。森田教授从他独特的理论框架(被

---

[48] 英国也有相同主张的观点。参见内田1990。

称为"债务转型论")对拙作的观点进行了批评,对减损义务与解除的关系提供了重要的观点。这在本书中也有体现,在此向森田教授的批评表示感谢。但对于判例的评价以及对其他内容的批评而言,我不认为有必要修正,因此本书沿用了原来的论述。

此外,对于因解除而消灭履行义务,同时改变损害赔偿义务的"债务转型论"而言,在德国法系的立法中当然妥当,而在比较法上占据优势的则是更为柔软的观点(对此本书第7章第3节第1小节在介绍《国际商事合同通则》时将稍作触及)。因此,作为一般化的分析框架,更为柔软的分析框架与德国法系观点相比具有相对地位,而且想必更为有益。

第5章　侵权责任法与"关系"
——现代侵权责任法中的道德化与去道德化

1. 侵权责任法的危机？

法社会学者棚濑孝雄教授认为,现代侵权责任法正面临危机(棚濑1994)。被认为属于侵权领域的法律问题正在飞速扩张,对于传统侵权责任法制度以及侵权责任法与社会秩序之间的连接而言,这种现象都在促生混乱和紧张关系。也就是说,无论有无过失,保险制度都能迅速补偿交通事故的被害者,这表明在为事故被害人提供救济的制度中,侵权责任法成为效率低下的选择。这表现出一种"去侵权行为化"的动向。相对地,针对侵权责任法侵入学校内部、邻里关系以及家庭生活等日常社会生活的趋势,也产生了"反侵权行为化"的动向。

但若从民法学者或实定法学者的视角出发来思考侵权责任法在现代社会中的现状,所谓"侵权责任法的危机"这一表述蕴含着挥之不去的违和感。至少在我看来,属于实定法制度的侵权责任法仍然有着丰富的理论与实践成果,虽然此前一度汇集学界甚至全社会关注于一身的高光时刻已成过去式。如今看来,可谓是凝聚全日本侵权责任法学智识成果的《日本侵权责任法重述》[①]的发表,确实代表了侵权责任法

[①] 载于ジュリスト879—914号,有斐阁在1988年以合集形式初版。

学的至高时刻。此后发表的成果要么是新的制度设计,要么是对既存制度的技术调整。前者属于政策的问题,而后者属于专业人士的技术领域。基于这样的认识现状,不管是在理论还是实践的层面,并不存在侵权责任法濒临危机的实感。所以所谓的危机真的存在吗?

而从民法学的观点来看,当前对于侵权责任法的探讨都可被归入以下两条主线:

第一,对近代市民法而言,契约法与侵权责任法在归责原理上互相对立。其中,侵权责任法原则上以过失为责任要件,产生金钱损害赔偿的效果,属于具有一定历史特性的规范体系。然而对于契约法与侵权责任法之间的关系而言,时至今日仍然没有定论,当前甚至有观点认为两者之间的界线愈发模糊。例如虽然可以将医疗过失诉讼中医师所负责任的性质理解为以医疗契约中债务不履行为基础的契约责任,但在现实中也有很多人认为应当按侵权责任的构成作出认定。此外还包括"契约缔结上的过失"所涉问题,例如对于契约订立过程中单方放弃交涉后的责任,虽然可以在契约框架内进行解释,但也有很多观点认为这种责任属于侵权责任。由此在法技术上产生了被称为请求权竞合的现象,但又无法把它当作纯粹的法技术问题而作出定论。值得一提的是,"契约缔结上的过失"在原理上与美国所主张"契约之死"或是"责任爆发"的问题存在关联,其中也存在就责任原理而言是否已经无法区分契约法和侵权责任法的问题(有观点认为从结果来看契约责任正被侵权责任所吸收)。

原本契约责任与侵权责任是存在根本性差异的责任原理。而当前存在的问题可以被重述为:在相比过去正在扩张的责任领域或是产生新类型责任的领域,它所对应的责任原理究竟属于契约范畴还是侵权行为范畴。这种新类型责任的领域到底应当归属何者属于重大争议,决定契约责任和侵权责任各自所对应责任原理的生死存亡。

在今天,讨论侵权责任法时必然要对此争议表明立场。

第二,侵权责任法属于基本裁判规范。因此讨论侵权责任法首先意味着要讨论"侵权责任纠纷"的问题。虽然这并非侵权责任法所特有的问题,但在探讨侵权责任法时有必要注意到通过诉讼解决侵权纠纷时所独有的制约问题。

此外,并非所有人都认为侵权责任法属于基本裁判规范。也有政策论的观点强调侵权责任法的抑制效果,重视它作为行为规范的属性(代表者有美国盛行的"法与经济学"流派)。但是有必要指出,在经济学模型之外,侵权责任法的抑制效果尚未获得经验实证。因此若从法的现实功能出发,过度强调侵权责任法的行为规范属性存在不小的风险。

2. 侵权责任法的分化

从前述两条主线出发来探索当前侵权责任法的特征,可以发现其中最重要的就是侵权责任法与侵权责任纠纷之间出现了领域分化的现象。

需要说明的是,当下迫切需要对仍在支撑近代市民法典(近代民法典)的基本原理作出根本性的反思。解构现代(Modern)原理的后现代(Post Modern)浪潮已经切实地涌入民法领域,但它在侵权责任法和契约法中的表现形式并不相同。

古典(近代的)契约范式(paradigm)在契约法中正在丧失整体说服力。以近代契约法为背景的契约模型认为"契约系由孤立个人通过交换要约与承诺的意思表示所形成的合意得以成立"。通过建立以此模型为核心的形式主义(fomalistic)规范体系,近代民法将契约这一法现象从社会关系中分离出来,并在法律上实现了纯粹化。历史地看,这一过程确实具有一定的积极意义,但今日的契约法世界中诞生了一种曾被逐出法律世界的"关系"再次返回法律世界的动态。② 如此一来,原本支撑近代契约法的基本原理(被称为私法自治与意思自治的存在)的说服力正在逐渐丧失。

与此相对,在侵权责任法中作为根本原理的过错责任原理并未在根本层面逐渐丧失说服力。事实上反倒可以注意到侵权责任纠纷正在介入传统责任原理并未涵摄的领域或对象,由此产生了新的问题。我认为,最终这种现象将导致侵权责任法根据发挥作用的领域不同而被逐渐分化。

分化大致包括四类领域。

第一类,虽然学界相对地较少关注古典侵权行为领域(例如因斗殴或犯罪等故意导致的伤害,或是因疏忽导致财产损毁等),但不可否认的是该领域始终处于体系的核心位置。其中过错责任原理仍然保有说服力。此外,该领域在现实中继续广泛存在,作为制裁而提供的损害赔偿也在充分发挥功用。

但在讨论诸如公害诉讼的现代型诉讼是否属于古典侵权责任纠纷之时(公法启动措施之前,只能通过后者来维护权益),可以发现认定过失与因果关系存在极大障碍(例如转向通过事实推定或传染病学上的因果关系等规则来作出应对),而且损害也从对生命与身体的直接加害转向妨害舒适生活这种人格受损,从而扩大了损害范围。与此同时,对过失的认定与对侵权行为本身是否成立的综合判断,两者几乎不再存

---

② 参见内田 1990 以及本书第 1 章、第 3 章。

在区别(忍受限度论的判断方式)。这些问题在理论与法技术上引发的问题不容忽视。但即便如此,古典侵权责任法的范式(paradigm)本身也并未受到质疑。

第二类,保险与社会保障等制度在一些领域内获得了长足发展,而在这些领域之内应当适用的责任原理是否与古典过错责任从属于不同的责任引起了疑问。例如自然灾害、产品责任以及其他"事故"导致侵权责任的领域。其中,关键问题在于转向无过错责任与社会保障的现象。虽然制裁(sanction)仍然是金钱赔偿或补偿,但若暂且不论计算方法和赔偿范围这些技术问题,至今为止制裁本身具有的妥当性不存在争议。

第三类,在与契约相关的社会关系中,某些情形下一方当事人负有保护相对方的特别义务,违反这类义务是否产生侵权责任存在争议。虽然责任原理属于过错责任,但是判定过错的标准具有由个别具体"关系"所构成的特征,也有无法用诸如传统侵权行为那种"理性人标准"予以一般化处理的属性。具体而言,包含了医疗过失与契约交涉过程中的信义原则等问题集合。

如棚濑教授所言,产生这一领域的原因多有赖于现代社会所出现的将"关系"置于责任之中的动向(棚濑1994)。但对于这种"关系"的内容还存在有待继续探讨的问题。后文将对此进行论述。

第四类,侵权责任法有时也被用来探讨公共政策的是非,因此属于政策导向型诉讼的法律依据。现代型的环境诉讼可谓典型。当然,在其他方面也存在政策导向型诉讼。不过,即使仅以环境诉讼为例,它所包含的问题也远远超出了侵权行为所固有(proper)的领域,所涉范畴极其广泛,其中侵权责任法只不过是请求原因的选项之一而已。

政策导向型诉讼的特点之一在于,它的主要目标并非补偿被害者个人的损失,而是要影响公共政策。因此,即使原告适用侵权责任法明确请求损害赔偿或是获得禁令,但目的多半在于通过包含判决在内的诉讼全过程来唤起社会的反响,重心也在于迫使公共政策作出变更。

下文将对上述第二至第四类分化的产生原因进行探讨,分析其中的问题。

3. 第二类分化的形成原因

侵权责任法首先是解决已发生的损害应当由谁承担这一问题的制度。基于此,古典侵权行为原理(过失责任)是极其简单明了的损害分担原则。

但是,随着保险与社会保障制度的普及,人们开始认为在特定领域之内无过错主体应当承担责任,或者应当由公共机构来填补损失,而且这样做也是可行的。其中,保险和社会保障制度的普及对于这些思想的形成非常重要。

在产品责任中,导入无过错责任的依据在于,大量生产虽然可以获得超水平利润,但生产者也要为此承担相应的补偿责任,而在核能利用中,多数观点认为无过错责任的依据在于,危险业务本身所对应的危险责任原理。最近受美国影响,在这些观点的基础上也有学说采纳了事故防止(最低成本避免损害发生)理论。③ 但无论如何,如果抛开保险制度这些损失分散体系,根本无法想象还能有无过错责任的适用空间。此外,需要注意这种无过错责任与合同法领域内正在探讨的无过错责任在性质上并不相同。

---

③ 但如前所述,关于侵权责任法到底可以在多大程度上发挥抑制功能,还需要作进一步的实证研究。

在契约法中,卖方的瑕疵担保责任也被视为无过错责任。但是,对这种无过错责任历来不考虑有无危险分散手段。而这种严格责任的正当基础在于应当充分完成承诺义务的约束原理或是买卖契约中应当保护交易中信赖的信赖原理。同时,由于会对损害赔偿的范围作出限定,这种原理才得以继续贯彻适用。

但是,对于既没有因承诺而产生的信赖,也没有限定损害赔偿范围的侵权责任,很难坚持贯彻类似契约法上的前述严格责任原理。而在近代法之后人们研究的无过错责任也经常与损失分散手段同时出现。在此意义上,侵权责任法中的无过错责任在某种意义上不属于对责任的加重,反而可以被视为对责任的减轻。也就是说,由于责任内容的重点不再是对加害者的道德责难,而转向对被害者提供救济,因此以保险制度为基础的无过错责任制度才得以出现。换言之,转向无过错责任意味着侵权责任的去道德化;而转向后的社会保障可谓是侵权责任的终极形态。

在劳动事故和汽车事故之外,对于诸如核能损害赔偿的无过错责任,立法已经采纳了这种去道德化的责任原理。然而是否选择这种责任原理,基本上属于政策选择的范畴,而不是判断谁对谁错的问题。在保险、社会保障与税收等社会制度框架同公共和福利政策的交集中,存在应当由政治作出选择的对象。因此,加藤雅信教授以新西兰为模板提出的事故受害者救济体系(加藤1989,加藤1994)对与此领域相关的侵权责任而言,完全是可行的政策选项(甚至可以说是极限的正确形态之一),而针对妥当性的探讨应当专属于制度论的探讨层面。

此外,在讨论存在于劳动事故与学校事故等问题中的安全保障义务时,可以认为债务不履行同样导致责任产生。但安全保障义务所要解决的问题是,当被提供"场所"包含某种程度的危险性时,对于不可避免将要发生的"事故"应当如何分担成本,因此这种义务大致属于事故法的法理。而适用债务不履行的构成中时效之外没有别的优势。这种责任与契约义务扩大现象(第三类)相比可谓是性质不同的责任。

那么,在这种完成去道德化的领域内是否有可能使道德原理再次回归呢?我对此持消极态度。理由是:第一,产生这种想法的动机在于将"关系"置于纠纷解决环节,但其中存在本章第5节将要指出的问题;第二,在刑法与行政法中已经充分地贯彻了道德原理,而民事责任作为从刑罚以及行政处罚所分离出的去道德化产物,不应忽视分离本身的积极意义。

4. 第三类分化的形成原因

正如与契约责任存在竞合的事实所展现的那样,第三类型所对应的领域并非唯有适用侵权责任法才能解决的领域。尽管如此,以下两种情形可能仍然需要继续适用侵权责任法。

第一,根据古典原理,契约责任的范围被严格限定。也就是说,基本上只有当事人的意思或合意才能产生近代契约法中的契约责任,而在无法认定存在意思时充其量只能用任意性规定进行填补。如果既不能锁定意思,也不能通过任意性规定来确定责任依据,就有可能等于发现了属于侵权行为的适用空间。

第二,被害者有时希望法院能够对加害者行为的"不法"*定性进行宣告(实务专家经常指出这一现象)。因此选择追究的是侵权责任,而非债务不履行。医疗过错纠纷就是典型代表。

---

* "侵权行为"一词在日文中的表述为"不法行为"。从中可以发现日文强调行为的非法属性,此处上下文同样强调非法属性,为形成呼应,直译为"不法"而非"侵权"。

但对于第一种情形而言，由于古典契约原理本身正处于重大变革时期，基于契约责任的扩大，选择适用契约责任来处理的确具备合理性。不管是放弃契约交涉所产生的责任还是违反信息披露义务，都可以明确地将当事人之间的契约或是类似契约的关系作为归责依据，而且也无需如侵权行为一样对注意义务的履行标准按不同类型分别形成统一规定，在契约关系中可以根据诉争案件原被告之间的关系作出个性化处理。如果考虑将双方当事人之间的具体情形细致地反映到责任判断当中，显然适用契约方法更为妥当。此时挡在面前的只是那种被过度狭义解释的私法自治或意思主义原理在舍弃历史性后通过绝对化形成的思维样式。

与此相对的是，不应忽视第二种情形。存在这种情形时，原告可能只是为了在道德上谴责被告才选择适用侵权行为原理。因此，对此领域的扩大等同于侵权责任法的扩大，也可称之为由侵权责任法所产生的道德化。不管这种法感情的缘由为何，只要利用裁判制度的人对此抱有期待，那么就不能一概予以否认。在此，侵权责任纠纷作为实现道德责难的权力性手段发挥作用。因此，在法律实务运用方面，对于基于侵权行为构成而提起的诉讼，若以法律构成为由予以驳回恐怕不妥。

但是，此处也有必要指出，无论在理论还是原理层面，这种情形与契约法都存在很强的关联性。

5. 关于"关系"的引入

棚濑教授主张在侵权责任法的责任范围也应当体现对"关系"的考量。但这种考量意味着要处理棘手的问题。当事人之间存在的"关系"极其多样，从责任要件的设定开始，到纠纷解决阶段为止都有连绵不断的"关系"存续。尤其是对于突发事故，由于事前多半不存在关系，"关系"的密度到纠纷解决阶段时才会急剧增大。对此,确实有观点建议在纠纷解决阶段柔性地引入关系。然而其中蕴藏着巨大的危险性。

归根结底,近代侵权责任法将过去连复仇都能允许的鲜活人际关系在法律上纯化为损害赔偿这种金钱债务关系,通过消除人格制裁将"关系"逐出法律世界。对于这种功能,其实应当在一定程度上承认它的合理性。原因在于无法保证纠纷双方的事后接触可以产生使双方都能满意的结果。此外,法院也没有资源(resource)介入当事人的现实纠纷解决流程,或是对介入结果承担责任。

因此,如果要在诉讼中引入"关系",通常也会在责任要件(注意义务的标准)设定阶段完成(换成契约结构时信义原则将会成为归责依据),如果发展到对违反义务给予制裁或是为被害人提供救济的阶段再行引入"关系",此时充其量也只是灵活适用过失相抵或禁令这类现有法律制度。而这些引入措施要么加重法院负担,要么造成不负责任的后果。

具体而言,对于因契约或侵权责任纠纷而启动的国家权力,它的运作状态本身存在限制。例如赔礼道歉在替代执行程序中只允许发布广告(即使如此也有观点认为执行手段违反宪法)。更不用说除此之外各种帮助被害人回归社会的具体方式存在多少障碍。而法院对此既没有能力监督,甚至监督本身也并不妥当。应当采用的是诉讼之外的其他制度。

更进一步来讲,将"体谅"和"关怀伦理"(参见 Carol Gilligan 1986)这种人格化的日常道德关系引入侵权责任法效果层面(纠纷解决层面)的路径能否论证思想正当化还有待回应。而在契约法范畴内引入"关系"之后,在责任要件设定阶段要判断的对象是:对于诉争当事人来说到底怎样才是良好的交易关系状态? 对此,如若援引交易行业共有的法意识,在大多数情况下都可以证成判断的正当性。此外在考虑纠纷解决阶段之际，由于当事人已经为彼此设定契约关系，此时早有事先铺好的轨道，借此轨道可以探索类似变更契约条款这种通过变更既存"关系"以将"关系"引入纠纷解决的路径。

与此相对的是，在侵权责任纠纷的争议解决阶段，对于突然发生的"关系"而言，需要先行解决何为众所周知的"关系"。而对这种关系的介入无异于创设所谓新的"关系"，因此不得不让人反思这到底是不是裁判所能胜任的任务。而且在此阶段，至少迄今为止所谓"体谅"和"关怀伦理"思维的正当性及其实质内容并未被充分论证。关于应当继续选择近代侵权责任法的方案仍然十分有说服力。

在此意义上，我认为不应当对侵权责任法与侵权责任纠纷抱有过多期待。

6. 第四类分化的形成原因

与其说第四类分化（政策导向型诉讼）是侵权责任法所特有的问题，不如说它是蕴藏于现代社会诉讼制度存在方式本身的问题。日后这类旨在推动政策变动所提起的诉讼想必会发挥更大的影响作用。但即便此刻需要在诉讼程序上探索如何扩大适格原告的主体范围，也并不意味着侵权责任法本身因此面临紧迫的变革需求。

当然，在过错认定中到底应当在多大程度上考虑政策影响这一疑问确实会导致新的问题产生。但是，此处需要反思的并非侵权责任法的理论或制度，而是如何评价这种属于诉讼程序，而被用来直接在公共政策决定或变更中体现国民意志的现代型诉讼自身的存在样态。

7. 侵权责任法的未来

从前文探讨的内容可以发现，从本书对契约法所持立场出发，可以认为作为制度的侵权责任法正在以下领域获得发展或是形成分化:①古典侵权责任法领域;②以保险制度为基础适用无过错责任原理的领域;③依靠社会保障提供救济的领域。

其中,②和③涉及保险制度(责任保险以及强制保险的投保与否)以及社会保障制度(如何筹措基金等)等新制度设计的问题,因此若不考虑古典侵权行为在专门技术领域上愈发精致化的各种问题,侵权责任法的现代课题将围绕制度设计而展开。就此结论,可以说侵权责任法的现代课题与传统范式本身发生动摇的契约法相比确实不同。

现代社会潮流与契约法

第6章 放松管制与契约法

一、序

　　1980年代,受所谓撒切尔主义与里根主义的影响,日本在中曾根政权执政时也曾实施了放松管制的政策。其中,为应对石油危机后的低增长经济环境以及财政赤字,政府专门设定了促进国内经济活性化的目标。在"激活民营"的标语之下,将国营铁道等国有企业转向民营化成为政策的核心课题。作为结果,国营铁道成为民营化的JR、NTT(日本电信电话股份公司)和日本烟草产业股份公司也应运而生。

　　步入90年代后,政策从新视角出发走向了更为全面的放松管制路线。受当时来自美国通过《日本结构性问题协议》所施加的外部压力,如何通过撤除非关税壁垒以实现市场开放以及确保行政透明化成为重要课题。但是,泡沫经济崩溃后紧接长期低迷时期,此时政策明确提出要实现对日本经济社会系统的结构性变革,并要求在全球化经济的背景下取得国际竞争力。除了金融领域的日本版大爆发(big bang)之外,政府还引入了各种放松管制政策。为了应对这些变化,企业开始推动结构改革(Restructuring)。

　　日本经济中出现的这种结构变革动向与契约法并非毫无关联。自我责任以及重视市场经济的观点被反复强调,在各种领域内都有立法提案要求实现更大幅度的放松管制,而截至今日这一要求也在逐渐地被落实。本章将以租房契约以及劳动契约为素材,思考放松管制时代契约法的存在样态。

二、定期借家权

1. 问题的所在

首先探讨"定期借家权"的引入。它是在契约法中体现放松管制思想的范例。成为讨论对象的是《借地借家法》第28条的如下规定:

> 建筑物出租人根据第26条第1款发出通知(拒绝续约的通知)或要求解除建筑物租赁关系的,应当考虑建筑物出租人与承租人有无使用建筑物的必要性、建筑物租赁关系相关的往来经过、建筑物的利用状况、建筑物的现况以及建筑物出租人交付建筑物的条件,或是作为交付建筑物的交换条件而向出租人所作以财产给付为内容的要约。当且仅当出租人有正当事由时才有权发出前述通知或要求解除。……

主张引入定期借家权的观点认为,应当废除该条所规定的"正当事由"要件,并承认在租房契约期间届满时业主有权自由地拒绝续约然后将承租人赶出家门。一部分经济学者和法律学者长期以来频繁地发表这种意见,他们为论证意见的正确性还发表了很多论文。[①] 其中可以发

---

① 文献很多,有岩田1992、野口1992、八田1994、福井1995、久米1995、山崎福寿1996等。此外,还可参见特集「借家制度が住宅市場に与える影響」1996中刊载的各篇论文以及引用文献。

现一项显著的特征,那就是这些意见并非只是单纯地关注借家法,他们还要继续推动"放松管制",在此过程中将借地借家法当成一个象征性的攻击目标。② 也就是说,他们在借家法制改革与泡沫经济崩溃后日本经济体制改革之间建立了关联。

在1995年12月,行政改革推进委员会放松管制小组发表的《迈向光辉国家》的报告开始探讨引入定期借家权,1996年10月经济审议会行动规划委员会的《土地、住宅工作组报告书》明确提出了定期借家权的构想。此后这些意见转化为议员的立法建议,历经曲折后以"关于促进提供优质租赁住宅的特别措施法"为题作为法案向国会正式提出,并在1999年12月的临时国会被表决通过,于2000年3月1日开始施行。通过的新法如标题所言,是一部以促进提供"优质租赁住宅"为明确目标的政策性立法。废除《借地借家法》第28条所规定正当事由要件,也是实现这一目标的手段。

2. 借家法与"正当事由"

历史上,很多国家都有保护承租人的特别立法。日本的《借家法》制定于1921年(大正10年),目的在于赋予承租人仅凭占有房屋便可获得对抗新业主的对抗力。此后,构成当前借家法制特征的决定性重要规定,即该法第1条之二关于拒绝续约以及要求解约都需要"正当事由"的规定于1941年(昭和16年),也就是在战时③被写入法律。在当

---

② 与此相对,民法学界发表了数篇反对论文,例如本田純一1996以及鈴木1996等。此外,也可参见澤野1996。但与这些论文所探讨的主题未必吻合,法务省针对经济审议会的工作组报告书在1996年11月7日发表了题为《关于〈定期借家权〉的引入》一文。该文立场较为消极,认为"正当事由制度是否导致租赁市场缩小有待检验,仍有必要充分探讨所谓定期借家权的有效性与必要性"。

③ 《借家法改正案》在国会审议时正值1941年2月,当时日本深陷侵华战争泥潭,对美关系也逐渐恶化。由偷袭珍珠港开始的太平洋战争开始于当年年末。

时战争的背景下,住宅(特别是租赁住宅)的供给不足成为社会问题,出于逃避租金管制的目的,业主往往以拒绝续约或是以解约威胁承租人必须同意增加租金,弊害由此产生。因此,为阻止承租人因租赁关系被解除而失去住所的事态继续扩大,1941年修正法案的目的就在于保护不存在债务不履行的承租人不会被赶出家门。④ 该规定在战后住宅短缺的特定时期内发挥了分配住宅稀缺资源的社会政策功能。此后随着经济的逐渐复兴,对租金不再实施管制,但该法第1条之二仍然得以延续。而《借地法》在1991年(平成3年)被大幅修改成《借地借家法》之后,该条转化为新法第28条继续维持效力,为日本的借家法制刻画鲜明特征。从这些经历来看,似乎也可以说以正当事由条款为特征的日本《借家法》仍然具有战时立法的特性。在此意义上,或许可以认为此事例能够印证日本经济史学⑤所主张的,日本经济系统源自第二次世界大战中管制经济的观点。

---

④ 三宅1989,第692页;铃木1981,第123页以下。此外,还可参见国务大臣柳川平助在贵族院特别委员会上对法律议案的主旨陈述(第76回帝国议会贵族院《(第4部第4类)借地法改正法律案特别委员会议事速记录第1号》,昭和16年2月1日)以及子爵秋月种英在贵族院所作报告(《贵族院议事速记录第13号》,昭和16年2月15日)。

若从出于完善土地与房屋租金的价格管控政策而引入"正当事由"这一点来看,至少可以说经济学家们对正当事由发起的批判在历史沿革上具有正当性,因为正当事由确实与房租管控绑定。如铃木前注已经介绍的那样,在特别委员会上应邀解释"正当事由"具体事例时,政府委员坂野千里表示本人使用的必要性当然构成正当事由,此外家族或亲族有必要使用时以及"为保存建筑物有必要移转改建时"等情形也"大致上"符合正当事由。所以,立法者当时很明显已经想到要用这一要件阻止当时已经成为问题的,以增涨房租为目的的拒绝续约或是通知解约。见前注《特别委员会议事速记录第5号》。

此外,当时也有观点指出引入正当事由后可能会阻碍出租房源的供给。在一份提交给委员会的"希望决议"里,有委员表示"希望政府在施行两法案(《借家法》和《借地法》的修正案)时能够注意到善意的土地与房屋所有人可能会对法案抱有不安念想"。前注《特别委员会议事速记录第7号》,第3页。

⑤ 冈崎1991,冈崎=奥野1993b,大石1995,野口1995a。对此观点的批判可见山崎广明1995。

3. 经济学的论证路径

有一部分经济学者和法律学者指责这部法律在当下的日本已经失去意义,它所主张要实现的再分配同样显属不当。其中,经济学的论证路径正如下文所述。

① 第一,建立一个关于业主与承租人的行为模型,以此来解释"正当事由"阻碍契约终止导致续租租金始终维持在较低标准,进而减少出租房源的供给。

② 第二,基于历史数据,利用这种模型对过往事实进行实证分析,以此证明这种模型是分析日本问题的妥当工具。⑥

③ 第三,以模型的正确性为前提,提出若不解除对续租租金的管制则租赁房屋(特别是优质的大户型房源)的供给不可增加,并主张当前日本应当允许自由地终止契约。

④ 第四,能够自由终止契约并解除管制续租租金之后,就可以回归到最初也是最理想状态的"契约自由",而且从自我责任原则的立场也可证成结论的正当性。此外,虽然经济学不能必然推导出这一逻辑,但因该法属于介入手段,从而可以从"放松管制"这种价值观中获取正当性。

⑤ 第五,对于因租房契约被终止而在分配上遭受损害的低收入者,经济学主张应当提供公有住宅作为救济。但也有观点认为,如果不考虑收入情况,假定当事人都可以根据损益计算结果自由地商定契约期间,那么也可以不需要救济。

⑥ 最后,在分配问题上,经济学主张当前保护现有承租人的方式

---

⑥ 此外,关于《借家法》对应的法律规制是否阻碍出租房源的供给,在经济学的阵营内部也有争论。例如福井森本论战。除福井 1995、岩田 1994 之外,参见森本 1996 与该论文引用的文献。评价的分歧点在于与租赁关系相关的建模方式以及解读数据的方法。

实质上损害了想要获得优质房源也能支付合理租金的广大潜在承租人的利益。因此，如果废除借家法的规制，那么未来一定会给承租人提供大量优质且廉价的房源。经济学所描绘的就是这样一幅美好的愿景。

其中，①—③是核心论证，④—⑥是为补强作出的论证。

上述论证批判的对象是《借地借家法》第 28 条，即拒绝续约或提出解约都必须具备正当事由的规定。正因为存在正当事由的要件，业主很难预测日后能否直接要求承租人腾房，因此业主有理由不出租房屋，进而导致房屋特别是大型租赁住宅的房源供给受阻。此外，围绕该要件所产生纠纷进入诉讼阶段后，在很多情况下法院为了填补正当事由会承认承租人有权收取腾退费，而这种费用伴随 1980 年代后半段泡沫经济时期腾飞的地价同步上涨，有时甚至会涨到极其高昂的数字。⑦ 对此经济学者经常作出批判，并认为这是针对业主极为偏颇的不正当再分配。

而批判的矛头甚至挥向司法实务官员和民法学者这两个群体，经济学者们认为支持这种法律的民法学有害无益，甚至于批评民法学者全都是一群只会拥护自己既得利益的无能集团。⑧ 相应地，经济学者们主张应当根据契约自由原则，允许当事人自由地商定契约期间，而且在期限届满后业主没有义务续约。

---

⑦ 例如东京地判平成 3 年 5 月 30 日判时 1395 号 81 页案例认可应向东京银座建筑物的承租人（活版印刷所）支付 8 亿日元腾退费。这可能是公开判例中向承租人所支付的数额最高的腾退费。

⑧ 例如久米 1997 认为反对引入定期借家权的法务官员与法律学者之所以还有工作，正是因为当下暧昧的承租人保护规定，因此如果维持这种现状存续，他们才是"唯一的既得利益阶层"。

4. 正当事由的功能

那么,正当事由在现实判例中发挥了怎样的功能呢? 根据我所能查到的结果,在战后公开了的以正当事由为争议的判例数量如下表所示。[9] "肯定"是指承认有正当事由存在,其中包括了部分胜诉(也就是所谓同居判决)的案例。"否定"则是不承认存在正当事由。

	总计(最高裁)	肯定	否定	不能确定
昭和 20 年—29 年	139(28)	97	41	1
昭和 30 年—39 年	108(22)	67	36	5
昭和 40 年—49 年	88(9)	57	26	5
昭和 50 年—59 年	65(2)	44	18	3
昭和 60 年—平成 8 年月	55(3)	38	17	0
合计	455(64)	303	138	14

虽然这些数字不具备统计意义,但从最高裁判所案例的占比来看,还是可以认定,在昭和 30 年代结束时已经形成了稳定的判例法。

更有趣的是,纠纷性质也出现了历史性的变化。

(a) 在昭和 20 年代,多半纠纷都是业主与承租人争夺居住的场所。此外,也有不少第三方购置有承租人在住的房屋,然后为本人使用而要求承租人腾退的案例。在当时法院的判例中,看不到相对业主应当优先保护承租人的思路,所适用的裁判标准是对住宅稀缺资源在需求必要度上进行"比较考量"。

而在重视因战争导致居住困难这一情节并把它作为裁判理由的判

---

[9] 检索对象为对定期借家法产生立法争论的平成 8 年(1996 年)6 月之前的公开判例,检索引擎为"判例大师"(判例マスター),关键词为"借家"与"正当事由"。检索数字为判决书的数量,而非案件数。

222 例中,法院指出《借家法》第 1 条之二的立法目的在于阻止业主因贪欲而催生的所谓地震买卖*,并论述称,为这种目的业主必然会以自己使用土地为理由,而由于此后出现的住宅难问题,必须要着重考虑找不到新家的承租人的立场(最判昭和 29 年 4 月 20 日判时 27 号 6 页)。顺便一提,大判昭和 19 年 9 月 18 日的案例确立了对需求必要度进行"比较考量"的裁判尺度(铃木 1984,274)。

这些判例并未采用优先保护承租人的思路。实际上,比较考量这一裁判标准在不少情况下对业主方发挥了有利作用(参见东京高判昭和 27 年 10 月 28 日下民集 3 卷 10 号 1503 页)。此外,东京地判昭和 27 年 4 月 22 日(下民集 3 卷 4 号 533 页)的案例还论述称"正所谓'房东如父母,伙计如孩子',保证承租人全家将来生计无忧的义务并不存在",法院据此肯定了正当事由的存在。东京高判昭和 2 年 7 月 20 日(判夕 18 号 57 页)也认为在必要程度同等的情况下应当优先考虑业主。

(b) 在昭和 30 年代中叶,论及支付腾退费的案例开始增加。虽然从昭和 20 年代开始就有涉及补偿"搬家费"的案例,[⑩]但彼时尚未普遍地将正当事由与交付金钱互相关联。大阪地判昭和 32 年 10 月 9 日(判夕 76 号 3 页)这一判例是所有案例中认定支付 100 万日元腾退费等同于正当事由的裁判时间最早的案例(其他案例有东京地判昭和 34 年 2 月 20 日判时 177 号 15 页案例)。而若当事人预先约定明确的租赁期间,有判例在综合考虑其他情形后尊重当事人对期间的约定(东京高判

---

* 在地上权或土地租赁权尚未完成登记但地价已经腾飞时,有业主趁机故意将尚有地上建筑物的土地通过买卖的形式让渡给第三方。因买卖关系将危及地上建筑物的存续,所以被称为地震买卖。

[70] ⑩ 东京地判昭和 25 年 1 月 21 日下民集 1 卷 1 号 43 页等。此外,东京高判昭和 26 年 10 月 9 日下民集 2 卷 10 号 1179 页案例认为支付 5 万元的搬家费可以"起到减轻所遭受痛苦的作用",该案可被认为是搬家费开始具有补偿功能的早期案例。

昭和33年5月28日东高民报9卷5号85页等)。此后,至大阪地判昭和35年6月29日(判夕108号63页)、东京高判昭和35年9月7日(判时243号22页)判例作出之时,论及金钱给付的判例开始增多。相对地,体现所谓优先保护出租人思路的判决也更为多见。

（c）时至昭和40年代,在肯定正当事由的基础上,交付腾退费被认为是理所当然的。最判昭和46年6月17日(判时645号75页)的判例则表明在判断金钱给付能否构成正当事由时应当斟酌为之,表明最高裁判所对此习惯予以确认。⑪

如此一来,最初确实被用来腾退的费用逐渐演变成"租赁权价格"。以腾退费为名义,一种伴随经济高速增长进程参与分配开发利益的特性逐渐增强。

虽然基于这种有限的观察只能谨慎地给出特定结论,但仍然可以认为在昭和20年代请求返还房屋的理由几乎只能是本人使用。也就是说,有余力的业主为了赚取生活费会出租自己的房屋(若担心房屋无法返还而不考虑出租的就是没有余力),没有余力的业主则会为了自己居住房屋而寻求终止租赁。涉及在租房屋的交付几乎也是限于本人使用的目的。

从这种纠纷实态出发进行探讨,可以认为是否存在正当事由不会影响房源供给(其他因素才会影响房源供给)。此时正当事由的功能在于充当一种分配稀缺住宅资源的手段(同居判决可以作为代表)。而发生变化则是在昭和35年之后。

（d）终于来到昭和60年代的泡沫经济时期。与腾退费的腾飞同

---

⑪ 对此问题的指导案例(leading case)被认为是最判昭和38年3月1日民集17卷2号290页案例。但该案仅对将"搬家费"认定为"完善条件"型正当事由的原审判决予以维持,没有在理论上另有论述。

步出现的,是以"有效利用宅地"为由解约数量的增长。但法院对以这种理由提出的解约经常表现出冷淡的态度(东京地判昭和62年10月29日判夕668号168页、东京地判昭和62年6月16日判时1269号101页等,否定以有效利用宅地为目的提出的解约具有正当事由)。这些判决仍然认为,应当优先考虑承租人的居住利益,而不是那种可从异常高涨的地价中不劳而获取得资本收益(capital gain)的期待,因此在某种意义上可谓是为朴素的平民直觉进行的代言。相对地,也有判例明确提出了"借家权价格"的观念(东京地判昭和63年9月16日判时1312号124页、东京地判平成3年4月24日判夕769号192页等)。

根据以上观察,可以说具体适用正当事由时存在很大的不确定性。其中,与返还房屋所伴随的金钱给付事态也与高速经济成长同步出现的"借家权价格"相关。但是,"借家权价格"在现实中只能算作比喻类的表现概念,因为实际上并不存在借家权所对应的市场。又因为解约被严格限制,因此它也具有较强的因权利被预先分配从而在事前获得的交涉筹码的属性。⑫

5. 对经济学路径的检视

以上文探讨为前提,下文将对前述由经济学发起的攻击从法学方面探索可能的回应以及反驳意见。

(1) 关于第①—③项意见即"《借家法》阻碍出租房源的供给,而自由化将增加房源供给"

(a) 该结论其实并不正确。原因在于现实中供给是否增加取决于

---

⑫ 东京高判平成元年3月30日判时1306号38页案例可对借家权的价格评估提供参考,不过该案判决也表示"一般来说目前还没有形成一个客观的交易建筑物租赁权的价格参照环境"。

第6章 放松管制与契约法

供需平衡。在泡沫经济时期,尽管《借家法》仍然适用,但提供给公司所用的租赁办公建筑还是出现了供给过剩的情况。若假定正当事由要件将阻碍出租房源供给,那么如果经济条件发生变化,也就是如果市场认为未来需求方面将会增加,就会相应地导致供给过多。反而言之,即便消除《借家法》的适用效果,如果预计未来关于出租房源的需求会变小,那么根据市场原理的结论,房源供给仍然不可能增加。实际上,日本经济涨势的低迷以及将来劳动人口的预期减少也可能导致新住宅需求增长的停滞。而对自有住宅的心理偏好同样影响住宅需求,从而可能会降低对出租房源的需求(对自有住宅的向往包含无法用经济合理性解释的要素)。

简而言之,即便存在居住用出租房屋比例低下的事实,原因也包括各种各样的因素。《借家法》在其中到底起多大作用,仍需进一步作出探讨。

针对以上论述,经济学者也许会提出如下反驳意见。也就是说,废除正当事由促使"出租房源增加供给"这一论断的事实含义在于,若保持其他变量不变,有正当事由相对于没有正当事由而言后者将产生更大的供给量。从废除正当事由将使得供给曲线向右平移这一假定出发,在逻辑上可以推导出这一结论。但不能说这种主张当然正确。原因在于,废除正当事由将使承租人失去稳定的法律地位,也可能会影响潜在承租人的需求。如果需求曲线大幅向下平移,还是会抵消掉供给曲线向右平移导致的增量,反而导致供给总量减少。为避免这种情况发生,有必要用实证数据给出论证,而不是先入为主想当然地抛出论断。

此外,如果废除正当事由,允许出租人肆意拒绝续约,对于已经多次反复完成续约的租房契约而言,无从保护信赖这次到期后也能继续续约的承租人。无论出于何等肆意的理由拒绝续约,因为承租人原本都没有续约的保障,将会得出对续约所拥有的信赖不值得保护的粗暴结论。对此结论,想必会有不少法律人感到不安。如果承认肆意拒绝续约将导致承租人的信赖被背叛,由此也会产生一定的社会成本,那么即便废除正当事由确实能够增加供给,也应当在社会效用层面讨论增加的供给能否填补前述社会成本并形成剩余,否则不能在政策论中承认废除论的妥当性。

（b）不过在转向 90 年代末事业用租赁的情况时,可以发现东京办公大楼的业主不仅不想终止契约,有的甚至不惜通过引入"免费租赁制"（free rent）,以免除一定期间租金的方式来吸引承租人进驻。相对地,承租人只要还能找到优质条件的替代租赁房屋,那么也会保持趋向租住优质房屋的趋势。根据供需平衡的具体状况,可以说以上事实在某种程度上也表明承租人其实并不需要强行法的保护。

此外,东京等地办公大楼的续租租金在 90 年代末时已经超出了新出租建筑的市场租金。因此,承租人开始行使减价请求权。与此相对,业主开始援用续租租金的规则（理由是剧烈变动并非当事人所愿）,以期能够维持租金标准。也就是说,正如历来所指出的那样,续租租金之所以会低于新出租租金也可归结于地价高涨导致租金随之高涨的外在因素。而问题在于如何作出以下政策判断,即新房租金的市价大幅上升或下降后,确定续租租金时是否应当或是在多大程度上应当将规避急剧变动纳入考量范围。

（2）与契约自由原则的关系（对应问题④）

（a）对于依据契约自由原则所提出的放松管制的主张,我本人感觉其中存在一种违和感。原因在于根据我的理解,租房契约是一种典型的"继续性契约",然后在继续性契约中,有非因"不得已事由"不得终止契约关系的独立法理存在。不限于租房契约,此法理的妥当性在代理商契约、特许经营契约与雇佣契约等其他契约型契约中也被普遍认可。原则上支撑这些契约的是对继续性的合理期待。而保护这种期待不容被肆意背叛的原则,也是具备充分合理性的规则。

此处"合理性"的意义如下所述。假定以罗尔斯(ロールズ1979)所提出具有立场互换性的"无知之幕"为基础并基于此作出规则选择,人们很有可能会选择那些能够保护对继续性所产生合理期待,且对继续性契约而言具有合理性的规则。[13] 如此一来,如果可以自由地终止契约,也就是承认可以拒绝续约以及对解约请求不设通知期间之外的任何限制,那么到底会回归到所谓中立(neutral)的状态,还是会偏向优待保护业主的状态?

(b)此外,在继续性契约中严格适用契约自由原则甚至完全承认所有特别约定的思路也让人感到违和。例如,对于现在已经引发严重问题的转租案件,[14]即使是专长从事经济合理性行动的大企业,可以发现连它们都要求否定数年前形成合意的租房契约中特别约定(租金保证条款、自动增价条款等)的效力。而若完全承认特别约定的效力,那么即使是规模较大的不动产企业,它们的经营情况也会受到不容忽视的负面影响。因此多数判例都选择用种种理由承认有权对契约作出变更(违反契约条款的减价请求)。

换言之,对继续性契约而言,由于很难预见未来,所以不能用自我责任原则(契约自由原则)来证成契约订立时的意思具有约束力这一论

---

[13] 用威廉森流派的新制度经济学派也可以论证这种规则的正当性。参见内田1990;第Ⅳ章。

[14] 关于转租的理论探讨,澤野1994、加藤1995、道垣内1995等著作构建了基础,此后也有众多文献出现。包括新发表文献在内,可参见金山1999。此外,也可参见本书第113页。

断的正当性。更何况普通个人租户根本就不知道自己到底会租住几年,而且未来与此前的预测出现变化的可能性也很大。因此很难看透未来数年的变化并据此确定租赁期间。"因为是合意确定的期间,所以遵守它不可能产生损害"这一结论并不妥当。

此外,在契约订立时点上关于"只要便宜短期也可接受"的意思极有可能不具备合理性。"即使是当事人在冷静考虑之后才形成的合意,也有可能不属于合理的判断",这是与经济学所作假定相关的问题。但在现实世界,消费者法本来就是以一方当事人并不必然能够作出合理判断为前提才得以成立的部门法。⑮

6. 经济学与法学思维模式的不同

(1)经济学与法律学在思维模式上存在根本性差异。因此在很多情况下会出现各说各话的问题。⑯ 经济学的思维模式是设定目标,然后考虑如何能用最有效的手段达成目标,也就是目的手段导向的思维模式,属于面向未来作出的事前(forward looking)判断。其中,法律也属于实现目标的手段之一。因此,只需要考虑法律作为行为规范的功能。与此相对,法律思维模式是适用既存规范解决已经产生的纠纷。针对过往事实判断当事人有无权利,或是当事人的主张是否与正义相适。

---

⑮ 在笔者所参加的定期借家权相关研究会中,福井秀夫教授通过与消费借贷清偿期间合意的约束性进行对比,提出了极有启发的意见。也就是说,即使消费者通常会承认关于金钱消费借贷清偿期间的合意当然具有约束力,但若认为租赁的存续期间合意没有约束力岂不奇怪?这的确是一个引人深思的问题,可能只能用居住用不动产这种标的物本身的特殊性给出解释。虽然都是租借,如果是动产的话,返还期间合意具有约束力。对于不动产,如果约定期间届满就要返还属于典型情景,那么返还期间合意也应当具有约束力。但至少在现在的日本,关于居住用不动产即使存在期间合意,在《借家法》开始适用之前现实多会续约,因此人们普遍怀有租约能够存续的强烈期待。

⑯ 对此参见平井1995,第15页以下。

因此它必然是面向过去作出的事后(backward looking)判断,只发挥法律作为评价规范的功能。⑰ 在政策判断中,目的手段导向的思考模式自然非常重要;但相对地,立法时也有必要考虑法律在事后纠纷解决阶段的重要功能。

迄今为止,在法律解释和立法当中,很多时候民法学者专于探讨事后纠纷解决阶段的具体问题。理由对于是这种在法律领域之内属于目的手段导向思维的政策论方法,它的实效性在很多情况下都无法被实证。例如众所周知废除死刑将导致重刑犯罪增加这一命题仍然未被实证。而在民法领域,关于产品责任也存在由过错责任转向无过错责任能否促使产品质量得到提升的政策争论。不过这也只是围绕理论模型展开的讨论,在现实世界中的因果关系没有获得充分实证。就结果来看,基于事前视角所作出的政策论在很多情况下充其量只是补充性论据。

今后也许会有更多应当重视目的手段导向事前性思维的场合。但无论怎样,还是有必要重视法律在纠纷解决阶段所发挥的作用。不过,两者对应的思维极易发生冲突。

(2)对于保护承租人不被恶意拒绝续约或是要求解约而言,正当事由历来有其必要的存在价值。作出这一结论并非基于事前政策决定的视角,而是事后的法律思考视角。因此,多数情况下对于法律学者提出再多的事前政策论质疑,双方的讨论也无法对应起来。

在事后法律思考的情况下,积极主张正当事由有其存在理由的观点主要依靠两项论据。第一,有肆意强迫承租人腾退的恶劣业主。第二,立即腾退将会对承租人造成无法忽视的巨大成本。如果这两项结论

---

⑰ 行为规范与评价规范的概念由新堂幸司教授引入,详细内容可参见内田1988a。

不能成立,那么重视事后决定方面的民法学者就会失去据以力争的论据。

　　首先对于第一种论据,虽然有观点认为业主不会出于经济合理性之外的理由要求他人立即腾退,但这种观点完全没有考虑纠纷的现实情况。立法之所以作出《借家法》第 1 条之二的规定,正是因为现实中出现了相当恶劣的事例。⑱ 所谓"恶劣"是指对第三人来说实在看不出有什么充分的终止契约事由。在这种情况下就不应当认可契约终止,而对于其他典型继续性契约来说,这也是妥当的规则。当然,达到恶劣程度的事例在现实中属于例外现象。但多数情况下正是例外现象才会导致诉讼乃至最终的裁判。从事后纠纷解决的视角出发,所需要的正是这种作用于病理性现象的规范。

　　而对于第二种依据,即立即腾退的成本问题存在以下考虑:通常来说,住宅就性质而言不同于存在替代品的一般商品,在很多时候下都是很难找到同等条件的可替代住宅。因此,在毫无准备的情况下被赶出房屋当然要承担高昂成本。而且成本不止于搬家费用,还包括对原址以及住宅所付心血而导致的情感损失,而认定后一种成本并非易事(很容易作出数额过低的认定)。

　　如果被赶出房屋所导致的成本并不算大,而业主借此获得的利益又足够多,那么只要当事人仍然都会理性地行事,无论《借家法》如何规定,理论上都可以形成立即腾退的合意。因此,如果现实中承租人仍然不愿意主动立即腾退房,只能说明存在于主观认知中的腾退成本还是过于高昂。

　　当然,承租人也有可能出于机会主义(利己)考虑将《借家法》作为托词来阻碍交涉进行。特别是泡沫经济时期所发生的纠纷,承租人请

---

　　⑱　关于《借家法》制定时的具体情形,参见渡边洋三 1960,第 317 页以下。

求支付的腾退费在某种意义上与其说是填补腾退本身造成的成本,不如说是寻求与业主共同分配开发利益(或是升值利益)。不过,即便这一事实对业主与承租人之间的利润分配存在影响,但也不会阻碍双方最终能够获得有效率的合意结果。用科斯定理这一理论模型或可对此作出解释。

7. 关于《特别措施法》[19]

作为本章初稿的论文完成于《特别措施法》通过之前。该文提出在立法论上有可能扩张《借地借家法》第38条规定的"附期限的建筑物租赁"制度。[20] 而《特别措施法》彻底采用了扩张"附期限建筑物租赁"制度的形态。但在实质却承认租房契约可以排除适用《借地借家法》第28条所规定的正当事由。

为消除对弊害的担忧,《特别措施法》采取了下列措施:第一,要求采用"公证文书等书面形式"(基于《特别措施法》进行修订后的《借地借家法》第38条第1款)订立契约。第二,出租人对承租人负有以书面形式告知契约主旨并作出解释说明的义务。若出租人未能履行这一义务,则仍以此前租房契约(现被称为普通租房契约)为准,也就是要求拒绝续约需要正当事由(该法第38条第2款与第3款)。第三,对于期间

---

[19] 关于该法基于住宅政策视角做出的整合解说,参见ジュリスト特集2000所收录的论文。

[20] NBL606号(1996)15页论述如下:
为扩大较短期间租赁的可能性,应当考虑扩展"附期限建筑物租赁"这一制度。其时,或许没有必要沿用现行法这种限制理由范围的做法。但也要预备防止规避法律的策略,例如明确附期限租赁的客观理由(改建的必要、家族居住的必要等),在明示租赁期间的基础上对契约文书予以公证(在公证证书中明示附期限的"理由"等(但是公证证书是不是最优策略有待进一步探讨)。如此一来,即使出租人拒绝续约,对此可能性承租人在事前也能够充分了解,并在此基础上同意订立契约。

为一年以上的租赁,在期间届满前一年至六个月("通知期间")之间,出租人必须"通知承租人期间届满后将终止建筑物租赁关系"。逾期通知的,则认定自通知之日起六个月内租赁关系不得被终止(该法第38条第4款)。第四,施行前对租房契约的续约仍然适用旧《借地借家法》的规定,此外对于居住用建筑物,立法"暂时"不承认可以将既存普通租房契约转换为定期租房契约(附则第2条第1款以及第3款)。然后第五,规定以施行四年为一周期,检视居住用建筑物的租赁现状,同时检讨新法的施行状况,并根据结果确定是否需要采取必要措施(附则第4条)。

此外,该法还规定为应对放松管制所导致的分配不公,国家与地方公共团体有义务努力为住房困难人群增加公租房房源供给,并完善民间租赁住宅市场的保障机制(safety net)(《特别措施法》第3条)。[21]

虽然最后的努力规定能有多大实效有待验证,但是这些重重布置的防护措施也表明创设定期租赁权时面临怎样的压力,行动又是怎样的小心翼翼。

8. 借家法制的必要性

(1)新法到底能在多大程度上实现政策目标,只能留待未来根据事实进行实证。此处着眼于更为理论的问题,如果说在理想社会可以向低收入者增加公有住房的房源供给,那么此时还有必要对房屋租赁进行法律规制吗?如果认为没有必要,那就有可能对此次立法给出确

---

[21] 《特别措施法》第3条规定如下:
第1款 为促进向住宅困难者提供规模、性能以及居住环境适宜的良好公共租赁住宅(地方公共团体、都市基盘整备公团以及地方住宅供给公社对应整备的租赁住宅,下条相同),国家与地方公共团体应当采取必要措施努力保证公共租赁住宅获得整备或改良。
第2款 公共租赁住宅的管理者应当甄选公共租赁住宅的入住人,努力使住宅困难者获得安定的居住条件。

实是面向理想未来所迈出第一步的积极评价。如此一来,只要出租房源有充分供给,是否便可全部交由契约自由?

不管经济条件如何,如果承租人全家长久租住,工作地点与孩子上学以及各方面生活都会全方位地对此地形成特殊的投资关系,其中还有深厚的感情投入。如果业主采取战略式行动,在契约终止导致承租人承担巨大成本的案例中,业主完全可以采用上涨租金这种手段来达到终止契约的目的。无论承租人收入多少或是房屋面积多大都存在这一问题。实际上,在战前的租赁纠纷中就出现了很多此类事例,这是制定《借家法》的原因之一。

为避免此类问题出现,可以选择:①广泛传播这种业主所采取行动的相关信息(即信息经济学所称"评价"),使这种业主被排除于未来的竞争市场之外;或是②施加规制这种行动的措施。

关于第①选择,虽然实现这一目标有赖于为此类评价信息提供机制(scheme)(在不动产行业中信息并不会自然地传递给新租户),此外也不能指望中介能够忠实地向租户传递不利于业主委托人的信息。即使强制如此,监管成本之高恐怕也无法接受。此外,与不动产买卖不同的是,所有租赁契约如果都需要中介居间完成的话,本身也会产生过高的成本。

因此只能选择第②种规制手段,结论还是需要类似正当事由这类的原则性条款。

所以说,我认为只能继续维持正当事由要件规则。但此处需要注意的是,我并不是支持正当事由所对应的收入再分配政策。经济学者虽然主张不应当由偶然出租房屋的业主来承担承租人对应的再分配成本。[22]

---

[22] 对此,我还是认为很难像铃木教授一样,通过类推适用经营者对员工提供产假保障导致的负担与特定亲属抚养义务负担来证成正当化。参见铃木1996(上),9页以下。

但是，以租赁契约为代表的继续性契约存在有关继续性的共通法理，作为这种法理的表现之一，我认为正当事由有其存在理由。这是从本书提出的契约法理论所必然能推导出的结论。

（2）即便考虑上文出现的各种情形，如果有可能提高判断正当事由的预测可能性，还是应当尽可能地作出努力。如果在法律层面很难形成定论，那么在规则层面也应当探索能够对如何确定正当事由内容提供具体指引的方向。

就实质内容来说，如果是在租建筑已经超过耐久年份并且需要改修，在此情况下可以说确实有合理的终止契约理由。此时若拒绝续约或是请求解约的，只要能够充分说明或是尝试说服，那么给出一定程度的金钱补偿（后文将对此进行论述）就可以被认定为正当事由。本文也希望能够推动确立这种实务规则。

顺便一提，关于正当事由的内容，至少就为变现地价攀升利益而要收回并未老化的出租房屋这种理由而言，法院普遍认为不足以构成驱逐承租人的理由。与其说这是法律专家的感觉，不如说这是日本人日常的正义感。除却这种情形不提，在最近的判例中也出现了很多认可补交腾退费构成正当事由的案例，因此我的这种思路并不算与实务绝缘。[23]

（3）关于腾退费

由于腾退势必会产生一定的成本，只要支付腾退费本身还是以某种初始权利分配为前提通过自由交涉所达成的结果，那么经济学也不能对此作出否定。只是战略性行动可能会产生非效率化的结果。

但是，如果为避免出现这种非效率化的结果而要硬去改变事前的

---

[23] 关于对最近判例中正当事由判断因素的详细分析，参见塩崎＝西口2000。

原始权利分配状态（承认业主有驱逐权），则会导致腾退成本被过分忽视。必须要做的不是否定腾退费，而且保证业主能够准确预估腾退费的数额，比如预先确立评估基准或计算标准。我认为这才是应当考虑的选项。此时需要慎重地探讨将泡沫经济时期的地价作为评测基准是否合理。

顺便一提，对此经济学认为事前原始权利分配会通过它所产生的效果影响属于结果范畴的利用效率水平，因此应当以契约自由的状态（所谓原初状态）为前提来实现追求效率的目标。但是，对此结论有必要作出保留。

"享有被明确定义的绝对所有权的原子化个人，负有只能以自由契约为媒介取得权利的义务。"以这种原始权利分配状态为出发点形成的思维不能由"经济学"予以论证。关于事前原始权利分配到底以哪一种状态为前提，说到底只是论者价值选择的结果而已。而且，关于持此意见的经济学者所作为前提的理念型契约社会，即使属于"近代法"理念，却也并不存在于现实之中。考虑到这些问题，若认为这种状态是理想状态，那么这种想法就正是曼海姆（Karl Mannheim）意义上的意识形态（Ideology），除此之外什么也不是（マンハイム1968）。

当然，经济学者的前述立论本身并没有什么错误。但是，对于继续性契约中的合理规则而言，从本书所处立场出发，将"假想的近代"（村上1992）予以理想化的思维并不具有先验性的妥当性，在其他领域内也是如此。

9. 续租租金的问题

支持定期借家制度的经济学阵营也主张应当使续租租金与新出租正常租金保持一致。《特别措施法》认可通过拒绝续约使契约被隔断为短期契约,彻底排除了续租租金出现的可能。此外,该法还支持通过特别约定来排除(新法第 38 条第 7 款)《借地借家法》所规定在契约期间内得以行使的租金增减额请求权(《借地借家法》第 32 条)。

其实,关于续租租金的问题并非由借家法本身所产生,根源在于适用的方式。如果将增减额请求权适用于与新出租市场租金保持一致的需要,那么问题也就会迎刃而解。就"与诉争房屋应有市场租金保持同步"这一方向我本人并无异议。应当进一步解决的是如何计算租金数额。如果考虑房屋特点以及地理条件的差异,也不能只是单纯地对标周边市场租金。因此,有必要回归租金计算方式并对此进行探讨。以此为基础,拟定某种关于评估的指导标准或将有所助益。

10. 地域特有的措施

前文探讨了新出租房屋的情形,而对于既存借家权,本章开头提及的《经济审议会行动规划委员会土地、住宅工作组报告书》为了对都心部*的"木制出租房屋密集地区"等地区进行二次开发,提议"对于(二次开发)必要性较高的地区中存续的既存借家权,应当通过特别立法措施,依靠国家或地方自治体对承租人进行租金补助或提供补偿措施等补偿机制尽可能地予以消除"。这部提案在 1997 年作为《关于促进密集市街地整备防灾街区的法律》㉔而被通过。其中,以依据"居住安定计划"提供替代住宅为前提,承认《借地借家法》第 26 条第 2 款和第 28 条可被排除适用(该法第 24 条)。的确,为了顺应特定地域所独有需求,确有必要出台特别立法措施,但不需要对借家法本身进行修正。此

---

* 专指东京都城市中心部分。
㉔ 平成 9 年法 49。

外,也有必要为此提供足以消除分配不公问题的补偿措施。针对市中心的木制出租房屋密集地区,由于部分地区保留了往日老街情怀,在对此类地区进行二次开发之前,即便是出于防灾的考虑,也有必要首先就都市的应有面貌进行充分讨论。即使考虑兼顾高度耐火性的土地利用方式,只有钢铁森林式的规划也会将市中心破坏殆尽。

三、劳动法

在劳动法的领域也出现了将放松管制引入市场机制的显著动向。[25] 在日本,由于适用《劳动基准法》,雇佣契约也被称为劳动契约。不过对于劳动契约的内容,在《劳动基准法》作出了法定最低底线的同时,实施规制主要依靠由公法路径提供的刑罚制裁。在现实中,劳动条件本来就并非一律由单个劳动者与用人方通过交换劳动契约而确定,在多数情况下,决定劳动条件的是用人方单方制定的劳动规章。然后,在劳动规章制定与变更之际,为了保护劳动者的权利与利益,在劳动基准监督署接受投诉的同时,工会也被认为可以发挥重要的作用。

大部分日本工会属于企业内工会,主要以内部劳动市场为活动场所发挥功能。因此对于单个企业的劳动条件,也存在以工会为当事人进行劳资协商并确定基本内容的机制。长久以来,这些法律机制一直支撑着日本的长期雇佣体系。

---

[25] 关于放松管制与劳动法之间关系的文献,有特集「規制緩和と労働法」1997,特集「労働法における規制緩和と弾力化」1999。此外,对以问题 Araki 1997 进行了高效而有益的整合分析。顺带一提,我从荒木教授处得到了宝贵的面授启示,在此表示感谢。

另外,西谷敏教授在西谷 1992 中以回归古典契约模型为导向,采取重视劳动者自我决定权的立场,对与放松管制的关系中持非常慎重的态度,这一点值得关注。参见西谷 1997a、西谷 1997b、西谷 1999a。

而在讨论劳动条件时，虽然通常会假定工会是交涉当事人，但现实中工会的组织率愈发低下，根据1999年的调查结果，加入工会职员人数比率的整体平均值仅为22.2%（荒木2000a）。相对地，个别劳动者为了改善自身条件，也经常需要能够单独地与用人方协商劳动条件并订立劳动契约。为顺应这种需求，劳动法也需要转向（shift）契约法路径。也就是说，应当不断拓展当事人自由交涉的空间，完善能够支撑这种交涉空间的法律支持体系（support system）（菅野＝諏訪1994）。

作为前述潮流的环节之一，存在一种关于减少国家介入劳动契约中终止规则的放松管制动向。在日本，对于劳动契约的终止，没有客观合理理由的解雇，以及即便有客观合理理由但"难以被社会通常观念认可"的解聘均被视为滥用权利，对此如今也形成了无效认定的判例规则。[26] 而这种规则又被认为在高度经济成长背景下发挥着保障长期雇佣的制度性功能。[27] 相对地，在用人方一侧也能发现这样一种行为模式，即对于经济变动而引发的雇佣调整措施而言，用人方会尽可能地在内部市场范围内完成调整应对，通过避免解雇以维持用人方与劳动者的信赖关系，防止出现士气低下的后果。

但是，随着经济和社会条件的变化，雇佣习惯也会随之改变，因此有观点认为契约终止的样态也有必要实现多样化。[28] 例如日本的《劳动

---

[26] "日本食盐制造案"最判昭和50年4月25日民集29卷4号456页、"高知放送案"最判昭和52年1月31日劳判268号17页。

[27] 但是，有重要观点认为，在日本雇佣关系中努力避免解雇并保持雇佣关系本身是一种社会规范，滥用解雇权规则"与其说由法院独立创设，不如说是经由与社会规范的相互作用才得以形成"，荒木2000b（6完），第59页。这种观点与本书肯定继续性原理这一内在性规范的理论有相通之处。

[28] 村中孝史1999虽然将限制解雇权的规则形态置于日本雇佣习惯的变化之中并进行探讨，但他的立场重视解雇带来的威胁以及劳动者人格的从属性，对过度缓和解雇权限制规则持批判态度。

基准法》出于用人方可能不当制约劳动者自由的担忧,禁止订立为期一年以上的劳动契约(该法第 14 条)。有意见认为应当承认"定期契约"以放松这种管控。具体来说,作为劳动大臣私人咨询机构的《劳动基准法》研究会提倡,应当回归到《民法典》第 626 条确立的原则,承认五年期内的定期劳动契约。此外,日本经营者团体联盟(日经联)在 1995 年公开发表的《新时代的"日本经营"》也提倡一种并不必然以长期雇佣为前提,同时能应对多样化雇佣关系以及需求关系变化的,即"灵活发挥高度专业能力"的新类型雇佣形态(日本経営者団体連盟 1995,33)。[29] 该文还主张应当将历来无固定期间的雇佣契约[30]变更为定期雇佣契约。为应对这种需求,劳动法学者也在热烈地讨论劳动契约法制的形态,对于引入为专业劳动者或高度技术人员所设计的雇佣形态(即定期契约制度),学者们纷纷表示理解,[31]并认可订立至多为期五年的定期契约的议案也已提交。但此后在中央劳动基准审议会中出现了强烈的反对意见(花见 1998,下井 1999),结果导致在 1998 年修订《劳动基准法》时,只承认了该法第 14 条所规定的,在极其限定的情况下以三年为上限约定劳动期限的改动。[32]

对于此次修订,有评论认为它不算是足以应对社会需求的放松管制。不过,由于终止定期契约只需要期间届满,除此之外不需要任何其

---

[29] 労働基準法研究会 1993。还可参见中山 1995。
[30] 日本経営者団体連盟 1995 将以往不定期雇佣契约称为"长期蓄积能力扩大适用型团体"。
[31] 参见菅野=諏訪 1994、毛塚 1996、島田 1997。此外,毛塚 1995b 提倡规定相对较长的预告期间,使解雇法律制度本身更有弹性。
[32] 劳动契约期间能够超过一年期的情形仅有两种,一种是符合劳动大臣所确定标准的、从事开发新产品或新兴行业的专业人士,还要求在相关行业中缺乏这种专业人士且属于初始聘用(也就是排除了续约情形);另一种是雇佣超过 60 岁的高龄者的情形。《劳动基准法》第 14 条第 1—3 号。

他理由。因此如果广泛地引入这种契约类型,再加上承认续约,那么就会产生一种困境,也就是承认劳动契约可以规避禁止滥用解雇权的规则。因此,修订后的法律禁止对超过一年期间的雇佣契约予以续约。㉝

此外,在一年期内的定期雇佣契约续约之际,当前的判例确立了通过类推适用禁止滥用解雇权规则,以将多次续约后的拒绝续约等同于对无固定期限雇佣的解雇。㉞ 而在正面承认定期契约这种新雇佣形态之际,若仍然承认有权续约,再同时适用前述规则将会产生矛盾。就结果而言,可能产生与借家法相同的问题。

四、放松管制思想

在基于前述"放松管制思想"所假定的契约模型当中,一般认为只要给定信息足够充分,那么当事人就可以在长期契约中作出合理的选择。例如即使废除借家法中存在的正当事由规则,只要承租人可以通过合意商定必要的契约期间并就此订立契约,那么承租人想必也不会因此遭受任何损失。

因此,主张放松管制的人认为,应当废除阻碍当事人自由订立契约的规制措施。但问题在于,"放松管制思想"所假定的契约模型有没有普遍的妥当性?

㉝ 相关表述为"限于必须由具有高度专业知识从事该业务的新就业人员"。
㉞ "东芝柳町工场案"最判昭和49年7月22日民集28卷5号927页。该案中,法院认为如果劳动者对续约抱有合理期待,那么拒绝第一次续约必须要有充分事由。"龙神的士案"大阪高判平成3年1月16日劳判581号36页案例。此外,在契约期间届满后劳动关系仍然存续时,不存在基于默示续约订立无固定期限契约的可能,而应视为相同期间的固定期限契约。菅野2000,第184页。

在战后的日本,国家依据福利国家思想积极介入那些被认为不应当适用契约自由原则的领域。而这种介入经常被保护弱者这一观点所正当化,因而被称为社会法。劳动法与借家法都属于所谓社会法的领域。

　　但是,伴随着社会的变化,现实中的劳动者或承租人并非总是处于假设的交涉弱势地位。㉟ 劳动者中也有才华横溢的专业劳动者,承租人中也包含各种大型企业。对于今日适用于大型企业办公大楼租赁关系的借家法,如果还把它称为"社会法",难免会产生违和感。对此,很难实现社会法意义上正当化的再分配。因此为避免不公正的再分配,也为保护当事人选择的自由,人们才会提出放松管制的主张。

　　随着社会条件的变化,弱者完全可能不再是弱者,规制也可能不再为人需要。基于前述理由所提出的放松管制,就算会损害既得利益者,也不应当继续反对。而且,我也认为在当下日本的租房契约背景下,从租借办公楼的公司,到租赁住宅的普通个人,多数情况下都很难为他们贴上"弱者"的标签。

　　此外,对于要订立超过一年期劳动契约的劳动者来说,基本上已经不需要再警惕那种类似战前年季契约＊的身份性制约,这也确实是事实。因此,对借家法中关于正当事由的要求以及劳动契约对期间的规制,已经很难用保护弱者的观点予以正当化。

　　问题是,管控得以放松之后应当回归到何种状态?放松管制论所假定契约的"自然状态",也就是不存在规制的状态,似乎并未超越近代契约法所假定模型的状态。也就是新古典经济学价格理论所假定的完

㉟ 关于对"弱者"概念的批判性检讨,参见八田＝八代 1995、野口 1995b。
＊ 即用人方对受雇者包吃包住,但所给报酬极少的雇佣契约。

全市场中的契约。

但是,市场机制也分为只限单次的单发性交易市场和长期交易市场。人类的理性判断能力在现实中也存在极限。对于长期交易中在未来可能发生的情势变化,很难提前作出预测并通过合意作出相应的应对措施,㊱即便能够如此成本也会变高。因此,长期交易中的理性行动并不意味着要在契约订立时就所有条件全部形成合意,而是旨在于当事人之间形成信赖关系,并以此为基础尊重当事人对契约继续性所产生的合理期待,通过再交涉使得契约内容可以柔性地适应状况变化。对现实交易的调查结果也可印证这一结论。㊲

然后,对于特定交易共同体的当事人而言,这些行动具有规范性意义。也就是说,行动并非只是在某业界经常出现的事实,其中体现了一种应当如此的意识。我将这种规范称为"继续性原理"与"柔软性原理"。㊳继续性原理规范保护当事人对契约继续性所产生的合理期待,并且对恣意终止契约作出限制。柔软性原理规范针对情势的变化寻求柔性地变更契约条件。

前述讨论可以与美国学者伊安·麦克尼尔对古典契约模型与关系契约模型的对比一并观察(内田 1990,第 145 页以下)。其中,关系契约模型

㊱ 在租房契约中,承租人并不能合理预见在未来自己还需要再住多久。若基于这种符合现实的假设前提,一旦废止正当事由,完全可以预测那些寻求全家居住的潜在承租人出于对长期安定居住的重视,将会更倾向于买房,而不是租房。也就是说,可以预计废止正当事由将使家庭居住导向的住宅需求减少,结果并不会使供给增加。

如果废除正当事由论者并不想只关注房源供给方面,那么他们应当同样关注这种需求方面的行动。但即便如此,也会发现很难科学预测废除正当事由之后,品质优良价格低廉的居住用房源的供给到底能否增加。

对于影响众多国民居住安定性的重要政策来说,仅凭可信度如此之低的经济学预测就作出决定,风险是不是太高了?

㊲ 我所参加的历时三年的调查研究成果报告自 NBL627 号开始连载。

㊳ 参见本书第 4 章。

要求尽可能地尊重继续性。租房契约和劳动契约这种继续性契约就属于典型的关系契约。即便出于保护弱者而对这类契约所施加的管控最终得以放松，也并不意味着回归古典契约模型的主张已经能被正当化。

此外，我也认为承认继续性原理与柔软性原理正在逐渐成为当今世界契约法中的新潮流。而在当下所主张的放松管制论则是逆流而行的产物。

五、继续性原理的普遍性

在当下的日本，对于主张要回归古典契约模型的理论，它的合理性看似源于摒弃介入市场的中立理论。但如果认识到关系契约原理的普遍性，那么就能清楚地发现这种主张同样具有意识形态性，并非中立存在。

此外，值得注意的是：日本交易社会早已意识到与近代契约法所对峙的关系契约原理属于一种规范。当然，存在这种规范意识的产业各有特殊的历史和经济背景，而在这些业界之内被共有的规范意识也并不尽然都是合理之事。但至少可以说继续性原理和柔软性原理都是支撑着日本经济成长的交易习惯所孕育而生的规范意识。

对交易继续性的尊重及由柔软性原理所表现出对对方的考量，都是保证契约关系得以安定并且实现共同获利的关键所在。即使市场竞争激烈，只要还能通过长期交易关系获取利益，那么当事人仍会选择这种规范。诸如机动车制造商及其下游企业之间的零件供给契约、家电制造商与旗下专卖店之间的代理商契约等，很多日本的商事交易都是以这种规范意识为前提才得以发展的。

而且，这类商事交易中的规范意识在判例中也有所体现。也就是说，在继续性交易中，契约的继续性本身就会产生价值。而当事人（特别是因终止契约将遭受巨大损失的当事人）有权要求相对方作出应有关照的规范在日本的判例中确实存在。具体而言，就是确立了非因不得已事由不能终止继续性交易契约的规则。

对于这种规范，用经济原因能否作出解释？或者说它还是与某种文化原因相关？这是一个颇有价值的问题。不过此处需要注意的是，国际统一私法协会（UNIDROIT）㊴在 1994 年公开发表的《国际商事合同通则》（Principles of International Commercial Contracts）采用了"favor contractus"原则（Bonell 1994,65）。该原则认为契约应当被尽可能地维持，恰好与继续性原理存在重合。此外，与关系契约规范相互亲和的"诚信原则"在很多国家也被当作法律原理而接受。就这种现象来看，不存在只能用日本特殊性才能解释继续性原理与柔软性原理的事实。但这些原理的射程或适用范围确实因国而异。比如说，在租赁契约中并未采用继续性原理的国家确实存在。而对于这种差异，仅用供求关系是否足以作出解释，还是说要考虑居住住宅习惯有无影响，又或者是国民对住宅的意识差别是否可能造成影响，这也是一个很有价值的研究主题。但重要的是作为事实，在继续性契约中确实有特别的法理论存在。考虑到这种情况，即使真有承认租房契约完全自由化的国家，也不能保证这样的做法在其他国家也具有正当性。

六、放松管制论的边界

关于租地契约，日本判例创设的规则不仅只有不应轻易承认续约

㊴ 关于 UNIDROIT 参见本书第 255 页。

请求可被拒绝；而在承租人发生债务不履行时，日本判例还认为除非承租人与业主之间的信赖关系确已破裂，否则不应承认契约可被解除。㊵长久以来这些规则以及要求拒绝续约时必须具备正当事由的规则多被人们从社会法角度理解为属于保护弱者的法律规则。但若从本书所处立场出发，恰好可以用继续性契约中的继续性原理来进行解释。而且在代理商契约和特许经营契约等诸多继续性契约相关的案例中，都可能发现同样规则的存在。㊶

而从围绕定期借家权展开的讨论来看，放松管制论反对此类继续性契约中由判例创设的前述规则。而只要以放松管制思想为依据，便没有理由将探讨范围局限于借家法。同理可适用于代理商契约与劳动契约等，从而在契约法基础理论层面形成一种根本性的对立。这种对立同人类理性判断能力对应的假设相矛盾，进一步讲，与今后契约法应当前进的方向所对应的立场也存在冲突。

针对这种对立，不应单纯地解释为选择规制还是自由竞争。原因在于关系契约的法理在相当程度上可以在自由竞争的背景下用经济合理性来予以解释。而在哲学意义上放松管制论的兴盛意味着对孤立个人的合理主义理性略显极端的信赖，尽管在哲学发展脉络中这种信赖早已流失，但在现实政策形成过程中仍然具有说服力。

新古典经济学的价格理论原本并不是规范理论。即便如此，这种理论仍然获得了属于政策论的规范说服力。产生这种现象的背景首先是伴随苏联等社会主义国家解体所同步产生的，对个人主义自由价值的过度信仰，其次是认为只有新古典经济学才具有科学性，且能充当政

㊵ 指导案例为最判昭和 39 年 7 月 28 日民集 18 卷 6 号 1220 页案例。
㊶ 参见本书第 1 章。

策论理论框架唯一理论的观点。

为了作出维持平衡的政策判断,今后有必要提炼出一种属于政策论的关系契约法理。支撑新古典经济学价格理论具有规范性主张的价值观是个人主义的自由主义,那么支撑关系契约理论的价值观应当在一定程度上承认共同体价值的理论。原因正如麦克尼尔所言,关系契约的法原理深深地根植于共同体价值之中。

日本法学界因战前经历,对于共同体价值的态度可谓一言难尽。但不能因为战前帝国主义重视共同体就全盘否定共同体价值。我们不能对现实人类社会的重要部分始终视而不见。在尊重个人自由与人格的同时,也应当注意到共同体在现实交易社会所发挥的作用。这种价值观究竟能否发挥说服力,决定我们能否提出一种足以作为防浪堤来应对放松管制泛滥的法理论。在日本(恐怕也包括其他国家),契约法学者都应当尽早解决这一课题。[42]

---

[42] 本章的目的在于强调通过法学理论来对抗新古典经济学派中的放松管制理论,因此对于经济学界内部对放松管制论的批判立场并未触及。但在经济学界内部也有人指出放松管制论者的预测未必准确。比说デンプシー=ゲーツ1996。描述性(journalistic)更强的著作有内橘克人とグループ2001 1995,内橘1997。此外,也有适用交涉理论对租赁相关的放松管制论进行批判研究的成果,森田修1997。

第7章　全球化与契约法的统一

1. 市场与法律统一

虽然如今每个国家早就都有了民法或是相当于民法的交易法，但在过去却并非如此。回顾日本历史，例如在江户时代当然就没有统一的民法典。关于交易规则或习惯，关东与关西地区也不尽相同。比如人们都知道江户时代关于无担保金钱债权诉讼程序的"金公事"，江户与大阪两地各自都有自己的保障方式（参见石井良助1948，527；大平1984）。

即使在欧洲，在作为日本《民法典》母法之一的《法国民法典》出现之前，法国南部地区的习惯与北部地区也并不一致。而德国作为日本《民法典》另一母法国家，历史上每个地区都有不同的法律，以至于正常开展交易都要受到阻碍。因此在统一德国形成之前，各地率先出现了各种旨在商事法层面实现法律统一的动向（ヴィーアッカー1961，第553页以下）。

直到近代，全国统一的交易法才成为普遍现象。那么为什么过去在同一个国家中有不同的交易法或是交易习惯呢？原因在于存在不同的市场。

在日本就有江户和大阪两个不同的市场存在。只要存在不同的市场，那么就没有必要形成统一的交易法或是习惯。要将大阪的商品越过箱关所运到江户贩卖,就应当遵从江户的规矩。在欧洲也是如此。

进入近代,产业革命促使交通手段获得发展。随着大规模生产经济的出现,各地市场开始融为一体。而在市场实现统一之后,当然就需要一种共通的交易法。因此各国纷纷制定国内的统一交易法。以国家为单元则是因为主权国家人为地划分了市场范围。

因此,如果不再存在这种人为区分,那就没有理由继续用国境线限制市场的范围,例如在欧洲就已经完成了欧盟市场的整合。打通市场之后,当然就需要实施统一的交易法。当前欧盟常用的"指令"(指令,directive)与各国之间调和法律冲突的努力也有重合。这些行为虽然仍以各国立法权的独立为前提,但目标都是促进立法内容的同一化,并实现法律的和谐。

但一旦形成了统一市场,仅凭各国各自制定内容相同的法律是不够的,最终仍然需要一部统一的交易法。就民法领域而言,欧洲统一民法典或是欧洲统一契约法典都属于可选方案。实际上,在欧洲确实已经有人开始起草一部统一的契约法典(《欧洲契约法通则》),部分内容已有著作发表。①

德国曾经尝试对《德国民法典》的债法部分进行修订。日本国内也有学者详细介绍了修订的经过与内容,②不过目前尚未见到后续发展。* 在1998年春天,我曾经有机会当面向参与修订的德国著名学者询问进展。③ 他回答道,与其修订德国一国的民法,更为现实的课题是思考一部能在欧洲通用的民法典,所以目前德国单独的法律修订没有

---

〔74〕　① Lando=Beale 1995。关于欧洲契约法通则的研究,参见潮見 2000,第1部第4章。
　　② 下森他1988,下森=冈1996,介绍个别主题的研究很多,代表著作潮見 2000;第1部第3章。此外,参见ドイツ連邦共和国司法大臣1992。
　　* 《德国债权现代化法》已于2002年1月1日生效。
　　③ 根据在UNIDROIT《国际商事契约通则》起草会议上笔者与施莱希特里姆教授的对话。

进展。这已反映了同一市场对应同一部法律的现实需求。

2. 国际贸易中的法律统一

关于各国国内交易法的探讨暂且告一段落。进一步思考，不难发现相对于因主权不同而被区分的各国市场而言，早在很久以前就有国际贸易市场的存在。而且，很早之前在国际贸易领域就形成了国际贸易所特有的习惯法。也就是所谓的"Lex Mercatoria"，国际贸易中的商人法。

为参与国际贸易，即便参与人各有不同的文化、种族或是思想，他们也都需要一种通用的交易规范。尝试将这些交易规范进行成文化的努力早已有之。而在全世界范围内首次成功的，就是联合国国际贸易法委员会制定的《联合国国际货物销售合同公约》*。

（1）联合国国际货物销售合同公约

联合国国际贸易法委员会（UNCITRAL）是联合国大会的直属机构，该机构对统一国际交易法贡献良多，其中最为光辉的成果应属《联合国国际货物销售合同公约》。公约在1980年的维也纳外交会议上被通过，因此又名《维也纳公约》。在有了足够数量的国家批准之后，《公约》在1988年生效。全世界迄今为止有59个主要国家参与《公约》（截至2000年9月）。

然而遗憾的是，日本至今尚未批准《公约》。** 虽然日本是最早加入联合国国际贸易法委员会的起草国之一，但目前在主要国家中仅有英国与日本尚未批准。英国基于独善其身的理念采取不批准的方针，

---

* 下文简称《公约》。
** 日本之后批准了《公约》，2009年8月1日《公约》于日本生效。

但在日本也不存在英国式的孤立主义,因此各国纷纷表示不理解日本为什么至今仍然尚未批准。而在亚洲,新加坡在批准《公约》之前曾试图探听日本未批准的原因,但直到最后也没发现有什么坚实的理由,因此还是批准了《公约》。

日本未批准《公约》的理由其实很多,其中之一是主管官厅表示还没有做好批准的准备。但更实质的理由在于国际贸易(特别是日本企业参与的国际贸易)几乎都是由详细的格式条款所约定,因此即便不批准以任意性规范为主的《公约》,也并不会影响正常贸易进行。

但问题在于,重要的不是自己有无所谓,而是到底要不要下决心加入国际社会为国际贸易共同市场创立统一交易法的共同计划。尽管日本这个国家脱离国际贸易当然就无法生存,但国内对此重点还不能形成正确的理解着实令人遗憾。

《公约》由四部分组成,总计101条,核心部分包括第二部分"契约的成立"以及规定卖方义务与买方义务等内容的第三部分"货物销售"。相较日本《民法典》而言,分别对应契约总则与买卖部分,以及债权总则中的相应规定。

就内容而言,与百年前制定的日本与德国的《民法典》,以及在将近二百年前制定的《法国民法典》相比,《公约》理所应当地充分吸收了此后国际贸易以及普通买卖的发展成果。德国的债法修订以及正在进行的美国UCC第二编(买卖编)的修订内容也常被当作参照素材。

但从作为买卖契约基本法的属性出发,《公约》的主要条款几乎都属于任意性规定。如前所述,在日本就有意见认为不批准也无所谓。的确,在当下另行制定一部大半规定属于任意性规定的契约法到底有何意义,对此问题值得进行探讨。

《公约》由全世界契约法和国际交易法的权威齐聚一堂起草而成。所有人共同努力探究出一种超越普通法系、大陆法系甚至伊斯兰法系之间差异的,可谓是史上首部能让全人类通用的官方买卖法规范。在此意义上,可以将《公约》视为在国际贸易中具有最高效力的理性法规范集合。

当然,由于国际贸易中存在各种买卖类型,很难从适用于买卖的规范中寻找一种能够以不变应万变的最佳规则。因此《公约》允许当事人通过合意自由地决定是否适用《公约》。但若当事人不确定哪一种规则更合适,就可以将《公约》作为应当适用的合理规则。

在此意义上,《公约》也属于买卖法中应然规范的"标准"。也就是说,《公约》不是必须严格遵守的行为基准,而只是属于合理标准的任意性规定。对于任意性规定,因为内容本身所具有的合理性,那么即使承认当事人有脱逸规定的自由,当事人也必须对此给出充分理由。在这种意义上,《公约》正属于"标准"。

或许可以说,这种现象表明任意性规定的定位正在从"对当事人意思的推测"转为"合乎理性的标准"。在德国,学者早就开始重视这种定位转变与规制格式条款之间的关系。而且也可以说这种定位转变忠实地反映了作为任意性规定的契约法自诞生以来所经历的哲学性变革。

虽然《公约》是全世界努力将各种不同法系予以调和的产物,但因采用国际公约的形式,所以势必存在多种限制。一种限制是它只适用于买卖关系。限制的理由在于买卖是国际贸易中的典型契约,与买卖相关的通用规则古已有之,借此获取各国的理解与同意要容易许多。以此观之,契约法国际化统一进程中的首部《公约》也只能是与买卖相关的公约。但在国际贸易中当然不是只有买卖关系,还包括诸如承揽契约以及与工厂(plant)建造相关的复合型契约。因此,还是有必要促成一种射程范围更广的统一法律。

另一种限制则体现为,虽然说《公约》制定过程中最大的难题是如何协调大陆法与普通法两大法系,而为争取对《公约》形成共同意见,只能放弃借机统一大陆法系与普通法系之间根本对立的问题。例如在是否应当承认债权普遍具有现实强制履行(特别履行)效力的问题上,两大法系就没能形成统一意见。

为了克服《公约》未能解决的种种问题,起草射程范围更广的国际贸易统一法的新一轮努力已经开始。代表之一就是国际统一私法协会(UNIDROIT)所起草的《国际商事合同通则》。

(2) 国际统一私法协会《国际商事合同通则》与契约法的统一

国际统一私法协会本部位于罗马,成立于1926年,拥有七十余年的历史。当时虽然是国际联盟的下属机构,但以第二次世界大战为契机成为独立的国际机构。现在由包括日本在内的56国代表共同运营。

国际统一私法协会从1980年开始起草适用于国际贸易的契约法,在1994年完成了总计7章119条的《国际商事合同通则》(下称《通则》)。参与起草的成员不到20人,但成员多数都是著名的契约法或比较法学者。这部《通则》并非仅由学者起草的学术产物,完成前也一直在向各国实务专家征求意见。

《通则》并非从零开始构想的理想型契约法,而更像是对国际贸易法律规则的重述(Restatement)。所谓重述,原本是美国法使用的词汇。在美国,各州都有数量庞大的关于交易法的判例,以至于在过去一度无从了解到底有没有通用的美国交易法。通过梳理这些判例,学者们将蕴含其中的法律规则"重述"为成文形式。当今在美国各个法律领域都发表了类似的重述著作。而国际统一私法协会就是在国际贸易领域进行了同样的尝试。

《通则》最大的特色在于,它既不是类似于《公约》的国际条约,也不是各国国内立法所应遵循的模范立法。换言之《通则》并没有法律约束力。那么制定一种没有法律约束力的统一法到底有什么意义呢?

《通则》被期待适用的典型场景之一就是仲裁。在国际贸易纠纷中,很多时候当事人希望能够避免受到来自特定国家法院的影响,因此往往会选择仲裁。在仲裁中,当事人可以通过合意确定准据法。因此当事人有权选择将国际贸易中确立的通用规则或是习惯作为仲裁准据。此外,即使指定特定国家法律,如果该国法律存在适用空白(gap),也需要用商业习惯或是原理来进行填补。针对这种情况,《通则》就可被用来发挥国际贸易中习惯法或是行为准则的作用。现实中已经出现了不少商事仲裁中适用《通则》的案例。此外,最近也出现了当事人直接选择适用《通则》进行仲裁的案例。④

除仲裁以外,在各国法院处理国际贸易纠纷时,对于没有明文规定或是虽有明文规定但适用后未必妥当的特定争议,《通则》也可以发挥原则性条款的作用。虽然很难想象在日本会有法官明确表示适用《通则》,但在其他国家已经出现了类似案例(国际统一私法协会也在搜集相关案例,并准备在网络上公开发表)。

《通则》由全世界各法系的权威学者凝聚众智起草而成。作为当代最合乎理性的契约法,《通则》旨在通过内容来说服立法者。虽然起草《通则》的针对对象是国际贸易,但由于国际贸易与国内贸易在现代交

---

④ 这些仲裁案件的内容虽然并不公开,但在《通则》的工作部会上介绍说有这样的事例。

易中的界线愈发模糊,因此即使将《通则》中绝大部分内容直接适用于国内贸易,也不会出现任何问题。未来在修订国内法律时便可以将《通则》作为参考对象。换言之,今后各国再次修订国内契约法,或是像中国、东欧、东南亚各国制定新的契约法时,就可以将《通则》作为未来国际社会的应然契约法或是模范契约法予以充分利用。实际上,中国在1999年制定合同法时便参考了《通则》。

另外应当注意的是,《通则》有可能成为近年来欧洲开始探讨的欧洲统一民法典或统一契约法的基础。实际上,《通则》的起草与欧洲契约法通则的起草存在密切的联动关系。在此意义上,今后也应当继续关注《通则》。

1998年日本迎来了《民法典》实施后的一百周年。与《民法典》最初实施的1898年(明治31年)相比,如今无论交易形态、经济活动的质与量,以及日本所处国际地位等,无不发生了巨大的质变。举一代表事例(虽然不属于契约法),《民法典》起草人在论述侵权行为中用人方责任时,还在用受雇人拉人力车搬运货物作为例证。以这种事例作为假设条件而起草的民法到现在居然还在正常适用,在各种意义上都让人惊讶不已。但时至今日,确实也到了定期检修(overhaul)的时候。在此之际,就契约法而言,《通则》《公约》以及各国立法都是应当参照的契约法样本。

在19世纪末,日本《民法典》可谓是通过审慎对比全世界民法典或相当于民法的法律,从中汲取最优秀的部分而形成的比较法精华。就此而言,可以说它是19世纪末最尖端的民法典。与之相对,《通则》可谓是20世纪末最尖端、最合乎理性的契约法之一。

与《公约》相比,《通则》具有如下整体特征:首先是适用对象不再限于买卖,而是包括诸如工厂建造契约在内的各种国际贸易,具有更广泛的适用范围。其次是采用概括式的方式规定各种契约法问题。从契约成立到终止的各种规则架构,《通则》采用了体系化的结构。以日本民法作为参照,对应契约总论中契约成立、解除,债权总论的债务不履行和损害赔偿的相关规定。此外还包括《公约》没有涉及的与"法律行为"相关的问题,也就是错误、欺诈、强迫等问题。在有关债务履行的规定中,也涉及诸如清偿金钱债务时货币的确定以及清偿方式等国际贸易的重要问题。

在1994年公布《通则》并获得成功之后,国际统一私法协会从1998年开始着手起草扩大版的工作。最初的部分被称为第一部分(Part 1),相应地扩大版就被称为第二部分(Part 2)的草拟任务。具体而言,就是在民法总则、债权总则(契约总则)中寻找第一部分遗落的内容,探索收录诸如除斥期间、债权让与、代理、为第三人的契约以及抵销等内容。

下文将以《通则》(第一部分)中值得注意的个别规定作为对象展开探讨。

3.《国际商事合同通则》的特色

虽然从细节审视《通则》可以发现很多具体特征,但就整体而言,可以一般化地将《通则》的特色概述为"从19世纪的契约自由转向实现实质公正"。20世纪的契约法学发现,只强调契约自由并不能实现正义。因此,特别法开始以各种形式介入契约法领域。消费者法、劳动法就是其中的代表,而且日本的《借地借家法》等立法也可作为例证。但迄今为止,特别法仍以民法契约自由原则为前提有限介入契约领域。而《通则》却在契约法的一般层面反映出新的倾向。下文简单就三个方面作具体介绍。⑤

（1）维持契约关系原则（favor contractus）

根据日本民法，只要债务人不履行债务，原则上债权人就可以解除契约。也就是说，经催告确定一定期间后，若债务人仍未依债务目的作出履行，那么债权人便可解除契约。总之，日本民法秉持只要出现债务不履行这一不正常状态就可以终止契约的机械思维。

但是，现实中很多交易是反复进行的继续性交易或是长期存续的契约关系，在这类情况下，如果一下子切断与特定对象的交易关系，其实很难再与完全陌生的对象建立交易关系。切断交易关系本身就是棘手的事情，如同离婚一样。告别多年相伴的对象，并不是凭一张写上解除意思表示的纸片就可以简单完成的事情。为了解企业的交易实态，我对各种企业进行了访谈调查。⑥ 发现在日本企业眼中，建立交易关系与结婚一样，都是先要仔细甄选对象，然后再决定是否与对方一同组成命运共同体。因此，切断或解除这种关系其实并非易事。考虑到这种契约终止将给双方带来的各种成本，即使存在轻微的债务不履行，对双方而言在很多情况下维持契约关系反而更为合理。

如此一来，假定缔结契约的当事人是理性主体，为将对方不合理地终止契约时所导致的成本降至最低，应当认为当事人已经理性地预先形成一种合意，即契约关系不因琐碎理由而被恣意终止。这种合意还包括终止契约时应当依序进行相应的步骤。此外，即便契约文本没有写入这样的条款，行业内的多数意见也认为应当假设当事人对此形成了默示合意。因此，将这种合理填补当事人意思的任意性规定预先写

---

⑤ 以下译文引用廣瀬1998，但部分译文有变更之处。
⑥ 对此第8章也有论及。

入契约法当然有其合理之处。《通则》中有多条具有前述意义的任意性规定,后者发挥着尽可能维持契约关系的作用。

诸如原始不能并不导致合同无效的规定(第3.3条第1款)虽然与此相关,但与艰难情势(hardship)相关的规定可以作为更好的例证。

(a) 艰难情势

为帮助理解,在此试举一例。

甲与乙订立了甲为乙处理乙方工厂产业垃圾的契约,契约期间为四年。但在两年后,甲方垃圾处理场所在的丙市举行市长选举,结果选出了支持环保主义的新市长。因此丙市实施了新的垃圾处理政策。由此导致处理费用比契约预想的数额增长十倍。此时,甲对乙能否请求变更契约内容或是解除契约?(不考虑与处理产业垃圾相关的行政法规)

日本法将此视为应由情势变更原则处理的问题,也就是如果相比缔结契约时出现显著情势变化则可以解除契约的规则。情势变更原则虽然发源于德国,但在日本也是主流学说,不少下级裁判所判决曾适用该原则。但目前尚无承认该原则的最高裁判所判决。

迄今为止,在日本可以适用情势变更原则的主要情形出现过三次:第一次是第二次世界大战所导致的货币价值下跌(还有与此同步出现的不动产价格上涨);第二次是石油危机(起因为1973年第四次中东战争)所导致的物价上涨;然后第三次是1990年代泡沫经济崩溃所导致的不动产价格和不动产租金的下跌。

在第三次对应的情形中,转租是成诉纠纷的主要类型(参见本书第113页)。下级裁判所有承认适用情势变更原则的案例(东京高判平成

10年12月3日金法1537号55页等),对此来自学界的批判也很强力。具体来说,在这些案例中,转租租金并未如原先设想的那样逐年上涨,反而跌落至契约订立时的数分之一。但这其实还算不得情势变更原则所设想的典型情势,而且当事人几乎都是专业人士。在如今对泡沫经济时代兴风作浪之人极为反感的日本社会,针对适用情势变更原则来对不动产从业人士提供救济的行为,普遍也存在强烈的反感情绪。因此这种事例有其特殊之处。

但不管怎样,在国际贸易中前述试举的事例时有发生,因此有必要作出某种回应。

第6.2.2条(艰难情势的定义)

因某种事由的发生使得当事人的履行费用增加,或是使得当事人领受履行的价值减少,由此导致契约的均衡出现重大变化并且同时满足以下要件的,应当认定存在艰难情势:

(a) 发生该等事由或遭受不利益的当事人知晓此事时契约已经缔结;

(b) 契约缔结时遭受不利益的当事人不能合理地虑及该等事由;

(c) 该等事由发生与否超出遭受不利益的当事人所能支配的范围;

(d) 该等事由的风险(risk)并不必然由遭受不利益的当事人负担。

虽然这些要件与日本的情势变更原则非常相似,但相对日本而言《通则》所设想要件更为缓和。只要发生的外在情势变化导致当事人之间的契约均衡出现重大变故,那么就可以适用艰难情势条款。关于适

用后产生的效果,《通则》在下一条中规定如下:

第6.2.3条(艰难情势的效果)

(1) 存在艰难情势的,遭受不利益的当事人可以请求进行再交涉。当事人不得不当地迟延提出请求,并且必须明确说明提出请求的基础依据;

(2) 即使提出再交涉的要求,提出请求本身并不必然保证遭受不利益的当事人享有保留履行的权利;

(3) 在合理期限内未达成合意的,任何一方当事人可以向法院提起诉讼;

(4) 法院认定存在艰难情势的,在合理范围内可对以下事项作出判决:

(a) 确认契约在法院确定的日期终止并确定终止后果;
(b) 从恢复契约均衡的立场出发变更契约。

其中甚至还包括由法官变更契约的效果。虽然学界向来支持这种规则(意大利民法中有立法例),但若从19世纪契约自由原则来看,这种规则可谓是极不寻常的规定。

(b) 解除的要件

此外,《通则》对契约解除的要件也作出了颇有启发的规定。

在日本法上,只要出现债务不履行,原则上债权人便可在催告后解除契约。但《通则》作出了若干路径不同的规定。

第7.3.1条(终止契约的权利)

(1) 一方当事人在相对方于契约项下债务的不履行达到重大

程度时，可以终止该契约。

(2) 判断债务不履行是否达到重大程度时，应当着重考量以下事由：

(a)—(c) 略

(d) 针对该等不履行，受损方是否有理由相信相对方未来也不会作出履行；

(e) 不履行方是否会因契约终止而遭受与准备或因履行而支出的不相适损失。

《通则》要求解除契约应当满足存在"重大程度的不履行"这一要件显然受到了英美法的直接影响，但也可以说它反映了当前契约法中的国际潮流（潮见 2000,123；能见 1998,133）。问题在于应当用怎样的标准去判断何为"重大程度的不履行"。第 2 款第(d)项所规定的在相对方看来对方"已经完全不想和这个人继续交易"的情形能否算是彻底的不履行？这一标准虽然看似暧昧，但其实是非常现实的规定。即使出现债务不履行，但若债务人表示"正在想办法"而且过段时间之后确实可以实际解决问题，此时如果简单地确认解除其实并不公平。

类似的规则在日本也并非不存在。例如对于不动产租赁权未经所有权人同意便径行转让或是转租，有判例认为适用《民法典》第 612 条确认解除时应当以信赖关系的破坏为必备要件。这种规则正是例证。《通则》在更广泛的意义上承认了这一规则。

此外，若债务人已经为履行预先投入巨额费用，如今正要履行之际却发生逾期，如果仅因轻微逾期便将契约解除，将造成债务人巨额投资全部荒废的后果。《通则》第 2 款第(e)项旨在避免出现这种后果，并要求将这种背景纳入考量范围，综合判断是否构成重大程度的债务不履行。

对于债务不履行所对应的解除要件,虽然国际上接连出现的立法例都作出了更为严格的规定,但在日本法上仍然没有只将重大程度的不履行作为解除要件的成文规定。只要主给付义务出现债务不履行,债权人通常都可以请求解除。但在现实中,《通则》这种柔软的处理方式与日本的交易实态更为契合,我认为在立法上也更为公平。

不过对于履行迟延,《通则》与日本法同样规定经确定合理履行期限的催告后仍然未能履行的便可解除契约。具体条款如下:

第7.3.1条

(3)发生履行迟延后,依据第7.1.5条所确定的附加期间届满时不履行方仍未履行的,受损方有权终止契约。

第7.1.5条要求应当合理地确定附加期间,这种合理性意味着如果债务人努力作出履行,应当尽可能确定一个足够完成履行的期间。对日本《民法典》中的"适当期间"也可进行同样的解释。此处也可发现"favor contractus"的思想。

(c)债务不履行的治愈

下文中的"债务不履行的治愈"制度与前述制度都属于具有尽可能避免契约终止这一理念的典型事例。

第7.1.4条(不履行方当事人提供的治愈)

(1)具备以下要件的,不履行方可以自行承担费用以治愈任何不履行情形。

日本民法并未承认不履行方在不履行债务之后有权提出"由于履行存在缺陷,请让我来补救"的请求。但是,《通则》承认不履行方有提供治愈的权利。在前文柱书*部分后有如下规定:

　　(a) 不履行方毫不迟延地通知相对方将要如何以及何时提供治愈;
　　(b) 治愈对诉争状况而言是适当的;
　　(c) 因不履行而受损害的当事人没有拒绝治愈的正当利益;
　　(d) 治愈能够迅速地完成。

这些要件在实务中都是非常自然之事。但若以日本《民法典》的原则来看,它们反倒成为相当异质的内容。

此外,该条第 2 款也值得注意。

第 7.1.4 条
　　(2) 受损方发出的终止通知不影响治愈权利的行使。

该款规定否定了因重大债务不履行有权不经催告径直解除的规则,取而代之的是承认即使债务人已被通知解除契约,也仍然有权通过提供治愈来维持契约关系。

此处可以看到一种与日本法(德国法系)中关于解除意思表示消灭所有契约债务这一严格理念所不相同的创想。这种创想存在于普通法

---

* 柱書,指法条中的"题干"部分,也可与"但书"形成相对关系。此处采用直译。

和法国法系国家,⑦相对于德国法系提供了另一种对立观点。

《通则》就是如此以当事人希望尽可能维持契约关系为前提作出了各种新规定。

（2）诚信原则

虽然在日本诚信原则属于极为理所当然的原则,但在国际上却并非一概如此。英文中有用"good faith"[善意]指代的信义原则,但一般来说英国认为"不存在'善意'这种一般原则"。美国虽有这种原则,但内容与日本并不完全一致。也就是说,各国信义原则的内容并不相同。德国虽然广泛适用信义原则,但这种现象不是全世界普遍存在的现象。

在日本,信义原则被频繁地广泛适用。但实际上,诚信原则并不是一开始就像今天这般被如此广泛地适用于日本的裁判领域,至多只是在最近的30年至40年间才出现这种现状。

此前日本法院不会这般习惯适用信义原则。1960年代以来,诚信原则开始逐渐地为人多用,到如今适用范围极其广泛。这到底意味着什么呢。

实际上,从比较法来看,正面认可并广泛适用诸如信义原则等法律原则只是现代才出现的现象。由于诚信原则允许法院介入当事人的合意,因此古典民法思维最多只是作为例外予以承认。此处所谓古典是指出现于18、19世纪并成为今天民法成立前提的理念,即以契约自由原则和私法自治原则为大前提的思维模式。

而从立法或判例的发展动向来看,全世界普遍都从这种古典契约自由原则转向为了更积极地实现公平与正义而开始适用信义原则的柔性立场。而在这种国际潮流中,日本可谓是走在前列的国家。

---

⑦ 对此参见森田修1992。

《通则》坚持相对广泛地承认信义原则的立场。试看以下数例规定。

第2.15条(不诚实的交涉)
(1) 当事人可以自由进行交涉,在合意达成之前不承担责任;
(2) 但是,进行不诚实的交涉或是不诚实地放弃交涉的一方当事人,应当对相当方因此遭受的损失承担责任。
(3) 特别是,一方当事人在交涉开始时并没有与另一方当事人达成合意的意思,此后却仍然继续交涉的应当被视为不诚实。

在日本,最高裁判所在著名的"牙医准备购买公寓但却放弃交涉"(最判昭和59年9月18日判时1137号51页)的判例中确立了"不当放弃契约交涉"规则,《通则》对此用成文方式作出规定。

第5.3条(当事人之间的协助)
如果各方当事人被合理期待将会协助相对方履行债务,那么当事人就应当互相协助。

这一规定非常抽象,不够清晰。让人难以明白为何要在法律和契约中作出这种规定或约定。而《通则》的解说书对此给出如下例证:

X国的A美术馆向Y国的民间收藏家B购买一件16世纪的画作。出口这幅画作必须获得特别许可,而书面契约约定应当由B申请许可。但B却完全没有申请这类许可的经验。而A具有丰富的相关经验。这种情况下,无论书面契约如何约定,B势必会期待A多少能够提供一些帮助。

违反这种协助义务的效果是 B 将不再承担因履行迟延所导致的责任。对由此产生的额外费用，B 也可以请求 A 进行赔偿。

对于这种假定存在协助义务的设想，想必会有批判意见认为如果有必要提供这种协助，那么早就应当在书面契约中作出约定，对 A 施加这种没有合意的约束没有基础。

但实际上在日本的书面契约中，人们并不会对协助义务逐一地单独进行约定，更多情况下也只是像《通则》一样约定一般化的原则条款。当然，即使契约的书面约定表述与《通则》并不一致，但约定的实质内容也与此相近。换言之，从日本契约实务的观点来看，就当事人之间的关系或是契约缔结经过而言，即便当事人没有就彼此当然会产生期待的协助义务——形成合意，也不能否定这种义务的存在。在关系良好的交易当事人之间，存在这种义务是极为常识化的理解。但对于古典民法原则来说多少是难以接受的条款。

此处也可发现前述前提所对应的民法思维与实际上的现实交易之间存在无法忽视的摩擦。因此在此意义上，将真实世界的交易常识写入书面契约的日本交易实务，以及在裁判中适用这种交易常识的日本判例在世界范围内都应当占有一席为人瞩目的地位。

在损害赔偿的情况下也出现了相同的协助义务，具体规定如下：

第 7.4.8 条（减轻损害）

（1）如果受损方在遭受损害后未能采取合理措施减轻损害的，对于本应可以减轻的损害部分，不履行方不承担责任。

（2）受损方有权请求不履行方返还为减轻损害而支出的合理费用。

其中第(1)款非常重要，它就是第4章所论及的减损义务规定。虽然它在英美法和德国法系国家中已被承认，但在法国法系中并没有成文规定。

该款规定的主旨在于若发生债务不履行，为避免债务人因债务不履行所应承担的赔偿责任被进一步扩大，债权人有尽可能减少损害的协助义务。按古典民法思维，不履行债务的债务人本身有错，为什么债权人还要履行协助义务？但在国际贸易中也认为债权人应当协助债务人减少赔偿额的原则属于合理规则。

虽然日本没有正面承认这一规定，但正如第4章所述，在裁判上通过援引过失相抵等规则后，可以认为日本在事实上已经承认此规则。

（3）公序原则（对不公平契约的规制）

从传统契约自由原则出发，只要当事人的意思表示没有瑕疵，那么就不应当允许第三人介入契约内容。但对于格式条款来说，当事人未必通读条款，而且即便读完也未必能够理解。此外，对于没有交涉空间的附随性契约条件，公共权力为确保条件的合理性采取介入措施。在日本也有《上门销售法》《分期付款销售法》等的法律规制。

《通则》中同样存在规制格式条款的多条规定。但说到底格式条款只是附随性契约条件的组成部分。对于核心的合意部分，以买卖为例就是价格和标的物，只要当事人就此达成合意，原则上第三人仍然不应介入。

2000年4月通过的《消费者契约法》（于2001年4月施行）也从保护消费者的目的出发赋予消费者在特定情况下享有取消权。但对于核心合意部分（特别是价格）仍然秉持不介入的原则。而对于这类根据传统规则很难进行规制的核心部分合意，《通则》果断地承认了可介入的空间。

第3.10条(不当、显著不均衡)

(1)订立契约时契约或其条款不当给予相对方超额利益的,当事人有权撤销契约或其条款。衡量是否应当撤销时,应当考虑以下因素:

(a)相对方是否不当利用了请求撤销方当事人所处的从属经济困难或是紧迫需求状态,以及请求撤销方当事人是否经过充分考虑,是否存在无知或经验的浅薄或是欠缺交涉技术的事实。

(b)诉争契约的性质及其目的。

《通则》正面规定若存在"不当给予超额利益",也就是在完全丧失给付均衡的情况下允许介入。该规定表面上看似非常冒进,但考虑到(a)(b)款所提示的考量要素,其实可以理解这一规定与日本存在非常深厚的关系。

具体来说,如果存在这些情形,在日本也可依据公序良俗原则介入契约。不过,虽然日本法院在很大程度上习惯通过公序良俗来介入契约内容,但《通则》已经是从正面予以认可,并且通过规定撤销权以保证遭受不利益的当事人有权作出选择。

值得注意的是,该条的效果不止于行使撤销权。在第(1)款之后还有如下规定:

(2)根据享有撤销权一方当事人的请求,法院可以在符合商事公平交易合理标准的前提下对诉争契约或其条款进行变更;

(3)根据收到撤销通知一方当事人的请求,法院也可以变更契约或其条款。但该当事人应当在收到撤销通知后并且在通知方

依撤销通知已生效而行事之前,立即告知另一方当事人关于变更契约的请求。(下略)

如此一来,享有撤销权的当事人和相对方都可以期待法院介入变更契约以使契约关系得以存续。此处仍然可以发现以维持契约关系为优先目标的"favor contractus"原理的存在。

(4) 小结

如前所述,在《通则》多处承认法院或仲裁机构有权介入契约的问题上,初见可能给人一种非常积极的介入主义印象。但实际上,《通则》最终以追求实质公平为目标,在继续将契约自由原则作为基础的前提下,超越了19世纪的形式主义(formalism),并与从事国际贸易的商人们的现实感受保持了契合。此处可以发现对19世纪以纯粹意思为契约义务根据这一理念的超越。

对于日本《民法典》所依据的原则而言,这些规定看似冒进,但实际上与日本判例(特别是众多负责事实审的下级裁判所判决)所采纳的不成文法律原则之间存在很高的相似度。法学家们可能会认为,即使将这些原则在法律中成文化,也只能写成非常暧昧、无法被采纳的规范。但实际上正如本书所述,可以发现依据这些原则所作出判决的判例数量非常之多。

因此,前文足以表明为使这些新契约原则的内容更为充实,日本实务界还可以作出更大的贡献。

4. 法律统一与日本

当前日本并未批准联合国国际贸易法委员会的《公约》。而且可以说除在部分学者之外,《通则》的知名度也非常之低。此事事关国际贸易的法律统一,但日本的动作可谓迟钝。

在经济活动与电子技术领域,日本是领先世界的国家之一。然而到了法律制度层面,却突然动作如此迟缓,以至于落入要追赶他国的状况,这到底是为什么?

虽然可以指出很多成因,但若追寻更为根源的原因,不禁让人联想到日本近代化的模式。日本向来依靠"追赶"先进国家的方式来获取进步。在法律世界这种倾向也同样显著,毕竟主要法典都是从以西欧为中心的欧美法律继受得来,此后在日本若提到法律的国际视角,首先想到的也是"比较法"。

所谓"比较法"发祥于欧洲,属于以比较本身为目的的自我完结型学科。但日本的"比较法"历来是在全世界寻找立法最为先进的国家,收集该国的文献并进行研究,让学者去留学,或是派遣调查团去收集信息。因此并不会对特定先进国之外的立法例进行比较研究。也就是说,日本的"比较法"实际上属于出于强烈实用主义动机而开展的学术研究。

但是,19世纪所确立的近代法体系在当今世界已经濒临极限,时代要求人们去探索新的法律体系。在国际贸易领域,人们同样正在看不到目标的世界里探索一种不存在既有模型的新法律体系。而在日本始终没有出现一同探索并获取领先优势的想法。因此,即使出现世界性的立法问题,日本在多数情况下依旧摆出一副等待"世界趋势"最终确定的姿态。但我认为,对于世界范围内正在涌现的法律统一动向,各国都有必要积极参与探索并为此作出贡献。时代已经不允许日本继续选择以海外最先进立法或"欧美倾向"为样板,并在加以改良后作为更优选择予以接纳。

与市场全球化进程同步展开的法律统一尝试将出现在更多的不同领域。期待在活跃于21世纪的日本法学家中可以尽可能地涌现出为促成世界法律作出创造性贡献的人才。

第8章　信息化时代的契约
——以继续性交易的实态调查为基础

一、前序

近代契约法理论通过将社会关系逐出契约法体系，创造出一个超脱现实的自我完结世界。但若接受关系契约理论，法院将成为现实交易世界里规范意识不断登场亮相的舞台，从而无法继续享受那种由近代法所创设与世隔绝的温室环境。可以说结果势必导致契约法理论的关切重点自然地转向"现实"。

不过对于现实契约实践中的规范意识（特别是继续性交易中的规范意识），在它与属于理想模型的近代契约法范式无法相容的问题上，所有国家或多或少都存在共性。但这种不相容的形式根据国家或行业的不同也会对应各种各样的版本（version）。

如果能够探索各国继续性交易的实态以及其中所包含的规范意识，就可以继续探讨当中存在着怎样的多样性，进而回答决定这种多样性的是行业还是经济条件，又或是两者都无法给出解释因而需要求助文化视角。此外，这种探索还可以对国境线所无法限制的共通性是否存在，以及这种共通性的深刻程度进行实证检验。而且，这种研究也可探究在日本发现的新契约法潮流所能涵涉的范围大小；也就是说，这种潮流是只为日本所固有,还是为亚洲所共有乃至在全世界范围都有所体现？最后,这种研究在论证新契约法潮流是否具有哲学意义的正当性时,也同样具有重要意义。

但是,在确定探索"契约实践"中"规范意识"的方法（问卷调查是否有效,访谈调查应当如何进行）、对象和规模（如何选择对象,在多大规模进行国际比较才能得到相对有意义的结论）时存在很多障碍。通过以上述目标所展开的试验性实态调查研究,下文将展示我所思考得出的初步成果。

二、"继续性交易"研究成果的匮乏

"继续性交易"这一概念既多义又暧昧,此处暂且把它定义为关于特定企业间长期存续的买卖等契约交易关系。这种意义上的"继续性交易"属于经济社会中广泛存在的一类现象,与古典契约观念相比,前者存在各种异质性的特征。为详细分析这种交易的实态,社会科学的众多分支都应当可以提供多样化的启发。

但迄今为止,关于企业间交易实态的研究成果极为匮乏。理由之一在于经济学全盘接管了关于交易社会（也就是市场）的研究。其他学科长期以来只能单方依托经济学的研究成果。如保罗·萨缪尔森（Paul A. Samuelson）所述："就连研究专门领域的经济学者也遵从区分理性行动与非理性行动的标准,以此将经济学区别于其他社会学科。"[①]如今市场完全被视为由经济合理性所单独支配的世界。

[①] サミュエルソン1986,第94页。此外帕累托认为经济学的研究对象是理性行动,而社会学则研究非理性行动。盛山1995,第203页。

与其他社会学科相比,法学为交易社会所描绘的画像更是格外保守。对于现实经济交易这一对象,法学理论框架的核心仍然是设想于19世纪的经济学市场模型所对应古色苍然的"近代契约法"范式。三十多年前斯图尔特·麦考利所发表极具启发意义的社会学调查成果(Macaulay 1963a, 55)曾一度给契约法研究者带来巨大影响。但此后契约法理论的核心仍被古典契约法理论所占据,相比之下麦考利的成果最多只是契约法学漫长历史中一闪而过的插曲而已。

包括我在内的日美众学者在安倍基金的支援下,从1993年起至1996年三年间一直以日美继续性国内贸易为对象从事以访谈为中心的实证研究。② 具体来讲,我们对130家日本企业发出调查问卷(返回总数为76家,回收率为58%),③对各行各业的十几类行业的企业进行了访谈调查。而在美国则按东西海岸进行划分,总计对二十余家企业进行了访谈调查。本章将展示调查结果所显示在现时点的中间性分析结果,并尝试论述它的理论意义。

三、 通过实态调查而获得的观点

我们开展调查的直接目标是要对日本交易习惯论中经常可见,但未经推敲的"比较文化论"进行批判。所谓日本继续性交易的特征是否

---

② 参加成员中,日方成员包括(按五十音顺序):北山修悟(大阪大学)、宍戸善一(成蹊大学)、嶋津格(千叶大学)、田中成明(京都大学)、中田裕康(一桥大学)、長谷川俊明(律师)、村上政博(横滨国立大学)、森際康友(名古屋大学)和我。美方成员包括约翰·黑利(John Haley,当时在华盛顿大学)、迈克尔·扬(Michael Young,当时在哥伦比亚大学)。此外,在美国调查时,来自华盛顿大学和哥伦比亚大学的多位教授以及法学院的数名学生给予我们协助,另外,整个调查研究获得了商事法务研究会松泽三男先生的莫大协助,在此表示感谢。
③ 成果报告见北山1997。

只是日本特色,还是说由行业特性以及经济条件所催生？从这种问题意识出发,通过与美国国内贸易进行比较并收集实证数据,我们想借此明确解释到底是何种成因刻画了日本继续性交易的特征。

就此动机而言,我认为基本上可以说实现了预想目标。换言之,首先可以确定的是,此次调查结果与此前麦考利的调查结论并无二致,可以确定原本被视为日本所独有的继续性交易特征大致上在美国的国内贸易当中同样广泛存在；其次,原本被认为与日本交易特征不相容的行业或企业其实在日本也同样存在。

简而言之,迄今为止断定特定行业特征属于"日本特有"的结论的确是被人为地夸大了。

但本章内容不限于此,还包括两种源自我本人的问题意识并通过调查所获取的,对理解当下继续性交易而言相对重要的观点。

1. 规范意识的观点

第一种观点认为,关于"继续性交易"的现有理论都存在欠缺某种重要视角的问题。如本书开篇所述,大致能够分析继续性交易的理论至今唯有经济学而已。而经济学是基于原子化个人主义与效用最大化的假设,从交易继续性与效率性的视角对继续性交易作出解释。也就是说,它所作出的一般化解释基本上并不涉及"文化"。

最近,在经济学提供的解释中出现了信息经济学与博弈理论的应用,理论渊源则是以奥利弗·威廉森(Oliver Eaton Williamson)为代表的新制度经济学理论。威廉森提出了一种对市场内从彻底的单发性(discrete)交易到企业组织内部的命令系统全部用连续性观点进行解释的观点。这种观点强调交易当事人之间所产生的有约束力的契约关系,并将这种关系用"支配"(governance)的视角予以类型化。

这种理论确实能够对"为何企业能够与特定相对方保持长期继续性交易"的问题给出在一定程度上合理的解释。根据这种理论,是交易中存在的特殊投资才使契约关系变成继续性交易。那么,为何特殊投资会出现在交易中呢?

标准解释是:随着单发性交易的反复进行,给出到交易中的承诺(commitment)也越来越多,所谓交易中的特殊投资来源于此。但是,我们在调查过程中发现这种解释未必符合现实交易实态。在日本的继续性交易中,交易的开始非常重要,其间还伴随有"开设账户"这种仪式行为。相比之下,是否交换书面契约并没有那么重要。企业家经常将这种时机比作"跟结婚一样"。的确如此,在一方当事人决定对特定相对方投下赌注的同时,当事人往往也在为交易投入特殊的成本。若用以往的经济学理论来看,对于这类在开始时就为继续性进行了投资的交易,由于未来相对方可能会背叛自己(采取机会主义行动),这种交易势必会具有很高的风险。

尽管如此,为什么人们在现实中还是愿意投入巨大的前期投资呢?对此问题,在现有经济学理论并未纳入视野的某一方面中,或许可以发现一种隐藏的重要因素。

上述疑问的存在使我们将眼光转向经济学并未关注的要素。阿尔伯特·赫希曼(Albert Otto Hirschman)认为,自古以来在为人忌讳的人类情念(passion)中有"贪欲"存在,后者在17、18世纪被纯化为对"利益"的追求,此后才被赋予所谓阐明人类行动之钥匙的地位,最终以此为核心诞生了经济学(ハーシュマン1985)。经济学将始终追求效用的原子化个人作为一切人为行动的前提,这种思想本身展示出一种历史特性。

第 8 章 信息化时代的契约

此外,社会学者马克·格兰诺维特(Mark Granovetter)从相同的问题意识出发,认为经济学将追求利益之外的行动全部排除于理性行动范畴,导致同样对人类行动存在重要影响的社会关系也被排除于视野之外。他强调"被嵌入的"(embeddness)社会关系同样属于决定经济行动的要素。此外,格兰诺维特还主张应当着眼于与同一相对方进行继续性交易时所存在的避免麻烦的要素(Granovetter 1985,481—510)。

类似的观点在其他地方也可发现,足以印证经济学的视野其实极为受限。用理性行动主体之间的"支配"与"控制"(control)这种观点从外部进行考察,势必会将促成人类行动的重要内因逐出视野之外。如果这种狭隘的视野会导致在对继续性交易这种极为生动的现实进行分析时遇到瓶颈,那么当然有必要引入新的视角。此处值得一提的是法律科学视角的重要性。

法律科学是关于规范的学问。法律科学视野的特征在于它着眼于对诉争契约关系产生影响的规范。人类并不只是基于追求经济利益的动机而行动。此外,人类也并非只在威吓与强制之下才会行动。在访谈调查中我们强烈地感受到那种应当称为商业伦理的存在,④这种伦理无论在日本还是美国并无差别。那么企业家所讲的"商业道德"与"交易伦理"是否只是为了掩盖追求利益动机的伪装(camouflage)?还是说道德与伦理,或是某种不及于此的规范确实在现实经济行动中扮演着重要角色?对此进行的探究应当并非无用之事。

这样一来,在各种各样的继续性交易中,只要借助判断到底何种规

---

④ 用长期经济合理性有可能对商业伦理进行解释。但是在当事人的意识层面首先出现的是一种伦理,或者说规范。从法律科学的视角来看,这点值得关注。

范作用于当事人的视角,⑤即便交易看似相同,但从作用于内在关系的视角出发也可以对性质不同的继续性交易作出类型化区分。

2. 历史推动力（dynamism）与信息化的观点

第二种观点是有必要理解继续性交易的历史推动力。继续性交易的核心特征当然是继续性。但现实中采用继续性方式进行的交易并不完全相同。而且继续性交易本身也在与时俱进,即使聚焦于特定行业内的交易,伴随着经济条件的变化等情形,任何固化的理解也都不可能保持准确。在此意义上,当下正可谓继续性交易的剧变期。

在观察这一剧变或变革期时,日本的经济学与管理学仍然沿用了常识性的视角。其中,有观点强调所谓的"日本式经营"受制于特定历史条件,并指出这种条件目前正在发生变化。但在法律科学中,仍然有一种不考虑时代变动孤立讨论"日本式继续性交易"的倾向,因此有必要特别强调一种历史推动力的视角。

此外,调查过程还给人留下一种强烈的印象,也就是发达的信息技术(Information Technology)的确已经成为今日的时代特征。因此在探讨当下的继续性交易时,基本上等同于探讨信息化时代的继续性交易。

如此一来首先要找到一种新的分析框架。这种分析框架着眼于内在性规范,借此便可以分析在日美所观察到的继续性交易。与此同时,它还必须能对信息化时代中继续性交易的动力变化作出解释。下文将

---

⑤ 当然,即使把它称为规范意识,法律世界能否对这种规范意识形成认知应另当别论。在此意义上,确实也不清楚能不能称为习惯法。但在当事人的意识中,如同对诸多日本企业进行访谈调查时所听到的那样,继续性规范所对应的规范性意识确实在发挥作用。若将这种规范意识从视野中排除开外,经济学解释是否会因此受限呢?

尝试提出这种框架，并探讨它的理论意义。

四、继续性交易的三种类型

就我们在日美所调查的继续性国内贸易而言，两国在与特定相对方之间开展长期存续交易的问题上存在共通性。从交易的外观来看，两国几乎可以说是一模一样。但若从当事人之间所具备的"规范意识"角度来看，那就可以明确地区分出不同性质的类型。此外，如果考虑到信息技术所具备的意义，对于今日两国的继续性交易，至少可以归纳出三种类型。

首先，在与特定交易相对方之间长期存续的继续性交易中，存在虽然互有关联，但性质并不相同的两种类型。在此分别称为市场型继续性交易以及组织型继续性交易。⑥

---

⑥ 平井宜雄教授在平井1996中论证了应当区分市场型契约与组织性契约。这与本书对市场型继续性交易与组织型继续性交易的区分相似。但是，平井教授的分类标准由教授所称"市场与组织的法理论"中的"理论与演绎"推导得出，与本书基于对规范意识所展开社会学研究使用的分类并不相同。进一步讲，市场型契约是"仅凭契约当事人的意思而持续进行给付的契约"，"组织型契约"则是"理性当事人行动时只能持续履行的契约"（第712页），但这种定义恐怕并不能明确两者的区别。平井教授认为市场型契约中的"当事人意思"并非"理性行动所产生的'意思'，而只是当事人偶然所想的意思而已"（第709页）。"当事人偶然所想"与本书的市场型继续性交易有类似之处，但我认为其实"市场型契约"中的意思在很多情况下也是"理性"选择的结果，将继续性作为判断是否产生"理性行动"结果的标准恐怕不能令人满意。因此还是只能将威廉森关于是否对交易有特殊投资作为分类基准。在这一问题上，平井教授与本书分类标准并不一致。

此外，平井教授这篇论文将组织性契约区分为"共同事业型"与"下游型"，"共同事业型"契约的特征是强调书面契约的约定内容（第716页），与该论文所设想的特许经营契约（而且是最近盛行的规模较大的特许经营契约）虽然较为契合，但对于代理店契约与特约店契约（也是"共同事业型"）来说未必契合。若仍然执着于根据特定交易契约进行分类，未必符合日本的交易实态。

而第三种类型与这两种类型所处层面略有不同。但在探讨前两种类型在现代所具备经济功能之时,第三种类型可以提供非常重要的视角,所以能够与前两种类型作出区分,并将其称之为网络型(network)继续性交易。三种类型在日美两国都同样存在。

1. 市场型继续性交易

在日本,典型的市场型继续性交易可在诸如家电商场进货,或是医疗设备制造商及其渠道经销商(spot dealer)的关系中发现。在这类交易中,即使是存续很长时间的交易关系,所谓"必须维持继续性"的规则在当事人之间也并不起作用。极端来讲,继续性之所以得以维持,只不过"恰好如此而已"。

市场型的特点在于如果任一方当事人在交易关系中赚不到好处,那么就可以轻易地终止关系。即使专门为交易进行投资,而且终止将会产生损失,只要规定适当的通知期间,并且对损害进行最低限度的补偿,那么终止关系也不会产生什么问题。

2. 组织型继续性交易

与此相对,处在另一极端位置的是组织型继续性交易。提到组织型继续性交易的范例,立即就会联想到汽车制造商及其零部件下游生产企业之间的关系。此外,在流通领域还可以从诸如家电制造商及其连锁销售商之间的关系,家电、化妆品以及日用品制造商与连锁销售企业之间的关系,汽车制造商与销售商之间的关系中发现这种交易类型的存在。在这类交易中,维持关系本身具有规范性意义。也就是说,即使暂时没有收益也不能换人。在交易相对方陷入困境时通常要为对方提供支援,也就是追求一种"共生共赢"的理念。

此前这种类型被认为是日本特有,但根据此次调查结果,可以确定在美国也同样存在此类交易,虽然数量不及日本。例如,某医药制造商曾回答称,在与交易相对方之间的购销关系中,即便出现了解除事由,首先也会为对方提供帮助,只要没有严重问题都会努力维持交易关系。其他医药制造商的回答也是如此,"双赢状况"(win-win situation),用日语来讲就是强调"共生共赢"。即使在美国,例如连锁经销商或是汽车4S店契约,也是基于使对方当事人对这种关系产生的期待才得以成立。

将这种交易称之为组织型具有充分理由。威廉森已经对组织和市场作出区分,其中组织指的就是"企业"。换成法律术语,则是指法人内部。但实际上对于商品的移动,企业在考虑究竟是从组织内部的各部门之间流转还是通过与其他法人之间的契约流转之时,除了交易成本之外,还存在其他足以左右决定的影响因素。也就是说,在家电等产品制造商的典型事例中,到底是采用事业部制,还是设立其他法人,是一个综合经营判断的问题。至于说交易是在组织内部进行还是通过契约进行,只是以这种经营判断为前提所得出的结论而已。而这种结论最终表现为在组织内部可以处理完毕的行为,或是在形式上与其他法人之间成立的继续性交易。例如日本的家电、电子产品、日用杂货品制造商与销售商之间的关系就是如此。这种形态的继续性交易完全就是字面含义上的组织型继续性交易。

此外,日本汽车制造业中零部件的内部制造率很低,由于多采用分包形式。其中常用的制造方式并非"交付图纸式",而是与采用"核准图纸式"的制造商一起共同生产。* 结果导致这种继续性交易也具备了组

---

* "貸与図方式",即汽车制造商负责设计与开发,但将设计图交给零件制造商并由后者生产零部件。与此相对的是"承認図方式",是指汽车制造商只提出基本样式,零件制造商据此自行开发零件,设计图纸,在获取汽车制造商核准后开始生产的模式。两种模式分别直译为"交付图纸式"与"核准图纸式"。

291 织型的特征。对于日本汽车产业的这一特点,除经济合理性判断之外,单个制造商的历史与地理条件,以及通产省为对抗美国汽车制造商而主导的产业政策也都产生了各自的影响。

顺便一提,与买卖虽然不尽相同,若从利用形态完全一致的直营店店铺同时经营的模式特征来看,加盟店(例如麦当劳日本店)也可算作典型的组织型继续性交易。

对于具有前述意义的组织型继续性交易,如果有近似于组织内部规范的存在正在发挥作用也并不稀奇。

因此,包括其他行业在内,采用组织型继续性交易的原因在于与企业组织相关的经营判断、基于产品特性而形成的行业固有要因、为应对市场竞争作出的经营战略或是产业政策。至少就我们所调查的市场竞争激烈的企业来说,找不到必须要用日本固有文化来进行解释的事例。

所以说,在采用组织型继续性交易的行业中,开始交易本身包含了加入该组织的表示,对此也有与之对应的内部决定的作出。

3. 网络型(network)继续性交易

到底什么是网络型继续性交易? 第三种类型是网络型继续性交易。所谓网络型继续性交易是指使用计算机网络进行的继续性交易,
292 交易形态相对较新。这种交易形态也被称为 EDI(Electronic Data Interchange[电子数据交换])。在运用计算机网络这一点上,它与此前的市场型以及组织性继续性交易存在不同,因此从外观上可以作出区别。

例如在制造业中,众所周知日用杂货品制造商花王模仿美国的沃尔玛和宝洁,通过计算机网络与大型超市佳世客结成了制贩同盟(strategic alliance)(内田贵 1996)。

同时,在纤维行业正在推进被称为 QR(Quick Response[快速响

应])的产业结构革命,后者旨在借助信息网络直接整合此前信息被切断的制造阶段与零售阶段。

因此,在企业间交易中充分运用计算机网络的目的并非简单地替代电话或传真这些通讯方式,而是为了借助 BPR(Business Process Re-engineering[业务流程重组],ハマー＝チャンピー 1993)对业务流程进行根本性变革,并通过企业组织与市场结构的变革来强化企业竞争力。其中,通过构筑计算机网络将有望使企业间的联结达到前所未有的强固程度(参见内田 1996)。

当然,企业间的联结存在不同等级的强固程度,最基础(primitive)的是构筑一种能够对订单数据等凭证实现统一标准化的行业网络。当中也有相对市场型继续性交易并无变化的个案。这种情况下收益就只有无纸化所节省的成本。但与之相对,正如超市与制造商所缔结的制贩同盟那样,也有对表面上是部分而实际上朝向整体实现组织化结合的情形,后者正是此处所谓的网络型继续性交易。

特别是在美国,网络型继续性交易已经广泛地渗透到制造业与零售业中。著名案例如波音公司以实现高品质管理为目的,放弃市场竞争而转向强化借助网络形成的组织联结。该公司的 EDI 以及被称为 CLAS(Commercial At Light Speed[光速商务])的网络型物流在业界也赫赫有名。此外,美国汽车产业的复活也被普遍认为是转向网络型继续性交易后改革组织形态的成效。

如此一来,可以认为信息化在全行业都有或多或少的发展,而且影响也在逐渐波及法律领域。

虽然网络型继续性交易原本是由美国企业依靠最尖端的信息技术所开创。但若深入观察,其实可以发现它与日本传统的继续性交易关系极为相似。也就是说,与书面契约(formal contract)相比,信赖关系更被重视。一旦出现问题,不是首先援用法律,而是试图通过柔性地交涉来寻求解决。

区别在于处理信息的方式。此前日本的继续性交易中,关于交易对象的详细信息通常借由人脉关系得以积累与共享,以此维系长期交易关系,而遇到环境变化时也可共同采取灵活的应对措施。换言之,为维持交易继续性所必需的信息积累与共享都是由组织间关系理论中"境界线渠道"⑦所对应的人脉关系(connection)来完成。与此相对,在网络型继续性交易中则是借助计算机技术而实现。

例如日用杂货制造商从大型零售店获得 POS 信息(销售时点信息),通过共享销售信息实现更迅速地进货入库。而信息的共享则是借助预先共同设计的系统自动操作完成。

也就是说,新登场的网络型继续性交易作为一种储存与分享信息的系统,利用信息技术实现了组织型继续性交易所具备的效率经济特点。

单独区分网络型继续性交易的理由　虽然网络型继续性交易与组织型继续性交易共有相同的规范意识,在此意义上,前者也可算作后者的一种,但仍需作出单独区分的原因主要包括以下两点:

第一,计算机网络的构建使得历来所无法想象的交易形态成为可能。例如下订单这种行为,作为"契约的要约"向来是组织型继续性交易所不可欠缺的行为。但是,通过运用 EDI 就可以在交易当事人之间将下订单的决定实现共同化与自动化,甚至可以直接省略。这对于交

---

⑦　boundary personnel,关于境界线渠道的概念与功能,参见山仓 1993。

易的法律解释也将产生革命性的影响。⑧

第二,网络型交易形态在日美两国都在逐渐增加。而且这种交易形态还在发挥使市场型继续性交易与组织型继续性交易之间原本固有的类型化区别趋于流动的作用,而这种效果非常值得注意,下文也将就此进行论述。

五、新分析框架的意义

那么,从第4节所建立的三种类型当中可以明确哪些问题呢?此处列举如下两点:

1. 继续性交易中的"信赖"与规范意识

第一,从被共有的规范意识这种视角出发,可以将继续性交易区分为市场型与组织型,借此可以为理解继续性交易增添新的视角。换言之,组织型继续性交易或是形态与之相似的交易在开始之际,首先要在当事人之间构筑信赖关系。然后,通过这种信赖关系才能共有彼此对继续性的期待乃至于某种规范意识。这种规范意识并不是在交易反复进行,或是在投入成本之后才得以产生,实际上早在交易开始之前就已出现。

如此这般,通过对经济学方法并未纳入视野的"规范"进行分析,就可以针对威廉森理论所提出的批判意见作出初步的回应。也就是说,回应为什么在交易前当事人可以安心地进行特殊的前期投资。一种可能的解释是,现实中在为交易进行特殊投资之前,已经有某种能够消除

---

⑧ 对此问题,虽然只是随笔,可以参见內田1998。

投资风险的因素在当事人之间发挥作用。这就是肯尼斯·阿罗（Kenneth Joseph Arrow）所提出的无法被市场化的重要财富"信赖"（アロー1976）。相对方能产生这种信赖的理由只能是双方对于交易关系能够继续共有着同一种规范意识。⑨

组织型继续性交易得以稳定进行的原因也并不在于为关系而专门进行的重大投资。在日美的访谈调查中，我们发现与我们所了解的现实情况更为契合，也因此更有说服力的解释依据在于双方所共有的，并且使这种投资成为可能的规范意识。⑩

那么，这种规范意识何以形成呢？对这种机制的解析只能留待未来继续研究。此处姑且认为，借助博弈论对事前协助关系的成立进行分析或许是一个好的出发点。⑪ 但要将相对方根据行为选择所作出的"预测"转化为"规范"确实还存在很多障碍。⑫ 申言之，即便能够对规范意识援用效用最大化行动理论进行解释，但也不算是给出了充分的论证。在现实中共有同一种规范意识的最小单元并非独立经济主体，而是整个行业或是业界。此外，规范在成立之后还将自我彰显存在，并规制当事人的行动。对其中的意义有必要作出解释。那么，这就又与法律世界产生了连接点。

---

⑨ 当然，此处所共有的规范意识是否应被标识为法律又当别论。这里所强调的只是说为了获得能够理解现实交易的重要视角，应当着眼于当事人意识中的规范。至于这些规范被纳入法律世界的正当性则需要从其他地方寻找理论依据（参见第3章）。
⑩ 就此问题无论日美，所谓战略同盟（strategic alliance）这种网络型继续性交易的成功实例，都是从两方企业总裁建立起私人间信赖关系后才能开始。这点值得关注。
⑪ 森田修1998b 对此进行了尝试。
⑫ 若用诸如博弈理论最优解这种理性选择理论进行解释，有观点认为它与作为社会制度的"规范"之间存在"不可逾越的鸿沟"。参见盛山1995。

2. 市场型与组织型的流动化

第二，如前所述，继续性交易可被分为市场型继续性交易与组织型继续性交易，而网络型继续性交易的出现则有可能使这种分类标准趋于流动化。这一事实具有各种含义。下文将指出其中的三种含义。

（1）从市场型转向网络型

首先探讨第一种含义。有的网络型继续性交易是由市场型继续性交易演变而来。这种现象在美国随处可见，在日本也广泛存在。

在市场型继续性交易中，对于关系的继续性并没有预先存在的规范意识，因此在需要为交易关系专门进行投资时，也通常是根据交易进展逐步为之。此外，对于终止关系后可能产生的风险，由于只能自行承担，投资也不会超出上限。特别是需要满足特定相对方对维持品质所要求的水准时，投资行为更是只能谨慎而为。因此，随着品质与价格的竞争日渐激烈，市场型继续性交易也就有了转向为组织型的动机。此时基于 EDI 所实现的网络化恰好可以发挥作用。

这种借助网络型继续性交易使市场型转向组织型的过程展现了颇有意义的提示。

一般而言，市场型继续性交易不可能缓慢地自行转向组织型继续性交易。组织型继续性交易通常始于当事人有意识作出选择的阶段。而且由于组织型继续性交易的规范意识并不能一蹴而成，市场型继续性交易向组织型继续性交易的转变并非易事。而若在共有规范意识缺位的情况下为交易投入数额较大的特殊投资，显然过于危险。

对此，威廉森用企业兼并（vertical integration）来解释这种动机。的确，完成兼并后在事实上确实形成了字面意义的组织。但若只是为了在特定产品交易中获取组织型继续性交易的优势，那么选择兼并实在是有些过于夸张。

与此相对,网络型继续性交易可以在特定部门的层面实现对组织的有限协同。其中起关键作用的因素是信息。迄今为止必须投入人力资源才能完成的信息集约、积累、分析与传输,只要通过在企业间构筑高度数据化的信息网络都可以在瞬间自动完成。这一过程恰好突显了信息在组织型继续性交易中的重要性。也就是说,组织型继续性交易的目的其实在于信息网络的构筑。

此前,日本式组织型继续性交易作为一种高效交易形态颇受外国管理学者的关注,而被关注之处主要是信息网络。有观点认为,只有通过人际网络形成信息网络(knowledge link)(Badaracco, Jr 1991),才有可能作出柔软且兼顾效率的经营判断,组织型继续性交易最大的优势就在于此。可以说,网络型继续性交易通过信息技术,提炼其中属于信息网络的部分并予以再构筑。网络型继续性交易可以说是发挥组织型继续性交易优势的同时,还免于承担原本为构筑信息网络所需支出的成本的通用方法。

如此一来,网络型继续性交易使得市场型继续性交易人为地转变为组织型,其中组织本身所发生部分或整体的融合也催生了属于组织型继续性交易的规范意识。也就是说,支撑网络型继续性交易的还是组织型继续性交易的规范意识。

(2)从组织型转向网络型

其次是第二种含义。可以发现此前属于组织型的继续性交易也在转向网络型继续性交易。这种现象在日本尤为突出。

为探讨缘何在日本出现了朝向网络型继续性交易的转变,首先不妨来看一下日本传统继续性交易的实态。

一直以来,关于日本继续性交易有很多关于所谓"日本交易习惯"

的研究。比如下文列举的事例。

先就制造阶段来看,对于以丰田为代表的日本汽车制造商及其下游企业的关系特征,众所周知包括看板管理以及准时制生产方式(JIT)*等。而这些特征得以产生的事实前提是制造商与特定下游企业之间存在长期稳定的持续交易关系。

其次就流通阶段而言,在日本纤维产业的流通领域,原料制造厂与服装生产商(apparel maker)之间存在众多的中间商,由此构成了"多阶段性"的特征。其中特定的中间商会将数量众多的小微生产商纳入麾下,从而形成一种长期存续的继续性交易关系。

最后就零售阶段来看,中小零售店在进货之际往往与特定中间商存在强力的联结关系。从另一方面来看,如果开发新产品的生产商失去与多数零售店存在销售网的中间商,那么恐怕也无法正常开展销售。

以这些继续性交易为象征的日本式产业体系,在蛋糕越做越大的时代发挥着"互利双赢"且保障交易关系得以安定发展的功能,并且支撑着战后日本的高速成长期。在此前提下,对于这种体系中效率性的关注胜过闭锁性。但由于此后市场的成熟化以及与之相伴的价格竞争激烈化,在多数行业内继续维持既存固定交易关系反而导致成本增加,这也是日本丧失国际竞争力的原因之一。

例如在汽车产业领域,在美国汽车三巨头**通过 BPR 提高经营效率的同时,多数日本制造商看起来似乎已经丧失了领先的生产效率地位。此外,以多阶段性为特征的纤维产业由于流通成本较高,变成了日本流通低效的象征。而且在零售界也不断涌入诸如玩具反斗城(Toys

---

* JIT 为 Just in Time[时间刚好,准时]的缩写。
** 指通用、福特和克莱斯勒三家汽车公司。

"R"Us)之类依靠流通路径单纯化发挥优势的折扣店,从而形成一股对日本零售行业造成巨大冲击的折扣店浪潮。这波浪潮涉及男装、化妆品、家电与酒类商品,随着流通成本较低的大型折扣店接二连三地开业,销售高价品牌商品的百货商场也陷入了严重的不景气状况。

因此,从日本产业复活为目标开始推进的是产业信息化。日本也在推进以美国企业为模板的战略同盟(strategic alliance)措施,政府也批准了巨额国家预算进行实证实验。

药价制度改革后进入激烈淘汰时代的医药品流通行业可被视为产业信息化的例证之一。改革前,以往组织型继续性交易纵容了不透明的流通惯例,这也是阻碍效率化经营的重要原因。但在医药品流通改革之后,医药品中间商面临被市场淘汰的危机。因此,中间商直率地提议将经营支援(support)作为与医院之间建立 EDI 交易的附赠价值,并试图通过某种联营化以继续生存。而存在意义面临危机的中间商试图将信息化的附加价值作为卖点以求生存的事例也发生在其他行业。这些现象与其说是转向网络型继续性交易,不如说是为提高传统组织型继续性交易的效率。

此外,纤维行业的上游企业正在通过构筑计算机网络以消除传统组织型继续性交易的低效率问题,并期望借此恢复竞争力。这属于为谋求生存,选择网络型继续性交易以简化市场结构并大幅缩减流通成本的情形。

(3)网络型继续性交易与标准化

第三,EDI 协议(protocol)的标准化是构成网络型继续性交易的基础(参见内田 1996)。相比以往的组织型继续性交易,借助这种标准化可以更容易地变更交易对象。

组织型继续性交易一旦形成,其中被共有的规范将自行彰显存在,即使经济条件发生变化,也可以继续发挥规范作用。但是,如果经济条件的变化过于巨大,就会动摇规范的妥当性,最终使组织型继续性交易崩溃,从而转向市场型继续性交易。决定所谓规范的"黏性",也就是在相关情形不断变化的情况下,规范能在多大程度上维持妥当性的要因种类很多。其中包含了诸如针对市场结构变化的保守精神等因素。因此,如果仅以专为交易投资的大小作为测量对象,那这种分析工具实在过于粗糙。

但是,专为交易进行的投资绝对是其中的重要原因之一。而且,可以想象与信息成本(所谓沉没成本,即原先积累的信息由于更换交易相对方全部清零,必须重新收集、存储新信息的成本)相关的因素也很重要。

此时,通过当前 EDI 所推动的标准化潮流很可能大幅缩减对新信息进行收集、存储、共享以及分析所需要的成本。这就意味着,网络型继续性交易可以同组织型继续性交易一样与特定相对方进行交易,但与后者相比,前者可以更容易地变换交易相对方,因而也包含了一种属于市场型继续性交易的要素。也就是说,虽然都属于组织型的规范意识,至少在对等当事人之间的网络型继续性交易当中,针对情况变化的规范黏性可能会变得相对较弱。

而这正是单独将网络型继续性交易划分为第三种类型的原因所在,也就是说前者使得市场型继续性交易与组织型继续性交易的边界趋于流动化。

六、对未来的启发

前文分析的观点有望在更深层面对未来的契约法学提供理论启发。此处暂且指出两点：

第一，网络型继续性交易的扩大将成为引发人们对交易信息甚至知识形态产生新关注的契机。

具体而言，网络型继续性交易用纯粹的方式告诉我们交易信息以及知识的重要性。契约这一制度原本就是收集信息，作出判断然后进行传达的方式。意思表示的传达这一法律概念就被用来对此进行表现。但如今作为交易中意思决定前提的信息收集手段，以及意思决定的形态乃至传达的方式都在发生根本性的变革。这种交易现状在法律领域内应当予以重视。而如何衡量它的冲击范围，属于未来的研究对象。

此外同样不可忽略的是，正如日本管理学者所指出的那样，日本式经营所重视的信息或知识往往属于难以传授的隐性知识(tacit knowledge)。[13]

对于继续性交易中通过人脉渠道所积累或传达的信息与知识，计算机网络在很大程度上可以运用信息技术对其进行管理。但可能仍然还有无法被彻底替代的部分。实际上，最终评价计算机所处理数据的还是人类。在零售业正在推广的 EOS(Electronic Ordering System)，最终也必须依靠人类感觉作出的评价才能正常运作。

如此一来，以人脉渠道为基础的信赖以及必须依赖人脉渠道才能

---

[13] 野中 1990，野中＝竹内 1996。关于隐性知识，参见マイケル・ポラニー(Michael Polanyi) 1980。

第 8 章 信息化时代的契约

传达、积累的信息与知识想必还会一直保留下来。此后如何继续研究也是一项颇有价值的研究课题。

第二,关于信息化时代继续性交易中法规范的作用,在前文的分析中也提出了一些问题。虽然只能由今后的课题对这些问题进行充分探讨,但至少在今天可以说网络型继续性交易的扩大将对理解继续性交易的典型范式产生一定的影响。换言之,在网络型继续性交易中,契约不再只是凭要约与承诺所成立合意这样简单的存在。其中以信赖关系为基础的网络基础具有强烈的团体法属性。而且网络型继续性交易具有不被特定文化所界定的普遍性,可预计会在全世界范围内继续扩展。如此一来,对于契约成立的基础理论来说,或许有必要重新从形成这种关系的视角出发另行作出理解。

此外,既存契约规范是否仍然可以适用于这种交易关系确实令人生疑。当然,探讨何为适合的规范属于未来的课题,但至少就网络型继续性交易的扩大而言,或许可以说它为我们提供了一个对契约法范式进行再思考的契机。

终章　契约法的未来

一、日本的契约——四个关键词

自一百年前继受西方契约法以来,日本交易社会的发展目标一直是实现近代化。也就是说,凡是与近代契约法所不相容的社会现实,长久以来只被人们当成应予铲除的历史残渣。

虽然以商事交易为研究对象的日本契约法在战后才真正得到发展,但若以宏观视角俯瞰它所关注的对象,我认为已经可以从中提炼出某些特征。在此暂且归纳为四个关键词(Key Word),也就是"近代契约法""日本契约观念""契约法的二元性"以及"继续性交易(契约)"。

(1) 近代契约法

实现契约的"近代化"历来是战后日本交易社会的目标。川岛武宜博士就是这一关键词的提倡者之一(川島1967)。川岛博士本人作为中央建设业审议会的委员为建筑行业近代化鞠躬尽瘁。在契约关系方面,他也为建设承揽契约的近代化作出了相应贡献,

此外,在纤维行业也有"纤维交易近代化推进协议会"的团体,为实现行业"近代化"而开展业务。在其他行业也可发现类似情形。

片面来看,在这类"近代化"的过程中存在一类具有普遍性的目标,那就是推进"契约的书面化",例如针对承包交易中完成消除迟延支付

承包价款等问题的立法(《承包法》)。但即使契约普遍采用书面形式,也不等于所有问题将会自动地迎刃而解。真正理想的状态仍然是保障对等当事人之间能够订立合乎理性的契约。此时,人们所要实现的还是诞生于欧洲的近代契约,也就是对等市民之间基于私法自治原则所订立的契约。而且,规制这种契约的理想契约法是那种能使当事人预测裁判结果,而且无论谁来当法官都要作出相同裁判结果的明确规则。近代契约法所指向的就是这种要件与效果明确的规则体系。

(2) 日本契约观念

"日本契约观念"经常与"近代契约法"这一关键词相伴出现。川岛博士是提倡这一概念的主要人物之一。

虽然可以说"日本契约观念"曾经一度盛行,但它始终给人一种日本社会近代化滞后的印象。此后作为所谓日本文化论的一环,它也成为一种强调日本特殊性的关键词。更有甚者,在日美结构协议等国际经济摩擦问题中,人们也因此认为日本市场闭锁性的原因就在于这种观念的存在。

(3) 契约法的二元性

第三个关键词是"契约法的二元性"。它与前两个关键词也有关联,例如星野英一教授在一次以比较日本与法国契约观念为主题的日法学术研讨会(symposium)上提交了题为"日本契约法的变迁"(星野英一1992)的论文,其中星野教授主张在日本除了继受的契约法之外,还有一种基于日本契约观念而存在的契约法,也就是"日本社会存在两种契约法"。

其他学者也提出了相同的观点。可以说前两个关键词必然会催生第三个关键词。也就是说,与欧洲继受的近代契约法相比,如果说还存在另一种性质不同的日本契约观念,那么相对于《民法典》中的契约法,作为日本"活法"的契约法也只能是不同的法律。

(4) 继续性交易(契约)

第四个关键词是"继续性交易"。在解释与近代契约法相比,现实中的日本契约缘何对应不同的契约观念之时,人们往往会将在日本产业界中经常可见的继续性交易作为典型日本式交易的假定对象。

当然,确实很难严密地定义继续性交易。但只要对日本经济社会略有了解,基本就可以想象出一个大致的形象。此外,迄今为止很多关于日本契约实态的调查与研究都围绕日本继续性交易而展开。可以说如今它也是契约法学中最为人瞩目的领域。

以上四个关键词代表战后日本在契约领域内的关注对象,而且它们在基本立场上存在共通性。也就是说人们认为与近代应然契约法的理想相比,日本的契约实务自有它的特殊性。

但相对地,过去国内外契约法学的研究成果历来认为属于日本契约实务的那些特征,到底是不是日本所特有的呢?更引人深思的是,所谓的作为日本特殊性对照样本的近代契约法,能不能说它才是诞生于欧洲漫长历史中特定时期的特殊契约观念呢?(参见 Gordley 1991)

一言以蔽之,日本契约观念到底在多大程度上能算作"日本的"?在这层意义上,恐怕可以认为,作为以上四个关键词存在前提的根基其实并不牢靠。与此同时,战后以来的契约法学本身也正处于重大的变革期。那么,契约法以及契约法理论的发展到底朝向何方?

二、未来的契约——两个关键词

今后的经济社会将由市场全球化与信息化定义。为了把握契约法与契约法理论在这样的时代的朝向,此处列举两个象征未来的关键词。

第一个是"标准化"。当下"标准"或是"标准化"的词语在产业界已经开始盛行。经济学期刊纷纷推出关于"事实上标准"(de facto standard)和"全球化标准"(global standard)的特刊,着力宣扬标准化。但本文所指的"标准化"不限于这种盛行的"标准化"。下文将从两个不同的领域展开论述。首先是契约"法"领域内的标准化,其次是契约"实务"或"实践"层面的标准化。

1. 契约"法"的标准化

《国际商事合同通则》由国际统一私法协会(UNIDROIT)所制订,制定目的似乎是要在国际贸易中实现契约法的统一。但实际上,《通则》既不是国际公约,也不是为国内立法所制定的模范样本。换言之,它不可能成为实现统一立法的强制性或半强制性契机。那么,它的目标到底是什么呢? 当然,《通则》确实期望能被普及开来,但是它的影响力源自内容的说服力,而非某种制裁效力。《通则》的制订正可谓确立了一种应当在国际贸易中适用的契约法的合理"标准"。

随着交易全球化的推进,毫无疑问需要一种能够在国际贸易中普遍适用的共通法。特别是在欧盟于欧洲完成市场整合的新动向出现之后,我们可以强烈地感受到这种必要性的存在。但在全世界范围内统一各国国内立法当然无比困难,因此只能率先提出一种适用于国际贸易纠纷中的契约法"标准",以替代"统一"(unification)的强势概念,并凭此表明一种新的法律形态已经出现。

此外,在审视《通则》条款的具体内容时,对于前文(第 7 章)介绍的诸如"一方当事人进行不诚实的(契约)交涉或是不诚实地放弃交涉的,应当对相对方由此所遭受的损失承担责任"(第2.15条)或是"订立契约时契约或部分条款不当给予相对方超额利益的,当事人有权撤销契约或其条款"(第3.10条)。从近代契约法的理念出发,这些内容对应的要件过于暧昧,但与"标准化"的另一种含义存在关联。

  法规范的实然样态大致分为两类：一类是要件与效果都被明确定义,无论何人适用都将得出同一结果的"规则";另一类则是要件与效果都相对暧昧,适用时存在较大裁量空间的"标准"。"满二十岁视为成年"就是典型的规则,"应当遵守信义,诚实地行使权利与履行义务"则是最典型的标准。

  此外,可以说"正当理由"以及"合理情形"这类概念也具有属于标准的规范特征。

  还应当指出的是,除《通则》之外,在《公约》中也有很多具有标准属性的规范。此外,自1992年起施行的,最近问世的新《荷兰民法典》以及美国UCC买卖编中也有类似的规范存在。

  回到日本,法院也已经开始频繁地适用诸如缔约过失这一类要件相对暧昧的规范,信义原则更是如此。如今的现状已经让人开始认为法院其实更偏好适用这种柔性的规范。

  综合考虑这些现象,似乎可以认为在现代契约法中出现了一种世界性的倾向,也就是契约法规范的形态正在从近代法所设想的具有高度预测可能性的理想化"规则"转向为"标准"。因此针对具体情况作出柔性适用的要求也越来越高。这就是现代契约法具有"标准"属性的另一侧面。

2. 契约"法"中双重意义的"标准"

  未来,契约法在一方面将以全球化市场的共通法为目标,继续强调它所具有的理性"标准"属性；而在另一方面作为具有理性标准属性的规范，契约法的重点内容也会从明确统一的要件及效果转向根据情形作出的具体调整，并以此实现衡平的目标。也就是说，契约法需要根据具体情形实现随机应变，在维持基本原则的前提下也允许出现本土（local）化的变种（variation）法。因此，标准化会在两个不同的层面同时进行展开。

还有必要指出的是，契约法规范的形态转向标准这一事实对于纠纷解决程序也具有重要的含义。

近代法诞生之际，属于规则体系的契约法之所以被认定是理想法律，除了保障交易当事人的预测可能性之外，背后也有不信任法官（在德国和法国都是如此）的考量。为使法官不至于恣意裁判，最理想的方法就是明确规范的要件以及效果。

但如果属于标准的契约法规范增加，根据个案的不同，规范将被灵活地适用，这也等于要求法官与仲裁员作为法律的适用者必须值得被充分信任，否则也无法证明这种现象本身具有正当性。因此，可以认为人们对司法制度信任度的增加也在背后推动着现代契约法的发展。反而言之，也可以说我们需要的正是这样的司法制度与司法程序。

3. 交易习惯（实践）的标准化

（1）继续性交易的普遍性

然后，让我们将目光转向契约实践，或者说交易习惯。在契约实践层面所谓日本特有的继续性交易值得被研究。特别是日美结构协议中继续性交易被指出与市场闭锁性有关，引起了除法学之外的，经济学与管理学的非常强烈的关注。

经济学中关注继续性交易的一种观点认为，日本这种实态符合经济理性的要求。使用交易成本概念对继续性交易进行理论分析的美国经济学者奥利弗·威廉森值得一提。而以这种理论作为出发点进行再解释的观点也影响极广（参见 Williamson 1989）。

换言之，对于只对所涉交易关系具有意义但又不得不投入成本的专门投资（关系特殊的投资），若交易关系终止，双方当事人的利益都会受损（即所谓产生沉没成本），因此双方只能选择维持安定持续的交易关系。对此也可参见东京大学经济学部的伊藤元重教授所称的"互相可见的竞争"。就像备战高考时与其一个人闷头复习，不如参加补习班与竞争对手一起复习反而更能激发竞争意识。也就是虽然竞争对手不多，看似并不存在竞争，但因为互相知根知底，反而能够达成持续高效性的闭锁性系列交易。（参见伊藤、松井 1989；伊藤元重 1989）

此外，也有人使用博弈理论进行解释。虽然在单回博弈中背叛对方对自己更为有利，但若必须反复与相同对象进行博弈，那么只要选择背叛，结果只会不利于己。在进行继续性交易的情况下，也可以用无法选择背叛的所谓"重复博弈"理论来提供解释。

但是，这些经济学解释路径虽然可以对继续性交易的稳定性以及效率性作出回应，却并不能对人们为何会在与特定相对方的关系中"为关系作出特殊投资"的疑问给出充分的解释。

也就是说，这些解释都是从个人主义的方法论立场出发，解释对象始终是单一主体继续交易是否有利或者是否满足效率要求。但它们从来没有考虑到在交易中存在的相对方。

在调查继续性交易时，企业在接受访谈时经常用"结婚"作为比喻。也就是"选择继续性交易就和结婚一样"。沿用这个比喻，再用经济学和博弈理论进行解释，就可以得出如下结论："在特定条件之下结婚比单身更有利,而且一旦结婚,离婚和背叛对方的成本实在太高,因此需要稳定的婚姻关系。"但这种结论只能解释已经与某人结婚了的事实本身而已。

在与某人结婚时,我们当然不会认为只要结婚对自己有利那么对象是谁都无所谓。要遇到特定的人,才可能走到决定结婚那一步。虽然过于执着结婚这一比喻也会产生新的问题。但对于企业来说,是不是也有正因为遇上了特定的相对方,所以才能下决心走进长期交易关系的情况? 那么企业作出决定的理由到底是什么?

一旦选择继续性交易关系,就会形成一种共享内部信息的"命运共同体"(访谈时也经常听到这一表述)。如此一来,当然只能选择值得缔结继续性关系的相对方,其中必须要有"对他们的信任",这也是极为常识的感觉。在经济学领域,理论经济学者、诺贝尔奖得主肯尼斯·阿罗也提出了同样的主张。阿罗认为所谓信任实际上是一种难以市场化但非常重要的"财产"(アロー 1976)。

而最近在管理学领域,除了企业内组织理论之外,企业间关系理论也正在发展。后者着重提示了在企业互相接触的节点中,人际信赖的重要性(参见野中 1991)。

因此,可以说经济学和管理学的理论框架在经过不断完善后愈发与我们的实践感觉相契合,而这一过程意味着原本我们以为只属于日本的继续性交易实际上出人意料地具有普遍性。

前文都属于经济学与管理学的内容,而法学领域早在三十多年之前,美国威斯康星大学的契约法与法社会学权威斯图尔特·麦考利就基于社会学调查得出了一项引人注目的结论。他指出在美国实际上同样存在不经由书面契约和契约法也能正常进行的交易（Macaulay 1963a）。

此后麦考利教授来日本时曾提到，因为距离前次调查已有三十年之久，为了解三十年之后的情况他又进行了一次调查，结果发现情况在美国基本没有变化。

至此我们可以认为，"日本契约观念与契约实务有其特殊性"的印象在很大程度上只是我们将自己对契约的态度与美国企业在与日本企业交易时对契约的态度进行对比后所得出的结论。在美国人看来，由于日本人在国别、语言以及文化上都与自己不同，在国际贸易中当然会产生不安的情绪，动员律师为自己进行法律武装也是理所应当。但若转向在美国国内属于同一共同体（community）的内部交易，情况则截然不同。

如前所述，在我参与的继续性交易实态调查（参见第8章）中，就整体印象来说，美国国内所谓具有美国代表性特征的就是金融和保险关系中的交易（有律师参与，会制作很厚的书面契约）。而在其他类型的国内交易中，其实可以发现由行业特性而产生的差异要比由日美两国国别而产生的差异更为明显。实际上，在不少行业中都能发现与日本极为相似的交易实态。反过来看，在日本的某些行业与企业中，也能发现重视法律明确性的个例。

简而言之，有必要重新反思所谓的日本契约观念到底是什么。我们所一厢情愿相信的特别契约观念实际上并不特别。相反，这种观念可能具有高度的普遍性。

当然，对于在订立契约的过程中人们互相接待的方式，这类要素确实会产生区别。根据访谈调查，虽然在美国人们也会利用高尔夫和餐厅进行商务接待,但他们就不会去唱卡拉 OK。然而不应当将接待方式与契约观念的不同混为一谈。

以这种继续性交易的普遍性作为分析前提,近年来由产业信息化所衍生的现象非常值得关注。

(2) 产业信息化与商事交易

此前某段时期,美国的制造业看似已经全军覆灭,但如今再度恢复活力,又重新把日本甩在身后。美国汽车产业的复活是其中的代表性现象。其中关键的动力在于企业再造(Reengineering)。

哈默与钱皮所著的《企业再造》(ハマー=チャンピー 1993)一书在日本也有译文出版,而且还引发了一阵热潮。该书为过于臃肿的企业描绘了一幅通过实施业务流程重组(BPR)以大幅降低成本并且提高效率的美好愿景。

但若仔细观察,它所描述的新型企业流程不就是我们所熟悉的、非常日式的继续性交易吗?乍看虽然如此,但其实还是存在着根本性的差异,也就是前者运用了以 BPR 为核心的最新信息技术。

当然,针对这种观点可能会有不同意见。例如有反对意见认为,如今日本的继续性交易也不可能只靠人情世故来运转,抛开最新的准时制生产方式等信息技术同样难以维系。因此,是否运用信息技术并不产生区别。情况确实如此,但实现标准化与否却能产生区别。

(3) EDI 与战略同盟

EDI(Electronic Data Interchange)可译为"电子数据交换"。从表述来看,就是将数据信息在计算机之间进行交换。但 EDI 并不只是通信方式的变革。所谓 EDI,其实是基于"标准化"通信程序以及商业协议(business protocol),通过计算机所完成的交易。无纸化地发送接收订单就是使用计算机的典型事例。

如此来看，EDI 似乎只是将此前写在纸上的契约转录到计算机里而已。虽然事实上仅凭这一转变也能节省大量成本。但 EDI 的冲击当然不限于无纸化交易，而是波及产业整体结构，原因在于 EDI 能够实现交易信息的自动化处理。而如果能够最大限度地发挥这种优势，势必促使组织内以及组织间产生结构性的变革，这才是作为 BPR 核心技术的 EDI。

而且，重要的是，当下的 EDI 并不是此前只在特定企业间存在且有排他性的 EDI，而是一种朝向世界性标准化所发展的 EDI。也就是说，不管是在通信程序层面，还是在商业制度层面，EDI 都在跨越产业乃至国界间的隔阂，朝向统一标准化的方向发展。

如此一来，交易关系通过借助跨行业的 EDI 也就可以超越既往的纵向序列，从而实现横向的同盟，这就是所谓战略同盟的现象。通过 EDI 进行的交易将会逐渐改变产业的组织及其结构。实际上，在零售业巨头与制造业之间已经产生了规模庞大的流通方式变革，也就是制贩同盟。

但是，普及这一类 EDI 的前提条件，也就是实现计算机通信程序的标准化以及商业协议的标准化。

所谓商业协议包括在交易中发送以及接收订单等数据的底层结构，迄今为止根据交易习惯的不同，每个企业各有不同。因此唯有实现统一的标准化，才能使超越个别企业、行业乃至国界的电子交易成为现实。作为结果，企业间同盟将发展至史无前例的规模。

举例来说，诸如嗣后确定价格或是代金债务的概括支付等行业习惯，在标准化的潮流中都面临被修改的命运。

也就是说，EDI 的普及在变革流通产业结构的同时，也会使交易习惯变得标准化。不难想象，这种现象的影响力也会冲击契约法的发展。

下文将试举一例有代表意义的案例。

当下零售业领域出现了所谓制贩同盟的企业间关系。例如超市将销售时点（POS）信息直接回传给生产商，然后生产商自动补充商品的协同关系。如此一来，若企业间利用 EDI 达成战略同盟，企业间的关系也会因信息共享而朝向一体化发展。

如果用近代契约法框架来解释这种基于 EDI 进行的交易关系，对于从零售店向生产商之间每一次发送订单的数据交换，只能将它们切割成单独成立的买卖契约。但很明显，这种解释不自然地将一体化的商业流程（business process）人为解体，并把它孤立成为单独的信息节点。而经由这种路径归结得出的法律结论当然不可能与当事人的期待相符。

相对地，如果将基于 EDI 形成的战略同盟关系（企业间关系结构）本身视为一种契约，那么就可以把这种契约形象地解释为一种构筑组织型关系，或是实现企业间的协作（cooperation）的手段。但此处的"契约"已经不是民法所假定的典型买卖了。

(4) 商业流程的标准化

信息化时代中的企业间战略同盟原本诞生于经济条件发达的美国，它的目的在于追求效率。而从企业间战略同盟与日本继续性交易的实然样态二者较为相似的事实来看，或许可以发现以信赖关系为基础的继续性交易关系虽然在日本被视为日本独有，但从信息网络角度来看其实是普遍性的存在。相对地，标准化 EDI 的普及也要求在这种继续性交易中将原先独立存在的交易习惯全部予以标准化。

换言之，为了在成熟经济体中追求效率，一方面需要将继续性交易予以普遍化，另一方面也需要将继续性交易中的交易流程予以标准化，使之具备跨行业形成战略同盟的可能性。

在未来的企业交易中,企业将不会再如以往一样各自拥有独特的订单样式,而是会通过标准化的商业流程进行竞争,并在其中构筑信赖关系。

三、二十一世纪的契约法与契约理论

1. 与现实之间的沟壑（gap）

那么,契约法层面的双重标准化以及交易习惯层面的标准化,会给契约法以及契约理论带来怎样的冲击呢?

首先,重要的是必须关注正在不断发展的交易现实。无论是借助市场整合旨在促进经济活性化的欧洲,还是借助 BPR 成功复活产业的美国,日本在接受 EDI 交易的积极程度方面与它们相比还很不够,而在法学研究领域也可以说存在同样的现象。

但是,日本也正在借助信息技术实现产业结构的变革,而且交易全球化也在不断推进。契约法和契约理论必须回应如何在法律中反映这种现实。

如果从基于信赖关系所产生继续性交易的普遍性出发,可以从中构筑一种新的契约法,这种契约法不再将近代陌生个人之间的对立关系作为契约模型,而是将在信赖关系为基础上形成的继续性契约关系当作契约所假定的典型事例(范式事例)。

在这种新的契约法中,"契约为当事人之合意,契约上的义务仅产生于当事人的意思"这种近代契约法的前提没有容身之地。现实中的契约关系并非全由当事人合意所支配的世界。所谓信赖关系,无需一一形成合意,只是因为相信才决定托付对方。因此有必要从协同关系的视角来理解契约关系。

2. 第二个关键词——"协同"

与"标准化"并列的第二个关键词终于在此登场，也就是"协同"（cooperation）。

虽然近代契约法在非常狭窄的范围内将契约关系理解为对特定给付的承诺，但战略同盟扩张的事实忠实地反映出这样一种现象：立足于信赖关系产生的交易非常普遍，其中的核心在于信息的共享。这就是所谓"协同"关系。

虽然"共生"一词曾一度盛行，但"协同"与之相比更为积极。未来需要的是基于"协同"理念对契约法进行重新建构。

这种结论并不突兀。回溯历史，在 1940 年发行初版《民法讲义Ⅳ 债权总论》时，我妻荣博士已经将契约视为"一种基于共同目标应当相互协助的紧密或所谓有机关系"，同时也是"由信义原则所支配的一种协同体"。这种共同体论的契约观念在此后随着个人主义浪潮的起势，一度沦为历史遗物并被否定。但讽刺的是，借助当下最尖端的信息技术所达成的高效成果，也就是同样作为协同关系的契约却在万众瞩目之下重新亮相。虽然它与古老的日式家族观念所支撑的共同体在性质上有所不同，但它在由经济理性主义所支配的世界中登场。因此有必要充分探讨其中所蕴藏的意义。

更值得关注的是，如前所述在《国际商事合同通则》中出现了这样的条款：

> 如果各方当事人被合理期待将会协助（co-operation）相对方履行

债务,那么当事人就应当互相协助(shall cooperate with the other)。

我认为,与其将此处的 co-operation 译作協力(协助),不如译为協働(协同)更为相适。上述条款的标题恰好也是"当事人之间的协同(co-operation)"。以"协同"为主线的契约法绝不是所谓的日式特殊感觉的产物。

支撑现代契约法的只能是这种协同。然后适合这种契约法的实然样态必然是能够充分考量协同关系中的本土规范,同时也是一种属于标准的形态。与此同时,它也应当是一种属于合理性标准的,当且仅当存在合理理由才能不被适用的任意性规范。

如此观之,在未来构筑这种契约法时,由于日本拥有企业间协同关系实绩的经验以及众多尊重这种实绩的司法判例,这种实绩与经验可能具有重要意义。

迄今为止,日本的契约法与民法在与外国立法的输入输出关系中始终处于入超地位。但时至 21 世纪,除制造业之外,日本在契约法领域也应当重视输出。不过这种输出当然不等于向海外输出国产货物。继受西方法律之后的百年间里,日本建构了属于自己的法学,而欧洲之外的国家也纷纷在标准化的规范中构筑发展了属于自己的契约法学。日本应当将自己的法学作为一种模型,向世界予以展示。

后 记

十年前,在我写完《契约的再生》(弘文堂,1990 年)之际,我所考虑的是如何把契约从垂死境遇中救起,使之在现代获得重生。在当时,契

终章　契约法的未来

约看起来也确实就像垂死病人一般。十年后，情况竟焕然一新。正如本书书名所述，如今我们来到了契约的时代，甚至可以感到"契约"成了时代的宠儿。但是，现在的契约看起来像是早已无可救药的古典契约，而不是过去我所设想使之作为新类型而重生的契约。如今，貌似无可救药的"契约"正在席卷日本社会。到底应当如何解释过去十年间所发生的巨变？

本书进一步发展了《契约的再生》所展示的理念，也就是在探索"关系契约"这种新契约概念的同时，也试图回应契约法世界所发生的急剧变化，并提出一种反命题（antithese）。但这种尝试尚未终结。就算本书的内容并无大错，也只是完成了阶段性目标。但即便只是中期报告，我也想汇集成书以接受各位的批判。

本书收集了过去十年我所撰写的论文与演讲稿等文章。除第4章几乎照样收录原稿之外，大半内容完全重写，理由之一是想要将所有文稿改写成一本具有整体性的书。但当我开始动笔之后，发现世间变化之大，迫使我必须对内容作出相当程度的增加与修改，否则没有再发表的意义。十年间日本社会发生的巨变真是让人惊讶不已。

下文是全书内容的出处。

出处一览

序章　《现代日本社会与契约法》，《日本法的趋势》（有斐阁1993年）收录。

第1章　《现代契约法的新发展与原则性条款》，NBL514号—517号（1993年）中的第1至4章内容。

第2章　《契约进程与法律》，岩波讲座《社会科学的方法 VI》（1993年）收录。

附论　首次发表

第 3 章 《现代契约法的思想基础》，私法 54 号（1992 年）以及前述《现代契约法的新发展与原则性条款》的第 5 章内容。

第 4 章 《强制履行与损害赔偿——从减损义务的视角出发》，法曹时报 42 卷 10 号 1 页（1990 年）。

第 5 章 《现代侵权责任法中的道德化与去道德化》，棚濑孝雄编《现代侵权责任法》（有斐阁，1994 年）收录。

第 6 章 《管见〈定期借家权的构想〉——法律与经济的困境》，NBL606 号（1996 年）。

第 7 章 演讲《市场的全球化与法律的统一》，司法研修所论集 103 号（1999 年）中第 2、4 章内容。

第 8 章 1996 年 3 月 25 日—27 日在东京举办的国际学术论坛《民事责任的扩大——契约与侵权行为的国际比较》第一部分《信赖与责任——继续性交易的日美对比》中的两篇报告（《日美继续性交易的调查结果》《继续性交易契约》中的新观点），东京大学法学部在 1996 年 11 月 15 日举办民法恳话会中的报告，以及北海道大学法学部 1997 年 3 月 24 日举办研究会中的报告。

终章 演讲《契约法的现代化》，NBL584 号（1996 年）。

本书所收录的很多研究成果都是借由东京大学名誉教授星野英一先生主办研究会上的现场讨论才得以孕育形成。名为《现代契约法研究会》的研究会历经十年有余，一直是参与者发表多彩研究成果的孵化器。对为我们提供这种充满知性刺激场所的星野老师，学生我从心底表示感谢。

回想过去，不仅只有学问，我这不肖弟子凡事都未能如恩师所愿。尽管如此，时至今日无论何事何时，星野老师都视我为弟子，态度始终不变。老师内心之宽大令我无比敬畏。本书所收录的研究成果，虽然完全不足以回报老师对我从学生和助手时代延续至今的累年师恩，但我还是想把它作为微薄的感谢之意，将本书献给老师。

　　在最后，我想说岩波书店编辑部的伊藤耕太郎先生可谓是本书的生父。当初伊藤先生与我讨论的出版计划与本书现在的主题完全不同。但在与伊藤先生长时间的接触中，我逐渐心生了只想把本书交给伊藤先生负责的心愿。在此过程中，虽然就结果来说很多努力归于徒劳，但我从伊藤先生这里获得了莫大的帮助。唯愿本书能够稍稍回报伊藤先生真诚的助力。

2000 年 10 月

内田贵

引用文献

A

明石三郎 1989：「民法651条注釈」幾代通＝広中俊雄編『新版注釈民法(16)』有斐閣。

天野登喜治 1991：「医師の患者に対する説明義務」山口和男＝林豊編『現代民事裁判の課題9　医療過誤』新日本法規。

青木昌彦 1989：「契約論的アプローチと日本企業」今井賢一＝小宮隆太郎編『日本の企業』東京大学出版会。

荒木尚志 1995：「判例評釈・いわゆる「変更解約告知」の効力——アエロトランスポルト(スカンジナビア航空)事件(東京地決平成7年4月13日)」ジュリスト1072号127頁。

——2000a：「労働条件決定・変更と法システム」日本労働法学会編『講座21世紀の労働法第3巻労働条件の決定と変更』有斐閣。

——2000b：「雇用システムと労働条件変更法理——労働市場・集団と個人・紛争処理と労働条件変更法理の比較法的考察(1)—(6完)」法学協会雑誌116巻5号、6号、10号、117巻4号、7号、8号(1999—2000)。

Araki, T. 1997: "Changing Japanese Labor Law in Light of Deregulation Drives: A Comparative Analysis", *Japan Labor Bulletin*, vol. 36, no. 5.

アロー(村上泰亮訳) 1976：『組織の限界』岩波書店(Kenneth Arrow, *The Limits of Organization*, W. W. Norton & Company, 1974)。

淺生重機 1986：「判例解説」『最高裁判所判例解説民事篇昭和56年度』。

Atiyah, P. 1981: *Promise, Morals, and Law*, Clarendon Press.

B

馬場圭太 1998:「フランス法における情報提供義務理論の生成と展開(1)(2完)」早稲田法学 73 巻 2 号, 74 巻 1 号。

Badaracco, Jr., J. L. 1991: *The Knowledge Link——How Firms Compete Through Strategic Alliances*, Harvard Business School Press.

唄孝一 1965:「治療行為における患者の意思と医師の説明——西ドイツにおける判例・学説」『契約法大系 VII 補巻』有斐閣。

バーンスタイン(丸山髙司他訳)1990:『科学・解釈学・実践 I』岩波書店(Richard J. Bernstein, *Beyond Objectivism and Relativism——Science, Hermeneutics, and Praxis*, 1983)。

Bonell, M. J. 1994: *An International Restatement of Contract Law*, Transnational Publishers.

C

Corbin, A. L. 1964: *Contracts*, vol. 5, West Publishing.

D

団藤重光 1996:『法学の基礎』有斐閣。

デンプシー=ゲーツ(吉田邦郎=福井直祥=井手口哲生訳)1996:『規制緩和の神話——米国航空輸送残業の経験』日本評論社(P. S. Dempsey & A. R. Goetz, *Airline Deregulation and Laissez-Faire Mythology*, Quorum Books, 1992)。

道垣内弘人 1995:「不動産の一括賃貸と借賃の減額請求」NBL 580 号 27 頁。

ドイツ連邦共和国司法大臣編(岡孝=辻伸行訳)1992:「ドイツ債務法改正委員会の最終報告書・総論(上)(中)(下)」ジュリスト 996 号 96 頁, 997 号 82 頁, 998 号 104 頁。

E

江頭憲治郎 1996:『商取引法(第2版)』弘文堂。

エンジニアリング振興協会 1992:『ENAAモデルフォーム,プロセス・プラント国際標準契約書第3巻(手引書)』。

F

Farnsworth, A. 1963: "Good Faith Performance and Commercial Reasonableness under Uniform Commercial Code", 30 *U. Chi. L. Rev.* 666.

――1999: *Contracts*, 3rd ed., Aspen Law & Business.

FIDIC 1987: *Conditions of Contract for Works of Civil Engineering Construction*, 4th ed.

藤田友敬 1998:「契約と組織――契約的企業観と会社法」ジュリスト1126号133頁。

福井秀夫 1995:「借地借家の法と経済分析」八田達夫＝八代尚宏編『東京問題の経済学』東京大学出版会。

G

ガダマー(轡田収他訳)1986:『真理と方法Ⅰ』法政大学出版局(Hans-Georg Gadamer, *Wahrheit und Methode, Grundzüge einer Philosophischen Hermeneutik*, 4 Auflage, J. C. B. Mohr, 1975)。

ギリガン(岩男寿美子監訳)1986:『もう一つの声:男女の道徳観のちがいと女性のアイデンティティ』川島書店(Carol Gilligan, *In a Different Voice: Psychological Theory and Womens Development*, Harvard University Press, 1982)。

Gilmore, G. 1974: *The Death of Contract*, Ohio State University Press. (グラント・ギルモア(森達＝三和一博＝今上益雄訳)『契約法の死』文久書林, 1979)。

Glossner, O. 1985: "Contract Adaptation Through Third Party Intervener; The

Referee Arbitral", in Horn 1985a.

Gordley, J. 1991: *The Philosophical Origins of Modern Contract Doctrine*, Clarendon Press.

後藤巻則 1990:「フランス契約法における詐欺・錯誤と情報提供義務(1)—(3 完)」民商法雑誌 102 巻 2 号, 3 号, 4 号。

―― 1992:「契約の締結・履行と協力義務(1)(2)(3 完)」民商法雑誌 106 巻 5 号, 6 号, 107 巻 1 号。

―― 1996:「変額保険の勧誘と保険会社・銀行の説明義務」ジュリスト 1087 号 145 頁。

―― 1999:「助言義務と専門家の責任」早稲田法学 74 巻 3 号 453 頁。

Granovetter, M. 1985: "Economic Action and Social Structure: The Problem of Embeddedness", *American Journal of Sociology*, vol. 91, no. 3 (November 1985).

Guittard, S. W. 1974: "Negotiating and Administering an International Sales Contract with the Japanese", 8 *International Lawyer* 822.

H

ハーバーマス(河上倫逸他訳)1987:『コミュニケーション的行為の理論(上)(中)(下)』未来社, 1985—1987(Jürgen Habermas, *Theorie des Kommunkativen Handelns*, Bde. 1-2, Suhrkamp Verlag., 1981)。

Haley, J. 1991: *Authority Without Power*, Oxford University Press.

ハマー=チャンピー(野中郁次郎監訳)1993:『リエンジニアリング革命』日本経済新聞社(Michael Hammer & James Champy, *Reengineering The Corporation*, Harperbusiness, 1993)。

花見忠 1998:「労基法改正の焦点――中基審建議の内容とこれからの労働法制」労働法学研究会報 2126 号 19 頁。

原島重義 1983:「約款と契約の自由」『現代契約法体系第 1 巻現代契約の法理』有斐閣。

原島重義編 1988:『近代私法学の形成と現代法理論』九州大学出版会(新装版 1996)。
橋本和夫 1992:「地代・家賃紛争の調停制度」ジュリスト 1006 号 118 頁。
橋本恭宏 2000:『長期間契約の研究』信山社。
鳩山秀夫 1916:『日本債権法(総論)』岩波書店。
――1919:「判例評釈」法学協会雑誌 37 巻 436 頁。
――1920:『民法判例研究第 1 巻』良書普及会。
――1924:「債権法における信義誠実の原則」法学協会雑誌 42 巻 1 号, 2 号, 5 号, 7 号, 8 号。
――1955:『債権法における信義誠実の原則』有斐閣(收录于鳩山 1924)。
八田達夫 1994:「ニューヨークの家賃規制と日本の借家法」住宅土地経済 14 号。
八田達夫＝八代尚宏 1995:「「弱者」保護政策はこれでよいのか」八田達夫＝八代尚宏編:『「弱者」保護政策の経済分析』日本経済新聞社。
服部弘 1981:「UNCITRAL 調停規則について」JCA ジャーナル 28 巻 4 号 28 頁。
林信雄 1924:『転形期における私法理論』厳松堂。
――1926:『判例に現はれたる信義誠実の原則』厳松堂。
――1949:『法律における信義誠実の原則』評論社。
林良平(安永正昭補訂)＝石田喜久夫＝高木多喜男 1978:『債権総論(第 3 版)』日本評論社。
Hedemann, W. 1910: *Die Fortschritte des Zivilrechts in XIX Jahrhundert.*
樋口範雄 1988:「過失相殺の日米比較の試み」私法 50 号 110 頁。
――1998:「患者の自己決定権」岩波講座『現代の法 14 自己決定権と法』。
――1999:『フィデュシャリー(信認)の時代』有斐閣。
樋口陽一 1986:「判例の拘束力・考――特に憲法の場合」芦部信喜他編『佐藤功先生古稀記念日本国憲法の理論』有斐閣。
平井宜雄 1971:『損害賠償法の理論』東京大学出版会。

――1989:「法律学基礎論覚書」ジュリスト連載合本(有斐閣)(ジュリスト919号以下)。
――1994:『債権総論(第2版)』弘文堂。
――1995:『法政策学(第2版)』有斐閣。
――1996:「いわゆる継続的契約に関する一考察――「『市場と組織』の法理論」の観点から」『星野英一先生古稀祝賀　日本民法学の形成と課題下巻』有斐閣。
平岡建樹 1989:「民法651条注釈」林良平編『注解判例民法債権法II』青林書院。
広中俊雄 1989:『民法綱要第1巻総論上』創文社。
――1991:「判例の法源性をめぐる論議について」判例時報1399号3頁。
廣瀬久和 1983:「附合契約と普通契約約款――ヨーロッパ諸国に於ける規制立法の動向」岩波講座『基本法学4 契約』。
――訳 1998:「ユニドロワ国際商事契約原則(全訳)」ジュリスト1131号81頁。
広渡清吾 1986:『法律からの自由と逃避』日本評論社。
ハーシュマン(佐々木毅=旦裕介訳)1985:『情念の政治経済学』法政大学出版局(Albert O, Hirschman, *The Passions and The Interests*, 1977)。
本田純一 1996:「「定期借家権導入論」の問題点」ジュリスト1088号30頁。
――1999:『契約規範の成立と範囲』一粒社。
本田淳亮 1960:「配置転換・転勤をめぐる法律問題」『労働法と経済法の理論』(菊池勇夫教授60年祝賀記念)有斐閣。
Hondius, E. H. (ed.) 1991: *Precontractual Liability*, Kluwer Law and Taxation.
Honnold, J, O, 1987: *Uniform Law for International Sales Under the 1980 United Nations Convention*, Kluwer Law International.
Horn, N. (ed.) 1985a: *Adaptation and Renegotiation of Contracts in International Trade and Finance*, Kluwer.
――1985b: "Standard Clauses in Contract Adaptation in International Com-

merce", in Horn 1985a.

――1985c:"Procedures of Contract Adaptation and Renegotiation in International Commerce", in Horn 1985a.

Horwitz, M. 1977: *The Transformation of American Law 1780-1860*, Harvard U. P.

星野英一 1963:「標準動産売買約款の研究」商事法務研究 272 号, 273 号, 283 号, 284 号(星野英一『民法論集第 3 巻』有斐閣, 1972 年再次收录。引用此书页码)。

――1965:「日本民法に与えたフランス民法の影響」日仏法学 3 号(星野英一『民法論集第 1 巻』有斐閣, 1970 年再次收录)。

――1966:「現代における契約」岩波講座『現代法 8』(星野英一『民法論集第 3 巻』有斐閣, 1972 年再次收录)。

――1969:『借地借家法』有斐閣。

――1976:『民法概論 IV』良書普及会。

――1978:『民法概論 III』良書普及会。

――1982:「日本における契約法の変遷」日仏法学会編『日本とフランスの契約観』有斐閣(星野英一『民法論集第 6 巻』有斐閣 1986 年再次收录。引用后者的页码)

――1983:「契約思想・契約法の歴史と比較法」岩波講座『基本法学 4 契約』(星野英一『民法論集第 6 巻』有斐閣, 1986 年再次收录。引用后者的页码)。

――1984:「意思自治の原則,私的自治の原則」星野英一編『民法講座 1 民法総則』有斐閣(星野英一『民法論集第 7 巻』有斐閣, 1989 年再次收录)。

星野雅紀 1991:「医師の説明義務と患者の承諾」山口和男＝林豊編『現代民事裁判の課題 9 医療過誤』新日本法規。

「法と交渉」研究会編 1993:『裁判内交渉の論理』商事法務研究会。

五十嵐陳重 1980:『法窓夜話』岩波文庫。

Hozumi, N. 1912 : *The New Japanese Civil Code.*

I

五十嵐清 1969:『契約と事情変更』有斐閣。
――1975:「事情変更の原則の再検討」法学教室(第2期)8号。
飯島紀昭 1988:判例時報1279号210頁(判例評論355号48頁)。
飯塚重男 1988:「契約の適応と仲裁」上智法学論集31巻3号。
――1989:「事情変更と契約の適応――ICC適応規則を中心として」『神田博司追悼・取引保護の現状と課題』蒼文社。
池田清治 1997:『契約交渉の破棄とその責任――現代における信頼保護の一態様』有斐閣。
今西康人 1990:「契約準備段階における責任」『不動産法の課題と展望』日本評論社。
井上達夫 1999:『他者への自由』創文社。
石部雅亮 1988:「法律の解釈について――サヴィニーの解釈理論の理解のために」原島編1988収録。
石田文次郎 1940:『契約法の基礎理論』有斐閣。
石田満 1997:『商法IV(保険法)(改訂版)』青林書院。
石田佳治 1979:「日本と欧米の契約についての考え方」国際商事法務7巻444頁。
石井良助 1948:『日本法制史概説』創文社。
石井紫郎編 1972:『日本近代法史講義』青林書院新社。
石井照久=鴻常夫 1976:『海商法・保険法』勁草書房。
石川博康 2001:「「再交渉義務」論の構造とその理論的基礎――ドイツにおける再交渉義務論の諸相」法学協会雑誌118巻2号,4号(予定)。
石川吉衛門 1966:「採用配置」『経営法学全集15 人事』ダイヤモンド社。
石坂音四郎 1915:『日本民法(第3編債権第1巻)』有斐閣。
――1921:『日本民法債権総論上巻』有斐閣(合本)。

伊藤秀史 = 林田修 1996:「企業の境界——分社化と権限委譲」伊藤秀史編『日本の企業システム』東京大学出版会.
伊藤眞 2000:『民事訴訟法(補訂版)』有斐閣.
伊藤元重 1989:「企業間関係と継続的取引」今井賢一 = 小宮隆太郎編『日本の企業』東京大学出版会.
——1990:「契約と組織の経済学」奥野正寛編著『現代経済学のフロンティア』日本経済新聞社.
伊藤元重 = 松井彰彦 1989:「企業:日本的取引形態」伊藤元重 = 西村和雄編『応用ミクロ経済学』東京大学出版会.
岩倉正博 1983:「法的議論——ハーバーマスにおける議論と合理性」長尾龍一 = 田中成明編『現代法哲学1 法理論』東京大学出版会.
岩田規久男 1992:「借地・借家の自由化」岩田規久男 = 小林重敬 = 福井秀夫『都市と土地の理論』ぎょうせい.
——1994:「都市住宅に対する経済学的アプローチとは何か」都市住宅8号48頁.

J

神野直彦 1998:『システム改革の政治経済学』岩波書店.
ジュリスト特集 2000:「定期借家権導入と住宅政策」ジュリスト1178号.

K

香川保一 = 井口牧郎 1974:『借地法等改正関係法規の解説(改訂版)』法曹会.
鎌田薫 1983:「不動産売買契約の成否」判例タイムズ484号21頁.
金山直樹 1999:「サブリース契約の法的性質(1)—(4完)」民事研修508号, 510号, 511号, 512号.
神崎克郎 1996:「信用売買における不安の抗弁権」神戸法学雑誌16巻1=2号.

笠井修 1988:「判例評釈(札幌高決昭和 62 年 9 月 30 日)」ジュリスト 916 号 105 頁。
柏木昇 1992:「日本の取引と契約法(上)(下)」NBL 500 号 16 頁, 501 号 16 頁。
加藤雅信 1989:『損害賠償から社会保障へ――人身被害の救済のために』三省堂。
――1994:「損害賠償制度の展開と「総合救済システム」論――棚瀬教授の批判によせて」棚瀬孝雄編『現代の不法行為法――法の理念と生活世界』有斐閣。
――1995:「不動産の事業委託(サブリース)と借賃減額請求権(上)(下)」NBL 568 号 19 頁, 569 号 26 頁。
勝本正晃 1930:『債権総論上巻』厳松堂。
川越憲治 1988:『継続的取引契約の終了――販売店契約・下請契約・継続的供給契約をめぐって』別冊 NBL19 号。
河上正二 1988a:「「契約の成立」をめぐって――現代契約論への一考察(1)(2完)」判例タイムズ 655 号, 657 号。
――1988b:『約款規制の法理』有斐閣。
――1991:「契約の成否と同意の範囲についての序論的考察(1)―(4完)」NBL 469―472 号。
――1992:「契約の成立段階――「意思」の取り扱いを中心に」私法 54 号。
――1997:「「クーリング・オフ」についての一考察――「時間」という名の後見人」法学 60 巻 6 号。
川名兼四郎 1904:『債権総論』金刺芳流堂。
川島武宜 1951:「義理」『思想』327 号 25 頁。
――1967:『日本人の法意識』岩波書店。
川角由和 1994:「現代契約法の動向をどう見るか――マクロ的視点からの素描」法の科学 22 号。
――1995:「現代民法学における《関係的契約理論》の存在意義――内田貴

教授の所説に対するひとつの批判的評注(1)―(4完)」島根大学法文学部法学科紀要37巻4号,38巻1号,3号,39巻2号。

Kennedy, D. 1973: "Legal Formality", 2 *J. of Legal Studies* 351.

――1976: "Form and Substance in Private Law Adjudication", 89 *Harvard Law Rev.* 1685.

建設業法研究会編著1995:『新訂公共工事標準請負契約約款の解説』大成出版社。

建設省建設経済局建設業課編1985:『建設工事標準請負契約約款集』大成出版社。

毛塚勝利1984:「就業規則理論再構成へのひとつの試み(1)(2完)」労働判例428号4頁,430号4頁。

――1987:「就業規則法制の「問題点」と検討課題」季刊労働法145号56頁。

――1995a:「労働条件変更法理としての「変更解約告知」をどう構成するか」労働判例680号6頁。

――1995b:「労働契約法制のあり方を考える」中央労働時報884号9頁。

――1996:「労働基準の規制緩和をめぐる議論と課題」ジュリスト1082号110頁。

北川善太郎1963a:「損害賠償論序説(1)――契約責任における」法学論叢73巻1号1頁。

――1963b:『契約責任の研究』有斐閣。

――1971a:「損害賠償法における理論と判例――問題史的分析」於保不二雄先生還暦記念『民法学の基礎的課題上』有斐閣。

――1971b:「損害賠償額算定の基準時」法学論叢88巻4=5=6号119頁。

――1973:『現代契約法I』商事法務研究会。

――1987:『注釈民法(10)』有斐閣。

北村一郎1983:「私法上の契約と「意思自律の原理」」岩波講座『基本法学4 契約』。

北山修悟1989:「国際取引における「再交渉」」世界経済評論1989年8月号

55頁。

———1997:「継続的取引に関する国内アンケート調査の結果(1)(2)(3完)」NBL 627号11頁, 629号47頁, 630号52頁。

小林昭彦 1989:「判例評釈(札幌高決昭和62年9月30日)」判例タイムズ 706号70頁。

古瀬村邦彦 1957:「損害防止義務及び損害防止費用について」私法18号 57頁。

———1971:「損害防止義務の研究(1)(2)(3)」名大法政論集49号1頁, 51号 53頁, 52号106頁(1970—1971)。

———1974a:「損害防止義務と保険事故招致」石井照久追悼『商事法の諸問題』有斐閣。

———1974b:「損害防止義務——その立法論上の問題点」損害保険事業研究所『創立40周年記念損害保険論集』。

小山昇 1983a:「仲裁から調停へ?——第7回国際仲裁会議から」『小山昇著作集第6巻仲裁の研究』(信山社, 1991。引用此书的页码)(首次发表于法律時報55巻2号, 1983)。

———1983b:「事情変更と仲裁」『小山昇著作集第6巻仲裁の研究』(信山社, 1991。引用此书的页码)(首次发表于法律時報55巻8号, 1983)。

———1985:「Adaptation of contractsと仲裁」『小山昇著作集第6巻仲裁の研究』(信山社, 1991。引用此书的页码)(首次发表于国際商事仲裁協会刊, 1985)。

小塚荘一郎 2000:「フランチャイズ契約論(1)—(5)未完」法学協会雑誌112巻9号, 113巻4号, 11号, 114巻9号, 117巻8号(1995—2000)。

久保宏之 1992:『経済変動と契約理論』成文堂。

熊田裕之 1990:「ドイツ法における契約終了後の過失責任——いわゆる「契約の余後効的義務」について」法学新報97巻1=2号369頁。

久米良昭 1995:「借家制度が借家市場に与える影響の分析」都市住宅学 11号。

――1997:「定期借家権阻む法務官僚」日本経済新聞1997年1月18日朝刊「経済教室」。

栗田哲男 1983:「建設工事契約におけるスライド条項――ドイツ法との比較を中心に(4)」判例タイムズ496号16頁以下。

――1986:「建設工事契約の任意解約と損害賠償」判例タイムズ598号70頁。

来栖三郎 1974:『契約法』有斐閣。

L

Lando, O. =Beale, H. (ed.) 1995: *Principles of European Contract Law*, *Part I*: *Performance*, *Non Performance and Remedies*, Martinus Nijhoff.

M

Macaulay, S. 1963 a: "Non-Contractual Relations in Business. A Preliminary Study", 28 *American Sociological Rev.* 55.

――1963b: "The Use and Non-Use of Contracts in the Manufacturing Industry", 9 *The Practical Lawyer* 13.

Macneil, I. 1974: "The Many Futures of Contracts", 47 *Southern Calif. Law Rev.* 691.

前田達明 1993:『口述債権総論(第3版)』成文堂。

牧野英一 1922:「具体的妥当性」法学志林 24 巻 10 号。

――1924:『民法の基本問題(全)』有斐閣。

――1925:『法律に於ける具体的妥当性』有斐閣。

――1936:『信義則に関する若干の考察』有斐閣。

――1941:『契約の本質に関する若干の考察』有斐閣。

マンハイム(鈴木二郎訳)1968:『イデオロギーとユートピア』未来社(Karl Mannheim, *Ideologie und Utopie*, 1936)。

松岡久和 1999:「商品先物取引と不法行為責任――債務不履行構成の再評

価」ジュリスト1154号10頁。

源了圓1996:『義理(一語の辞典)』三省堂。

ミニ・シンポジウム1991:「弁論兼和解」民事訴訟雑誌37号。

民間(旧四会)連合協定工事請負契約約款委員会編著1997:『民間(旧四会)連合協定工事請負契約約款の解説』大成出版社。

三輪芳朗1991:『日本の取引慣行』有斐閣。

二輪芳朗=神田秀樹=柳川範之編1998:『会社法の経済学』東京大学出版会。

三輪芳朗=西村清彦編1991:『日本の流通』東京大学出版会。

三宅正男1989:「借家法1条の2注釈」『新版注釈民法(15)』有斐閣。

Mnookin, R. H. = Kornhauser, L. 1979: "Bargaining in the Shadow of the Law: The Case of Divorce", 88 *Yale Law Journal* 950.

森田宏樹1991:「「合意の瑕疵」の構造とその拡張理論(1)—(3完)」NBL 482号22頁,483号56頁,484号56頁。

森本信明1996:「我が国の持ち家率の高さと借地借家法」ジュリスト1088号35頁。

森田修1992:「フランスにおける債務転形論と附遅滞——履行請求権の存在意義に関する覚書(その1)」法学志林90巻1号1頁。

——1993:「「損害軽減義務」について——履行請求権の存在意義に関する覚書(その2)」法学志林91巻1号119頁。

——1997:「定期借家権と交渉」ジュリスト1123号56頁。

——1998a:「民法典と個別政策立法」岩波講座『現代の法4　政策と法』。

——1998b:「ゲーム理論と契約法——法と市場の制度分析のために(その2)」社会科学研究49巻3号29頁。

Münchener Kommentar 1985: *Münchener Kommentar zum BGB*, Band 2, 2 aufl. (1985), §254.

村上淳一1985:『ドイツ市民法史』東京大学出版会。

——1990:『ドイツ現代法の基層』東京大学出版会。

──1992:『仮想の近代西洋的理性とポストモダン』東京大学出版会。
村中孝史 1999:「日本的雇佣慣行の変容と解雇権制限法理」民商法雑誌 119 巻 4=5 号 108 頁。
村岡健次 1995:『ヴィクトリア時代の政治と社会』ミネルヴァ書房,新装版(初版 1980)。

N

中村哲 1992:「医師の説明と患者の判断・同意について」判例タイムズ773号4頁。
中野次雄編 1986:『判例とその読み方』有斐閣。
中田裕康 1992:判例時報 1403 号 159 頁(判例評論 396 号 29 頁)。
──1994:『継続的売買の解消』有斐閣。
中山滋夫 1995:「労働契約法制のあり方──労基研労働契約等法制部会報告について」ジュリスト1066号163頁。
日本法社会学会編 1995:『「日本的」取引慣行と法社会学』(法社会学 47 号,有斐閣)。
日本経営者団体連盟 1995:『新時代の「日本的経営」──挑戦すべき方向とその具体策』(1995 年 5 月 17 日)。
日本経済法学会編 1994:『日本の取引慣行と独禁法』(経済法学会年報 15 号,有斐閣)。
西島梅治 1998:『保険法(第3版)』悠々社。
西野喜一 1989:「説明義務,転医の勧奨,患者の承諾,自己決定権」判例タイムズ686号79頁。
西谷敏 1992:『労働法における個人と集団』有斐閣。
──1997a:「労働法規制緩和論の総論的検討」季刊労働法 183 号 6 頁。
──1997b:「労働者保護法における自己決定とその限界」松本博之=西谷敏『現代社会と自己決定権』信山社。
──1999a:「労働法における規制緩和と弾力化」日本労働法学会誌 93 号

『労働法における規制緩和と弾力化』。
——1999b:「日本的雇傭慣行の変化と労働条件決定システム」民商法雑誌 119巻4=5号1頁。
野田進1989:「労働契約理論における民法の一般原則」阪大法学149=150号。
——1999:「変更解約告知と整理解雇法理」法政研究66巻2号440頁。
ディーター・ネル(青井秀夫=西村重雄訳)1982:「サヴィニーの「生きた直感」」法学45巻6号82頁。
野川忍1996:「ドイツ変更解約告知制の構造」日本労働法学会誌88号161頁。
野口悠紀雄1992:「日本の都市における土地利用と借地・借家法」宇沢弘文=堀内行蔵編『最適都市を考える』東京大学出版会。
——1995a:『1940年体制——さらば「戦時経済」』東洋経済新報社。
——1995b「土地問題における強者と弱者」八田達夫=八代尚宏編:『「弱者」保護政策の経済分析』日本経済新聞社。
能見善久1987:「民法418条注釈」奥田昌道編『注釈民法(10)』有斐閣。
——1998:「履行障害」『債権法改正の課題と方向——民法100周年を契機として』別冊NBL 51号。
野中郁次郎1990:『知識創造の経営』日本経済新聞社。
——1991:「戦略的提携序説——組織間知識創造と対話」ビジネスレビュー38巻4号1頁。
野中郁次郎=竹内弘高(梅本勝博訳)1996:『知識創造企業』東洋経済新報社 (Ikujiro Nonaka and Hirotaka Takeuchi, *The Knowledge-Creating Company: How Japanese Companies Create the Dynamics of Innovation*, Oxford University Press, Inc., 1995)。
ノネ=セルズニック(六本佳平訳)1981:『法と社会の変動理論』岩波書店 (P. Nonet and P. Selznick, *Law and Society in Transition, Toward Responsive Law*, Harper & Row, 1978)。

野津努 1934:「「信義誠実」の発展的意義」法学協会雑誌52巻11=12号。
——1965:『保険法における「信義誠実の原則」』中央大学生協出版局。

O

O'Connor, J. F. 1990: *Good Faith in English Law*, Dartmouth.
Official Records 1981: *United Nations Conference on Contracts for the International Sale of Goods, Official Records*.
於保不二雄 1959:『債権総論』有斐閣。
岡崎哲二 1991:「戦時計画経済と企業」東京大学社会科学研究所編『現代日本社会4 歴史的前提』東京大学出版会。
——1992a:「日本型経済システム」日本経済新聞1992年4月2日朝刊「経済教室」。
——1992b:「現代日本企業の源流①—⑥」日本経済新聞1992年5月28日—6月3日(5月31日を除く)「やさしい経済学」。
——1993:「企業システム」岡崎=奥野1993収録。
岡崎哲二=奥野正寛編1993a:『シリーズ現代経済研究6 現代日本経済システムの源流』日本経済新聞社。
岡崎哲二=奥野(藤原)正寛 1993b:「現代日本の経済システムとその歴史的源流」岡崎=奥野1993a収録。
沖野眞已 1996:「いわゆる例文解釈について」『星野英一先生古稀祝賀日本民法学の形成と課題上巻』有斐閣。
奥田昌道 1978:「民法414条について——解釈論的および立法論的見地から」法学論叢102巻3=4号。
——1979:『請求権概念の生成と展開』創文社。
——1992:『債権総論(増補版)』悠々社。
大平祐一 1984:「近世における「金公事」債権の保護について——学説整理を中心にして」高柳真三先生頌寿記念『幕藩国家の法と支配』有斐閣。
大石嘉一郎 1995:「序章第二次世界大戦と日本資本主義——問題の所在」大

石嘉一郎編『日本帝国主義史3　第二次大戦期』東京大学出版会。
大久保泰甫1977:『日本近代法の父ボワソナアド』岩波新書。
大森忠夫1957:『保険法』有斐閣。
大村敦志1995:『公序良俗と契約正義』有斐閣。
大島和夫1994:「近代市民法の理念と契約理論」法律時報66巻8号34頁。
太田知行1989:「交渉過程における契約の役割——日米の比較を中心にして」藤倉皓一郎=長尾龍一編『国際摩擦』日本評論社。
大内伸哉1999:『労働条件変更法理の再構成』有斐閣。
——2000:「変更解約告知」日本労働法学会編『講座21世紀の労働法第3巻　労働条件の決定と変更』有斐閣。

P

カール・ポラニー(吉沢英成他訳)1975:『大転換——市場社会の形成と崩壊』東洋経済新報社(Karl Polanyi, *The Great Transformation*, Suhrkamp, 1957)。
マイケル・ポラニー(佐藤敬三訳)1980:『暗黙知の次元』紀伊国屋書店(Michael Polanyi, *The Tacit Dimension*, Routlege & Kegan Paul Ltd., 1966)。

R

ロールズ(矢島鈞次監訳)1979:『正義論』紀伊国屋書店(John Rawls, *A Theory of Justice*, The Belknap Press of Harverd University Press, 1971)。
六本佳平1972:「戦後「生ける法」理論の構造と特質」石井編:1972収録。
——1986:『法社会学』有斐閣。
労働基準法研究会1993:労働契約等法制部会報告書「今後の労働契約等法制のあり方について」(1993年5月)。
労働省労働基準局労働時間課編著1991:『改正労働基準法の実務解説』労務行政研究所。

S

最高裁判所事務総局 1991：『弁論兼和解の標準的運用への提言』．

斎藤彰 1990：「契約不履行における損害軽減義務——損害賠償額算定の基準時との関連において」『石田喜久夫＝西原道雄＝高木多喜男先生還暦記念論文集中巻損害賠償法の課題と展望』日本評論社．

サミュエルソン（佐藤隆三訳）1986：『経済分析の基礎増補版』勁草書房（P. A. Samuelson, *Foundations of Economic Analysis*, enlarged edition, Harvard University Press, 1983）．

サンデル（菊池理夫訳）1999：『自由主義と正義の限界（第2版）』三嶺書房（M. J. Sandel, *Liberalism and the Limits of Justice*, 2nd ed., Cambridge University Press, 1988）．

笹倉秀夫 1994：『「市民」概念の構造転換——比較ヴィクトリア文化論の観点から』日本法社会学会編『法秩序の近代と現代』法社会学 46 号．

佐藤岩夫 1990：「法の現実適合性と一般条項——トイプナーのシステム論的アプローチの検討」法学 53 巻 721 頁．

——1998：「法化論の展開と課題」日本法社会学会編『法社会学の新地平』有斐閣．

沢木敬郎 1978：「日本人の契約観」神島二郎他編『日本人と法』ぎょうせい．

澤野順彦 1994：「サブリースと賃料増減額請求」NBL 554 号 36 頁．

——1996：『「定期借家権」構想の問題点』NBL 585 号 11 頁．

シュレヒトリーム（内田貴＝曽野裕夫訳）1997：『国際統一売買——成立過程からみたウィーン条約』商事法務研究会（P. Schlechtriem, *Uniform Sales Law, The UN-Convention on Contracts for the International Sale of Goods*）．

盛山和夫 1995：『制度論の構図』創文社．

クリストファー・セッパラ（黒住健敏訳）1987：「FIDIC（土木工事用）契約約款に於ける紛争解決手段としての仲裁前の手続きについて」JCAジャーナル34 巻 6 号 2 頁．

――1991：(国際商事仲裁協会仲裁部訳)「建設紛争の仲裁付託前の決定――エンジニアによる決定」JCAジャーナル38巻11号8頁。

島田陽一 1997：「労働契約期間の上限制限の緩和」季刊労働法183号48頁。

下井孝史 1978：「就業規則」恒藤武二編『論争労働法』世界思想社。

――1982：「就業規則の法的性質」『現代労働法講座10 労働契約・就業規則』総合労働研究所。

――1985：『労働契約法の理論』有斐閣。

――1999：「1998年労基法改正の意義と問題点」ジュリスト1153号22頁。

新堂幸司 1979：「訴訟提起前におけるカルテ等の閲覧・謄写について」判例タイムズ382号17頁。

潮見佳男 1991：『契約規範の構造と展開』有斐閣。

――1994：『債権総論』信山社。

――1998：「投資取引と民法理論(4完)」民商法雑誌118巻3号53頁。

――2000：『契約責任の体系』有斐閣。

塩崎勤＝西口元編 2000：「借地借家法の正当事由の判断基準」判例タイムズ1020号(2000年3月20日)。

下森定他編著 1988：『西ドイツ債務法改正鑑定意見の研究(法政大学現代法研究所叢書9)』日本評論社。

下森定＝岡孝編 1996：『ドイツ債務法改正委員会草案の研究(法政大学現代法研究所叢書15)』法政大学出版局。

損害保険法制研究会 1995：『損害保険契約法改正試案・傷害保険契約法(新設)試案・理由書(1995年確定版)』。

曽野和明 1989：『相互浸透の時代における「国際」秩序の衰退――Lex Mercatoria 出現の必然性も含め』北大法学論集39巻5＝6合併号下巻。

Staudinger 1998：*BGB*（13 Bearbeitung 1998 von Gottfried Schiemann）§254.

菅野和夫 1979：「就業規則の法的性質」『ジュリスト増刊労働法の争点』。

――1988：「就業規則変更の限界とポイント――大曲市農協事件最高裁判決を契機に」労働法学研究年報1688号8頁。

――1997:「就業規則変更と労使交渉――判例法理の発展のために」労働判例718号6頁。

――2000:『労働法(第5版補正版)』弘文堂。

菅野和夫他1987:「研究会・改正労働時間法の徹底検討」ジュリスト896号6頁。

菅野和夫=諏訪康雄1994:「労働市場の変化と労働法の課題――新たなサポート・システムを求めて」日本労働研究雑誌1994年12月号11頁。

諏訪康雄1978:「就業規則」労働法文献研究会編『文献研究労働法学』総合労働研究所。

鈴木禄弥1966:『借地・借家法の研究 I 』(創文社,1984。引用此书的页码)(首次发表于法律時報38巻10号,1966)。

――1980:『借地法上巻(改訂版)』青林書院新社。

――1981:『居住権論(新版)』有斐閣。

――1984:『借地・借家法の研究 II』創文社。

――1996:『いわゆる「定期借家権構想」について(上)(下)』NBL 586号6頁,587号25頁。

シンポジウム「現代契約法論」1992:私法54号。

Symposium 1999: "Formalism Revisited", *Universiiy of Chicago Law Review*, vol. 66, no. 3.

Symposium 2000: "Relational Contract Theory: Unanswered Questions, A Symposium in Honor of Ian R. Macneil", *Northwestern University Law Review*, vol. 94, no. 3.

T

高木多喜男1980:『不完全履行と瑕疵担保責任(叢書民法総合判例研究23)』一粒社。

高橋宏志1998:『新民事訴訟法論考』信山社。

高畑順子1988:「判例評釈(札幌高決昭和62年9月30日)」法律時報60巻8

号67頁。

髙嶌英弘 1991：「契約の効力の時間的延長に関する一考察――ドイツにおける契約の余後効(Nachwirkung)をめぐる議論を手掛りとして(1)(2完)」産大法学24巻3=4号59頁,25巻1号1頁。

髙島良一 1986：「労働法律関係と労働契約(1)―(4完)」独協法学20号,21号,22号,23号(1983―1986)。

――1989：「契約条件の変更に関する解約――Änderungskündigungについて(上)(下)」判例タイムズ693号4頁,694号7頁。

多喜寛 1986：「国際取引法におけるlex mercatoriaの理論(1)」法学50巻1号。

滝井繁男 1991：『建設工事契約』ぎょうせい。

田中齋治=上野幹夫 1980：『契約意識と文章表現』東京布井出版。

田中誠二 1923：「エム・エー・マイヤーの新法律哲学(上)(下)」国家学会雑誌37巻10号,11号。

田中成明 1979：『裁判をめぐる法と政治』有斐閣。

棚瀬孝雄 1988：『本人訴訟の審理構造』弘文堂。

――1994：「不法行為責任の道徳的基礎」棚瀬孝雄編『現代の不法行為法――法の理念と生活世界』有斐閣。

谷口知平 1957a：『総合判例研究叢書民法④』一粒社。

――1957b：「損害賠償額算定における損害避抑義務――Avoidable consequencesの理論の示唆」『我妻先生還暦記念損害賠償責任の研究上』有斐閣。

谷口知平=植林弘 1964：『損害賠償法概説』有斐閣。

Taylor, V. 1993 "Continuing Transactions and Persistent Myths: Contracts in Contemporary Japan", 19 *Melbourne University Law Review* 352.

寺沢知子 1998：『医療水準と「説明義務」』年報医事法学13号9頁以下。

Teubner, G. 1978: "Generalklauseln als sozionormative Modelie", in W. Hassemer et al. ed., *Generalklauseln als Gegenstand der Sozialwissenschaften.*

――1980: Kommentierung zum § 242, in *Reihe Alternativkommentare*, *Kommen-*

tar zum *BGB*, Bd. 2.

――1983 : "Substantive and Reflexive Elements in Modern Law", 17 *Law & Society Rev.* 239.

――1993 : *Law as An Autopoietic System*, Blackwell Publishers.

常磐敏太 1932 :「信義誠実の原則」東京商科大学研究年報・法学研究 1 巻。

――1963 :『法律における信義誠実の原則』鳳舎。

特集「借家制度が住宅市場に与える影響」1996 : 都市住宅学 14 号。

特集「規制緩和と労働法」1997 : 季刊労働法 183 号。

特集新民訴 1999 :「特集新民事訴訟法施行一年の回顧と展望」判例タイムズ 1007 号。

特集「労働法における規制緩和と弾力化」1999 : 日本労働法学会誌 93 号。

東京地方裁判所民事裁判実務研究会 1999 :「新民事訴訟法シンポジウム(上)――争点整理手続・証拠調べを中心として」判例時報 1681 号。

Treitel, G. H. 1988 : *Remedies for Breach of Contract, A Comparative Account*, Clarendon Press.

椿寿夫=右近健男編 1988 :『ドイツ債権法総論』日本評論社。

円谷峻 1983 :「契約締結上の過失」『内山尚三=黒木三郎=石川利夫先生還暦記念現代民法学の基本問題(中)』第一法規。

――1991 :『契約の成立と責任(第 2 版)』一粒社。

土田道夫 1996 :「変更解約告知と労働者の自己決定(上)(下)」法律時報 68 巻 2 号 39 頁, 3 号 55 頁。

U

内田貴 1988a :「民事訴訟における行為規範と評価規範」新堂幸司編著『特別講義民事訴訟法』有斐閣。

――1988b :『探訪「法の帝国」――Ronald Dwokin, *Law's Empire*と法解釈学(1)(2 完)』法学協会雑誌 105 巻 3 号, 4 号。

――1990 :『契約の再生』弘文堂。

――1996:「情報化時代の継続的取引」『星野英一先生古稀祝賀　日本民法学の形成と課題下巻』有斐閣。
――1998:『サイバー空間の「契約」』UP 312 号 1 頁。
――2000:「平井宜雄教授「契約法学の『再構築』」をめぐる覚書(上)(下)」NBL 684 号 13 頁,685 号 35 頁。
打田峻一＝生熊長孝 1989:「民法 641 条注釈」幾代通＝広中俊雄編『新版注釈民法(16)』有斐閣。
内橋克人とグループ2001 1995:『規制緩和という悪夢』文藝春秋社。
内橋克人編 1997:『経済学は誰のためにあるのか』岩波書店。
内山尚三 1979:『現代建設請負契約法』一粒社。
梅謙次郎 1899:『民法要義』明法堂。

V

van Dunné, J. M. 1987: "Adaptation by Renegotiaion――Contractual and Judicial Revision of Contracts in Cases of Hardship", in F. Nicklish ed., *The Complex Long-Term Contract*, Müller.
ミシェル・ヴィレイ(星野英一訳)1969:「契約の観念」立教法学 11 号。

W

和田肇 1990:『労働契約の法理』有斐閣。
我妻栄 1940:「判例の総合的研究二書」法学協会雑誌 58 巻 10 号(我妻栄『民法研究 VII』有斐閣,1969 年再次収録。引用此书的页码)。
――1942a:「民法における「信義則」理念の発展――鳩山教授の理論を中心として」東京帝国大学学術大観・法学部(我妻栄『民法研究 II』有斐閣,1966 年再次収録。引用此书的页码)。
――1942b:「ナチスの契約理論」『杉山教授還暦祝賀論文集』岩波書店(我妻栄『民法研究 I』有斐閣,1966 年再次収录)。
――1954:『民法講義債権各論上巻』岩波書店。

――1964:『民法講義新訂債権総論』岩波書店。
渡辺博之 1985:「信義誠実の原則の構造論的考察――信義則の行為規範的側面の再評価(1)(2完)」民商法雑誌91巻4号700頁,5号473頁。
渡辺洋三 1960:『民法と特別法I 土地・建物の法律制度(上)』東京大学出版会。
ウエーバー(世良晃志郎訳)1974:『法社会学』創文社。
White=Summers 1988: *Uniform Commercial Code*, 3rd. ed., West Publishing.
ヴィーアッカー(鈴木禄弥訳)1961:『近世私法史』創文社。
ウイリアムソン(井上薫=中田善啓監訳)1989:『エコノミック オーガニゼーション――取引コストパラダイムの展開』晃洋書房(O. E. Williamson, *Economic Organization*, Harvest Wheatsheaf, 1986)。

Y

山口俊夫 1986:『フランス債権法』東京大学出版会。
山倉健嗣 1993:『組織間関係企業ネットワークの変革に向けて』有斐閣。
山本敬三 1986:「補充的契約解釈(1)―(5完)」法学論叢119巻2号,4号,120巻1号,2号,3号。
――1989:「第1条第2項注釈」『民法注解財産法・民法総則』青林書院。
山本顯治 1989:「契約交渉関係の法的構造についての一考察――私的自治の再生に向けて(1)―(3完)」民商法雑誌100巻2号198頁,3号387頁,5号808頁。
――1993:「契約規範の獲得とその正当化」『谷口知平先生追悼論文集2』信山社。
――1996:「再交渉義務論について――交渉理論と契約法理論の交錯(1)」法政研究63巻1号。
山下友信 1986:「証券会社の投資勧誘」河本一郎先生還暦記念『証券取引法大系』商事法務研究会。
山崎福寿 1996:「借地借家法の改正急げ」日本経済新聞1996年1月26日朝刊「経済教室」。

山崎広明 1995:「概説 1937—55 年」山崎広明=橘川武郎編『日本経営史 4「日本的」経営の連続と断絶』岩波書店。
柳川範之 2000:『契約と組織の経済学』東洋経済新報社。
安井宏 1985:「最近のいわゆる「意思主義復権論」について」修道法学 8 巻 1 号 169 頁(安井宏『法律行為・約款論の現代的展開——フランス法と日本法の比較研究』法律文化社, 1995 年再次収録)。
安永正昭 1988:「第 1 条第 2 項注釈」『新版注釈民法 (1)』有斐閣。
横田秀雄 1908:『債権総論』日本大学。
横山美夏 1990:「不動産売買契約の「成立」と所有権の移転——フランスにおける場合の双務予約を手がかりとして (1)(2 完)」早稲田法学 65 巻 2 号, 3 号。
米倉明 1983:「判例評釈(最判昭和 56 年 4 月 20 日)」法学協会雑誌 100 巻 6 号 169 頁。
吉田克己 1999:『現代市民社会と民法学』日本評論社。
吉田和夫 1986:「債権者の損害避止義務及び損害拡大防止義務について」ジュリスト 866 号 78 頁。
吉田邦彦 1994:「近時のインフォームド・コンセント論への一疑問——日本の医療現場の法政策的考察を中心として——(1)(2 完)」民商法雑誌 110 巻 2 号 254 頁, 3 号 399 頁。
——2000:「自己決定, インフォームド・コンセントと診療情報開示に関する一考察」北大法学論集 50 巻 6 号。
吉田直 1991:『アメリカ商事契約法——統一商事法典を中心に』中央経済社。
好美清光 1962:「信義則の機能について」一橋論叢 47 巻 2 号。
行沢一人 1991:「継続的取引関係の終了に関する法的考察——アメリカ法を中心として (2)」神戸法学雑誌 41 巻 2 号。

Z

座談会 1980:「わが国社会における契約観 (1)—(4)」NBL 200 号—203 号。

索 引

（标准体为原书正文页码；加粗斜体为原书尾注页码）

あ

安全配慮義務　安全注意义务　206,*41*

暗黙知　隐性知识　303,*76*

生ける法　活法　20,21,54,156,*35*

意思自律(の原則)　意思自治(原则)　15,18,135,139,140

意思主義　意思主义　63,139,140,143,144,201,*56*,*57*

一般条項　原则性条款　38,43,49,50,62,63,69,84,87,116,119,136,137,150,234,*39*,*40*

医療契約　医疗契约　75,77,91,101,*42*,*50*

インフォームド・コンセント　知情后同意(informed consent)　101

ウィリアムソン　威廉森(Williamson)　284,290,295,297,312,*70*

ウィーン条約(国際動産売買ウィーン条約)　联合国国际货物销售合同公约(CISG)　45,58,105,177,180,252—255,258,289,277,310,*67*

オープン契約　开放契约　106

オランダ民法典　《荷兰民法典》　38,44,115,310,*33*

か

解雇権濫用の法理　滥用解雇权规则　240,241,*72*

介護保険　介护保险　1

顔の見える競争　互相可见的竞争　313

苛酷条項(hardship clause)　艰难情势条款　107,109

過失相殺　过失相抵　176,177,183,194,274,*63—65*

金公事　金公事(江户时代无担保有息借贷的总称)　249

関係的契約　关系契约　29—35,37—40,66—69,80,86,88,94,161,162,
　　244—248,280,*32,33,38,43,61,62*

関係的契約法　关系契约法　93,122,152,158,161—163,*33,61*

関係特殊的な投資　关系特殊的投资　233

カンバン方式　看板管理　299

機会主義　机会主义　231,285

規制緩和　放松管制　8,12,215—217,241,244,246,*71,73*

規範意識　规范意识　284,295,297,298,*47,75,76*

共通感覚　共通感觉　155,*59*

協働　协同　322,323

共同体　共同体　35,39,71,73,129,152,154—158,248,322,*41,57—60*

協力義務　协助义务　46,70,73

義理　义理　*47*

近代化　近代化　64,305,306

近代契約法　近代契约法　2,60,61,63,67,68,71,83,85,87,89,134,135,
　　137,151,152,161,162,167,201,206,243,245,283,305,307,308,*55,61*

近代不法行為法　近代侵权责任法　210

金融商品の販売に関する法律　金融商品销售法　7

クーリング・オフ　冷静期　7,17,18,32,144,146,161,*31,32,61*

形式主義→フォーマリズム　形式主义(formalism)

継続性(の)原理　继续性原理　83,93,94,96,103,112,115,122,164,243—
　　247,*45,50,61,72*

継続賃料　续租租金　219,226,227,237

継続的債権関係(論)　继续性债权关系(论)　81,83,90,*45*

契約改訂　契约变更　126,128,*36*

契約義務の拡大　契约义务扩大　12,18,19,31,43,46,62,63,74,135,141

契約交渉の不当破棄　不当放弃契约交涉　9,19,74,96,207,271

契約交渉過程の信義則　契约交涉过程中的信义原则　44,45,203

契約自由(の原則)　契约自由原则　5,8,15,16,27,125,135,219,220,227,
　　228,236,242,260,270,276

契約締結上の過失　缔约过失　19,199,311,*32*

契約の解釈　契约解释　118,119

契約の結節点　契约的连接点　1

契約の更新拒絶　拒绝续约　11,81

契約の死　契约之死　24,45,199

契約の「熟度」　契约的成熟度　75

契約の二元性　契约的二元性　55,59—63,306,307

決定準則　决定准则,判断基准　50—52

ゲーム理論　博弈理论　145,296,313,314

現在化　现代化　30,68,167

現代型訴訟　现代型诉讼　211

権利論　权利论　139,140,145,146

行為規範　行为规范　137,138,151,200,229,*70*

公共工事標準請負契約約款(公共工事約款)　公共工程标准承揽契约约款
　　(公共工程约款)　98,107,125,*51*

口座の開設　开设账户　284

交渉促進規範　促进交涉规范　63,101,150,151

功利主義　功利主义　139

国際商事契約原則→ユニドロワ契約原則　《国际商事合同通则》

国連国際商取引法委員会(UNICITRAL)　联合国国际贸易法委员会　110,
　　177,252,277

コースの定理　科斯定理　231

古典的契約法　古典契约法　2,28,60,55
コミュニケーション的合理性　沟通理性　150
コンピュータ・ネットワーク　计算机网络　291,292,294,301

さ

再交渉義務　再交涉义务　63,78,93,100,101,*37*
債務不履行の治癒　债务不履行的治愈　268
サヴィニー　萨维尼（Friedrich Carl von Savigny）　142,143,*57*,*59*
サブリース　转租（sub-lease）　113,114,118,228,263,*47*,*70*
時季指定権　休假时期指定权　119,*52*
自己決定権　自我决定权　101,*42*,*43*,*54*,*71*
事故被害者救済システム　事故受害者救济机制　205
市場型継続的取引　市场型继续性交易　288,289
市場メカニズム　市场机制　8,17,216,243
事情変更（の原則）　情势变更原则　44,45,74,78,92,97,100,102,104,
　　111—113,115,118,262,263,*36*,*40*
システム論，系统论　62,148
私的自治（の原則）　私法自治原则　15,16,27,35,135,139,140,143,201,
　　270,*45*
私法統一国際協会（UNIDROIT）　国际统一私法协会　245,255,309
自由主義（リベラリズム）　自由主义（liberalism）　28,29,34,35,39,61,87,
　　135,139,147
社会法　社会法　242,247
弱者　弱者　6,138,242—244,247,*73*
借家権価格　借家权价格　224
ジャスト・イン・タイム　时间刚好（JIT）　299,317
就業規則　劳动规章　120,121,123,*53*
就業規則の不利益変更　对劳动规章的不利益变更　122,*53*

重大な不履行　重大不履行,根本违约　266
柔軟性原理　柔软性原理　93,94,112,115,122,128,129,164,243—243,
　　61,*62*
秋北バス事件　秋北巴士案　120,122,*52*
準備的口頭弁論　预备口头辩论　159
承認図方式　核准图纸式　290
消費者契約法　消费者契约法　8,274
情報開示義務　信息披露义务　77
情報技術　信息技术　287,293,294,298,303,317,321
情報提供義務　信息提供义务　76,78,133,207
情報ネットワーク　信息网络　298
助言義務　建议义务　77,78,*43*,*44*
信認関係　信任关系　77,78
信頼関係　信赖关系　20,25,26,31,32,57,79,101,240,243,246,266,293,
　　295,304,320—322,*76*
信頼関係破壊理論　信赖关系破坏理论　32
スカンジナビア航空事件　斯堪的纳维亚航空公司案　102,103
スタンダード　标准(standard)　38,62,86,87,137,138,145,254,310—
　　312,*37*
スライド条項　浮动条款　97—100,*49*
誠意協議条項　诚意协商条款　56,106
生活世界　生活世界　150—152,155,157—159,161,162,*58*,*59*
政策志向型訴訟　政策导向性诉讼　203,210
製造物責任　产品责任　204
正当事由　正当事由　217,218,221,225,230,232,234,235,243,246,*68*—
　　71,*73*
製販同盟　制贩同盟　292,318,319
説明義務　说明义务　7,10,11,75,76,101,*42*—*44*,*50*

索 引

戦略的提携　战略联盟　292,300,317—320,322,*76*
組織型継続的取引　组织型继续性交易　288,289
組織間関係論　组织间关系论　293
損害軽減義務　减损义务　79,172,174—178,182—196,273,*63—65,67*
損害賠償算定(の)基準時　确定损害赔偿的基准时点　181,191,192,194,
　　63,64
損害防止義務　损害防止义务　185,186

た

対境担当者　境界线渠道(boundary personnel)　293,*75*
第三の波　第三浪潮　150
代替取引(義務)　替代交易(义务)　178,180—182,193,195
貸与図方式　交付图纸式　290
代理店契約　代理商契约　11,14,22,23,82,227,245,247
多段階性　多阶段性　299
立退料　腾退费　220,222,223,235,*69*
仲裁　仲裁　122,126—128,256,*54,55,74*
仲裁条項　仲裁条款　125,126
仲裁人　仲裁人　109,125,126,128,276,312
忠実義務　忠实义务　81
賃料増減額請求権　租金增减额请求权　117,120,122
定期借家権　定期借家权　8,216,217,*68,69*
適合性原理　适合性原理　77,*44*
統一商事法典(UCC)　美国《统一商法典》　38,45,310

な

内在的(契約)規範　内在性(契约)规范　61,63—65,85,87,129,156—158,
　　161,162,*47,57—59,61,72*

納得　认同　83, 152—154, 156—158, 160, *57, 58*

日豪砂糖交渉事件　日澳砂糖交涉事件　57, *36*

日本的経営　日本式经营　287

日本的契約意識　日本契约意识　53—55, 57—59, 161, 306, 308, 315, 316, *35, 60*

日本的取引慣行　日本交易习惯　39, 58, 283, 299, *40*

ネットワーク型継続的取引　网络型继续性交易　291, 301, *76*

年休権　年假权　119

は

配置転換　转岗　124

配慮義務　注意义务　81, *43*

パターナリズム　家长主义　147, 157

ハードシップ　艰难情势　108, 262—264

バブル経済　泡沫经济　11, 111, 114, 215, 217, 223, 225, 236, 263, *47, 54*

ビジネス・プロセス・リエンジニアリング（BPR）　业务流程重组　292, 300, 317, 321

ビジネス・プロトコル　商业协议　319

人質のコスト　沉没成本　302

評価規範　评价规范　137, 138, 229, *70*

標準化　标准化　301, 308, 309, 312, 318—320, 332, 324

不安の抗弁権　不安抗辩权　104, 105

フォーマリズム（形式主義）　形式主义　61, 134, 167, 201, 276, *37*

不可抗力（force majeure）　不可抗力　107, 109, *51, 54, 55*

付随（的）義務　附随义务　17, 32, 46, 81, *43, 49*

舟本決定　舟本判决　81

フランチャイズ（契約）　特许经营契约　11, 14, 22, 23, 57, 75, 77, 164, 167, 227, 247, 291, *42*

プロネーシス　实践智慧　156
変更解約告知　变更解约通知　102,103,*50*
弁論兼和解　辩论兼和解　159,160,*60*
弁論準備手続　辩论准备程序　159,*60*
法化　法律化　9,32
法共同体　法律共同体　159,*59*
法と経済学　法与经济学　139,144,145,200,*56*
法の影のもとでの交渉　法影之下的交涉　95,102
法の実質化　法的实质化　137
ポスト・モダン　后现代　53,61,201

ま

マクニール　麦克尼尔　30,31,66,68,149,158,167,244,248,*38*,*62*
身元保証　身份保证　70,84,*39*,*43*
民間(旧四会)連合協定工事請負契約約款(民間連合約款)　民間(旧四会)联合协定工程承揽契约约款(民間联合约款)　98,106,125,127,*49*,*51*,*55*
無過失責任　无过错责任　204,205

や

約款　格式条款,约款　13,254,274
約款アプローチ　约款路径　140,*57*
有期雇傭契約　固定期限雇佣契约　240
ユニドロワ契約原則　《国际商事合同通则》　197,246,256,257—261,265,267,269,272,274—277,323,*74*
余後効　余后效力　96
預託金会員制ゴルフクラブ　预付金会员制高尔夫俱乐部　*54*
ヨーロッパ契約法原則　欧洲契约法通则　251,258,*74*

ヨーロッパ統一契約法典　欧洲统一契约法典　250

ら

履行停止義務　停止履行义务　178—180,189
リベラリズム→自由主義，自由主义
例文解釈　例文解释　13,*32*
労働契約　劳动契约　8,81,91,121,123,238,239,241,243,244,247,*72*

わ

ワラント取引　期权交易　76,*32*,*44*

欧洲语言

BPR→ビジネス・プロセス・リエンジニアリング　业务流程重组
CALS(Commercial At Light Speed)　光速商务　293
EDI(Electronic Data Interchange)　电子数据交换　292—294,297,301,302,317—321
ENAA　工程振兴协会　127
EOS(Electronic Ordering System)　电子订单系统　304
favor contractus　维持契约关系　83,246,260,267,276,*45*
FIDIC　国际咨询工程师联合会　126
lex mercatoria　商人法　108,251,*34*,*48*
POS情報　销售时点信息　294,319
QR(Quick Response)　快速响应　292
UCC→統一商事法典　美国《统一商法典》
UNCITRAL→国連国際商取引法委員会　联合国国际贸易法委员会
UNIDROIT→私法統一国際協会　国际统一私法协会

译后记　契约不死，但契约法呢？

从 1974 年吉尔莫宣告契约已死，到今天（2023 年）已有半个世纪之久。但至少从译者本人作为一名商事法官的切身经历出发，近十年来商事合同纠纷的数量和难度始终都在增长和增加。如此一来，内田贵先生在本书中发出的预言或许确已成真：我们恐怕不会见证契约盖棺入土的场面，未来只会迎来属于契约的时代。

不过契约的兴盛不代表契约法也一定可以同样迎来高光时刻。如果说契约的生命力源于人们对确定性亘古不变的追求，那么契约法，特别是内田贵先生所归纳的近代契约法，它的生命力恐怕只取决于它对现实问题的解释力。一旦不再令人信服，随时可能面临被淘汰的命运。也就是说，如果我们一直沿用的契约法不能在当下继续解决新发的问题，那么当事人一定会自行寻求其他路径，以此消除自身对不确定性的恐惧。如此一来，为了确保契约法不至于被淘汰，依靠契约法谋生的人们确有必要紧密关注契约实务的新发展，及时检视是否应当修正现行契约法的规则，甚至是基础理论以及思想。

H. L. A. 哈特在称赞边沁的学术眼光时曾说道，边沁的独特贡献是"将'苍蝇般洞幽入微的眼睛'与'雄鹰般观其大略的眼睛'非凡地结合起来"。同样的话或许也可以用在内田贵先生对契约实务与契约法发展的问题意识当中。本书的核心命题(之一)是：近代契约法所设想的交易模式不再契合当下的各种新型交易，而各类经过特别法和判例所发展的新类型义务之所以能够出现，一定是因为在它们的背后隐藏着一种尚未被发现的新契约(法)理论和思想。正如天文学家仅凭分析天王星的运动便预测到海王星的存在一样，虽然当时人类还没有能力实际观察到海王星。而在观察到海王星后，我们才有可能说完整地发现了太阳系的全部恒星(暂且不提已被开除系籍的冥王星)。此时回到契约法的领域，同理可知，只有我们观察到足够多的具体契约实务和新契约义务之后，我们才有可能从中发现一种足以在当代统领契约全领域的主导思想和基础理论。其中，内田贵先生认为"关系契约"大有可为。

在本书中，内田贵先生真诚地呼吁学界重拾对共同体意识的关注。先生还在终章展望未来契约法的关键词时特别提出了"协同"二字。主要理由是近代契约法将鲜活的社会关系排除在法律模型之外，只关注陌生人之间偶发的一次性交易；促生这种契约法的土壤是坚持个人自由主义，相信任何人都能凭自由意志决定缔约与否的资本主义社会。但时至今日这种土壤早已不复存在于现实，当下现实的复杂性远远超出抽象的简单模型所能处理的极限。而在实定法所不能及的领域，人们所共有的规范意识将会产生约束力，继续满足人们对确定性的渴望。因此，如果此时我们再不把近代契约法所排斥的社会关系重新迎回到法律世界，那么这种契约法势必将会因其无用，最终被人们主动抛弃。而具体如何对规范意识进行甄别，如何将其融合到实定法之内，又如何论证这一进程的正当性，当然是我们这一代民法学人的使命。

译后记 契约不死,但契约法呢？

虽然本书出版于 2000 年,并且如内田贵先生所言,在探索"关系契约"这一新契约概念的路上只能说完成了阶段性目标。但时至今日,先生所划定的几个研究方向仍可谓是契约法的学术富矿,例如回归团体法的视角如何重新认定何为当事人的真正合意,如何适用继续性原理和柔软性原理来解释扩大后的契约义务,在本土交易实践的背景下如何识别当事人的哪些交易习惯体现了规范意识,如何从契约法视角出发理解信息技术对交易模式的根本性变革,等等。对此,译者本人在合同纠纷的审判实务中也早已切身地感受到商事法官有必要走出近代契约法营造的温室,并将思维延伸到四角合同文本之外。因为在现代复杂的交易环境里,合同订立与合同履行的界线已经不再泾渭分明：无论行业惯例、交易习惯抑或诉争当事人之间的言行举止,甚至是交易共同体共有的底线意识,任何规范意识都有可能构成法院据以作出裁判的依据。即使是偶发的单个合同,一旦发生争议法院也有必要全面查明合同订立的背景、当事人的缔约目的,并对履行行为是否符合缔约目的作出评价。一纸合同审全案的时代或许从来没有真正出现过,在未来也更不会出现。

此外,内田贵先生对下级法院所作判决的重视并进行梳理的努力同样颇值一提。在案例研究中,为厘清特定规则的有效性,我们当然会将目光聚焦在最高法院作出的终审判决。但正如先生所言,实践中绝大多数案件的生效判决都是由中基层法院作出,因此相关争议根本没有机会进入最高法院的视野,而若此时在中基层法院形成了相对稳定的裁判规则,那么恐怕就不能说这些案例本身没有研究价值。正如先生所言,在审理合同纠纷时无论是否自觉,法官都在践行着伽达默尔所称"视野的融合"。具体来说,为了作出能让当事人理解直至产生认同的判决,法官有必要深入了解是否存在一种能让纠纷双方共同接受的规则。如有，那么就应当根据这种规则作出裁判，因为它才是真正发挥定分止争的功用。这种规则看似遥不可及，但合同纠纷的当事人毕竟曾经共同订立合同，至少曾经具备足够成熟的关系基础，若非如此通常也不会走到订立合同的那一步。因此从缔约背景以及履约过程中解释出那种能为双方共同接受的规则意识绝非不可能之事。而这种规范意识或规则通常不会被写入成文法，充其量只是本书所强调的"内在性规范"。因此，法官就审视自己所熟悉的法律规范视野能否与这种反映当事人意识的交易规范视野形成重合。而为了作出成功的判决，法官应当作出这种努力。

对于这种在裁判规范吸收交易当事人之间内在性规范的过程，译者本人也可谓感同身受。在攻读博士学位期间，译者曾大量浏览北京法院在1998年至2018年间作出的两万余件关于合同无效的判例。而从这些判例所展现出的优势裁判规则中，译者深切地感受到一种属于判例法的进化。虽然在二十年间，立法层面几乎没有发展出关于合同无效后果的法律规则，但对于特定类型的合同纠纷，例如宅基地使用权转让纠纷，在这二十年间，法院在审判实践中确立的规则逐渐成熟，最终形成了足以平衡各方利益的裁判规则。也就是首先考虑案涉房屋在现实中是否具备腾退的条件，以此判断是否适用合同无效后互相返还的规则；如具备腾退的条件，法院也会充分考虑买受人的信赖利益损失，具体包括房屋、附属物重的重置价以及经市场评估确定的宅基地区位补偿价，如此一来买受人将获得足以在同等地区购买同样房屋的补偿款。这种以诚信原则为基础构建的裁判规则为不诚信的出让方施加了恰如其分的赔偿责任，也让长期占有宅基地的受让方能够获得充分的补偿。我认为这正是内田贵先生所称，法院利用原则性条款在具体类案中准确扩大合同义务的典型案例。

而且此处提炼出的裁判规则在类似的合同无效案例中应当也有可借鉴的价值。

而如今,契约法面临着各种新的挑战,例如在发展金融机构适当性义务或是研究新就业劳动形态之际,内田贵先生在本书中提出的研究路径想必仍然能提供价值颇高的启示,具体包括:突破经济学的视野,从社会学视角研究契约法所规制的对象;研究国内管制政策的放松与特别法立法的加强二者之间的矛盾;关注国际上统一契约法立法的动向;等等。尽管本书出版已有二十余年,但为了找到能对当下现实交易真正发挥解释力的理论和思想,我们恐怕仍然需要继续面对这些极具意义的问题。本书之所以在今天仍然有丰盛的生命力,原因正在于此。

最后想在此对本书翻译出版提供帮助的师友一并致谢。首先感谢内田贵先生同意由我来翻译本书,并欣然应允为本书作中文译序。感谢先生兼职的森·滨田松本法律事务所协助联系先生。感谢澳门科技大学的肖惠娜教授,我在法院的同事程惠炳、邵一峰和牟路平三位博士,他们认真审读了全部书稿,对译文的完善提供了很多有益的意见。还要感谢对外经济贸易大学的宁红丽教授,她在很短的时间里搜集整理了大量资料,为内田贵先生撰写中文译序提供了宝贵的参考资料。感谢中国政法大学的仝宗锦教授向商务印书馆推荐我来出版译著。感谢商务印书馆的编辑钟昊和海丹老师,两位编辑老师为译稿提出了诸多宝贵的修改意见。最后,我要感谢我的夫人聂敏,是她最早提出翻译引进本书的想法,并鼓励我着手动笔;此后在联系出版、鞭策动笔、联系序言与撰写后记等每个步骤,都离不开她的付出。

此时,我深刻地感受到任何现实世界的成果都离不开千万重关系中的每一位参与人,译著得以出版的过程充满了各种巧合,但回头看来一切又那么顺理成章。希望这本译著能够传达内田贵先生的愿景,让长久以来极其重要但被人忽略的关系重新回归契约法的视野。

2023 年 6 月 11 日

宋　健

图书在版编目（CIP）数据

契约的时代：日本社会与契约法/（日）内田贵著；宋健译.—北京：商务印书馆，2023
（法律史译丛）
ISBN 978-7-100-22106-1

Ⅰ.①契… Ⅱ.①内…②宋… Ⅲ.①契约法—研究—日本 Ⅳ.①D931.33

中国国家版本馆CIP数据核字（2023）第043330号

权利保留，侵权必究。

法律史译丛
契约的时代
日本社会与契约法
〔日〕内田贵 著
宋健 译

商 务 印 书 馆 出 版
（北京王府井大街36号 邮政编码100710）
商 务 印 书 馆 发 行
南京鸿图印务有限公司印刷
ISBN 978-7-100-22106-1

| 2023年8月第1版 | 开本 880×1240 1/32 |
| 2023年8月第1次印刷 | 印张 11 |

定价：59.00元